ECUMENISMO E REFORMA

CLAUDIO DE OLIVEIRA RIBEIRO
ALESSANDRO RODRIGUES ROCHA

(Orgs.)

ECUMENISMO E REFORMA

Dados Internacionais de Catalogação na Publicação (CIP)
(Câmara Brasileira do Livro, SP, Brasil)

Ecumenismo e reforma / organização Claudio de Oliveira Ribeiro, Alessandro Rodrigues Rocha. – São Paulo : Paulinas, 2017. – (Coleção iguais e diferentes)

Vários autores.
ISBN: 978-85-356-4295-7

1. Ecumenismo 2. Pluralismo religioso 3. Reforma protestante I. Ribeiro, Claudio de Oliveira. II. Rocha, Alessandro Rodrigues. III. Série.

17-03576   CDD-261.2

Índice para catálogo sistemático:
1. Ecumenismo e reforma : Diálogo inter-religioso : Teologia   261.2

1ª edição – 2017

Direção-geral:	Flávia Reginatto
Conselho editorial:	Dr. Antonio Francisco Lelo
	Dr. João Décio Passos
	Maria Goretti de Oliveira
	Dr. Matthias Grenzer
	Dra. Vera Ivanise Bombonatto
Editores responsáveis:	Vera Ivanise Bombonatto
	e João Décio Passos
Copidesque:	Mônica Elaine G. S. da Costa
Coordenação de revisão:	Marina Mendonça
Revisão:	Equipe Paulinas
Gerente de produção:	Felício Calegaro Neto
Projeto gráfico:	Jéssica Diniz Souza

Nenhuma parte desta obra poderá ser reproduzida ou transmitida por qualquer forma e/ou quaisquer meios (eletrônico ou mecânico, incluindo fotocópia e gravação) ou arquivada em qualquer sistema ou banco de dados sem permissão escrita da Editora. Direitos reservados.

Paulinas
Rua Dona Inácia Uchoa, 62
04110-020 – São Paulo – SP (Brasil)
Tel.: (11) 2125-3500
http://www.paulinas.org.br – editora@paulinas.com.br
Telemarketing e SAC: 0800-7010081
© Pia Sociedade Filhas de São Paulo – São Paulo, 2017

SUMÁRIO

Apresentação 7

PARTE I. HERANÇA TEOLÓGICA DA REFORMA

Misteriosa, maravilhosa e surpreendente graça: ponto de vista de um protestante..... 13
Edson Fernando de Almeida

Bem viver e axé, salvação e graça: ponto de vista de um católico 24
Marcelo Barros

A centralidade da Bíblia na vida da Igreja: o significado
para o contexto protestante 34
Kenner Terra

A Igreja Católica e o Texto Sagrado 48
Tea Frigério

A Igreja Católica e o "sacerdócio universal de todos os crentes"............................... 61
Maria Cecília Domezi

Caminhos e descaminhos do sacerdócio universal de todos
os cristãos na Reforma Protestante 75
Alessandro Rodrigues Rocha

Ecclesia semper reformanda est: o significado para os dias de hoje 87
Silvana Venancio

Uma Igreja sempre se reformando: o significado no contexto católico-romano.... 102
Lúcia Pedrosa-Pádua

PARTE II. RECEPÇÃO ECUMÊNICA DE TEOLOGIAS

A recepção da teologia protestante de Jürgen Moltmann no meio católico 123
Cesar Kuzma

A recepção da teologia católica de Karl Rahner no contexto protestante................ 135
Natanael Gabriel da Silva

A teologia protestante de Milton Schwantes e o ecumenismo.................................. 152
Tereza Cavalcanti

A teologia católica de José Comblin no contexto protestante latino-americano.... 159
Alonso S. Gonçalves

O diálogo católico-luterano visto por um teólogo católico...................................... 172
Elias Wolff

Tradição apostólica no diálogo católico-luterano:
uma perspectiva evangélico-luterana.. 189
Rudolf von Sinner

A tradição metodista de John Wesley e o espírito católico...................................... 215
Levy da Costa Bastos

Papa João XXIII: um reformador generoso e desconcertante.................................. 227
Rosemary Fernandes da Costa

PARTE III. SITUAÇÕES CONTEXTUAIS E EMERGENTES DA REFORMA

Uma inspiração, uma esperança: os sentidos da Reforma Protestante
ante a crise e os limites do protestantismo na América Latina 245
Magali do Nascimento Cunha

Tensões entre católicos e reformados no contexto do século 16
no Nordeste brasileiro. Os mártires de Cunhaú e Uruaçu em revisão.....................260
Elaine Martins Donda

São os grupos evangélicos midiáticos herdeiros da Reforma? 275
Ricardo Zimmermann Fiegenbaum

Reforma e pentecostalismo...290
Luana Martins Golin

Um jovem pentecostal na Palestina: testemunho de acompanhamento
ecumênico e defesa dos direitos humanos na Terra Santa 304
Wallace de Góis Silva

Igrejas, inculturação e Reforma Protestante na América Latina.............................. 318
Roberto Ervino Zwetsch

Espiritualidades plurais da Reforma...336
Claudio de Oliveira Ribeiro

APRESENTAÇÃO

O ano de 2017 é a referência dos 500 anos de um movimento religioso que deixou marcas no mundo: a Reforma Protestante. Ele propôs novas formas de viver a fé cristã a partir de uma postura crítica de protesto, não sem estar isento de implicações e contradições ideológicas no contexto das mudanças sociais e econômicas que o advento da era moderna proporcionava. Tratava-se, principalmente, de uma posição contra a forma como a Igreja predominante no Ocidente à época, a Romana, colocava condições para fiéis encontrarem perdão para os seus pecados e autossalvação. Embutida no movimento estava a crítica às práticas de penitências associadas ao elemento material e financeiro: as conhecidas indulgências, ainda tão comuns nos dias de hoje.

Do protesto emergiram reflexões de fé de personagens como o alemão Martinho Lutero (1483-1546), o mais destacado deles pela historiografia, além do escocês John Knox (1513-1572), do francês João Calvino (1509-1564), do suíço Ulrich Zwinglio (1484-1531) e do alemão Thomas Müntzer (1490-1525); este um líder do movimento camponês, dos anabatistas, conhecido por posições mais radicais em torno do debate religioso e dos enfrentamentos sociais e políticos sobre a posse da terra.

A expressão mais conhecida deste processo são as 95 teses afixadas, em 31 de outubro de 1517, por Lutero, na porta de uma importante igreja na Alemanha. Desses movimentos nasceram as diferentes tradições chamadas protestantes (luteranas, presbiterianas, metodistas, batistas, pentecostais), que hoje costumamos chamar no Brasil de "Igrejas evangélicas".

Nas reflexões contidas nesta obra há diferentes análises da trajetória teológica do movimento da Reforma Protestante, enfatizando a sua pluralidade interna, as visões políticas e religiosas distintas entre seus protagonistas e as práticas igualmente distintas dos grupos herdeiros da Reforma até os dias atuais.

Há diversos desafios decorrentes de um processo de Reforma na atualidade. É fato que o debate teológico em torno dos temas da Reforma envolve praticamente toda a vida e ação das igrejas. No entanto, entre tantas dimensões desafiadoras para a reflexão teológica, especialmente se forem levados em conta os principais postulados teológicos da Reforma, podemos lembrar o desafio ecumênico, devido ao quadro de pluralismo religioso que nos interpela cotidianamente, as implicações sociopolíticas do Evangelho em um mundo marcado por desigualdades e injustiças, as demandas de uma espiritualidade ecológica, diante da crise ambiental e de sustentabilidade da vida, e a dimensão da sexualidade humana, sempre tão desprezada pelos círculos teológicos, mesmo os mais críticos como a teologia latino-americana.

Não podemos nos esquecer de questões eclesiológicas, sobretudo a urgência da recriação e do fortalecimento da vida comunitária. Elas estão associadas a um dos mais destacados elementos teológicos da Reforma, que é o sentimento de pertença gerado pela livre adesão à fé. Isso possibilitou ao longo dos séculos da era moderna, não sem contradições e ambiguidades, o exercício da vivência comunitária da fé mergulhada na graça. Por isso, o consideramos como enorme desafio para uma reforma nos dias de hoje, especialmente em função das lógicas individualistas, consumistas e de insensibilidade humana e violência que marcam a cultura capitalista. Entre variados aspectos da vida e da fé, destacamos, em consonância com os ideais da Reforma, a dimensão da comunhão, como base da fé e alternativa social, a dimensão da gratuidade, que relativa os esforços humanos e mecanismos de autossalvação, e dimensão da diaconia, como expressão livre e gratuita de serviço à outra pessoa e de empoderamento dos grupos empobrecidos e subalternos.

O livro que ora apresentamos contém análises sobre perspectivas teológicas da Reforma Protestante realizadas por pesquisadores e pesquisadoras de certo destaque no cenário acadêmico e eclesial brasileiro. Trata-se de um grupo diversificado ecumenicamente, tendo quase a metade de católico-romanos e a outra parte de pessoas de distintas tradições evangélicas, incluindo pentecostais. A diversidade de gênero é notável: metade são mulheres, o que pode oferecer uma peculiaridade à obra, pois em geral coletâneas, quando apresentam a contribuição de mulheres, oferecem duas ou três participações restritas. Outros elementos fortes da diversidade dos/as autores são: o lugar de interlocução e incidência deles/as (universidades, espaços eclesiais, pastorais populares, organizações ecumênicas etc.) e o fato de reunir pessoas renomadas e de longa experiência no campo das publicações com alguns jovens que têm tido destaque no debate ecumênico.

A proposta do livro teve vários motivos. O principal deles é o conjunto de atividades em curso em função dos 500 anos da Reforma em 2017. Diferentes universidades, grupos eclesiais, institucionais e de base, organizações ecumênicas têm dedicado esforços de análise e de reflexão sobre o sentido ecumênico da Reforma. O Papa Francisco tem-se destacado nessas iniciativas e inspirado vários encontros. O segundo motivo da proposição da obra foi certa aceitação e boa circulação de dois outros livros que organizamos e contribuímos com capítulos, publicados pela Editora Reflexão em 2016, que tratam de temas afins. Trata-se de *Os Evangélicos e o Papa: olhares de lideranças evangélicas sobre a Encíclica* Laudato Si', *do Papa Francisco* e *Evangélicos e católicos: encontros e desencontros no século 21*. O terceiro é o fato da questão ecumênica ter ganho destaque no cenário teológico e pastoral atual, com eventos como a Campanha Ecumênica da Fraternidade (2016), pronunciamentos do Papa Francisco, maior visibilidade das atividades do Conselho Mundial de Igrejas, o Congresso da Sociedade de Teologia e Ciências da Religião (SOTER) com o tema da Reforma, e outros de importância similar.

A obra trata dos principais temas teológicos e questões pastorais emergentes, decorrentes dos princípios fundamentais da Reforma. Analisa os principais postulados da herança teológica da Reforma, priorizando apresentar cada um deles sob dois enfoques em diálogo: um católico-romano e outro protestante. Entre tais postulados estão: a salvação pela graça, a centralidade da Bíblia na vida da Igreja, o sacerdócio universal de todos os crentes relacionado ao protagonismo dos leigos e a noção da reforma permanente da Igreja.

O livro também propõe uma recepção ecumênica de teologias, sempre abordadas por um viés católico-romano e um protestante, em geral vistas de forma transversa, ou seja, um ponto de vista católico sobre uma teologia protestante e vice-versa. Nesse sentido, a obra oferece um painel variado e consistente de diversas perspectivas teológicas, como: a recepção da teologia protestante de Jürgen Moltmann no contexto católico, a recepção da teologia católica de Karl Rahner no contexto protestante, a teologia protestante de Milton Schwantes no contexto católico latino-americano, a teologia católica de José Comblin no contexto protestante latino-americano, o diálogo católico-luterano visto por um teólogo católico e por um teólogo protestante, o que o líder metodista John Wesley teria a dizer aos católicos hoje e o que o Papa João XXIII teria a dizer aos evangélicos brasileiros hoje.

Além desses conteúdos, o livro também apresenta reflexões sobre situações contextuais e emergentes da Reforma, como as que advêm do contexto do movimento ecumênico e do pentecostalismo, dos processos de inculturação e de contestação social, do quadro de pluralismo religioso, das questões em torno da comunicação e da mídia, e aspectos da espiritualidade, entre outras.

Esperamos que a obra seja uma contribuição efetiva para diferentes grupos, eclesiais e acadêmicos, e possa marcar com graça e eficácia as oportunidades celebrativas e de reflexão em torno dos 500 anos da Reforma.

Os organizadores

PARTE I

HERANÇA TEOLÓGICA DA REFORMA

MISTERIOSA, MARAVILHOSA E SURPREENDENTE GRAÇA: PONTO DE VISTA DE UM PROTESTANTE

Edson Fernando de Almeida[*]

Graça, o fundo da teologia cristã

Como dizer a experiência do amor? Como explicar o incondicional da fé que nos possui? Como descrever a *graça* que nos torna filhos e filhas de Deus? Só um ser pretensioso e afogado em *hybris* poderia achar que houvesse palavras próprias ou mesmo emprestadas capazes de dizer o mistério de que Deus nos ama porque nos ama, apenas isso.

Mas é preciso dizê-lo. Paulo o fez, na controvérsia judaica, pela via negativa da noção de justificação por meio da fé. Agostinho também o fez, tomando emprestada a noção paulina de justificação, na luta contra Pelágio. Lutero, na busca angustiada pela face misericordiosa de Deus, viu as portas da graça serem escancaradas diante de si, quando a dobradiça da mesma noção paulino-agostiniana abriu-lhe as portas do paraíso, na chamada experiência da torre.

Em termos angustiados do nosso tempo, é preciso dizer a *graça* sob o signo da necessidade de humanização da vida, da urgência em acordar para a catástrofe socioambiental que silenciosamente se impõe sobre o planeta, da busca de um lugar aberto, para além do aperto opressivo e sacrificial de Mamon que continua sacrificando pessoas, povos e culturas.

---

[*] *Edson Fernando* é pastor presbiteriano e doutor em Teologia pela Pontifícia Universidade Católica do Rio de Janeiro.

Mas como tais teologias trarão o signo da graça? Se à teologia evangélica – no sentido que o teólogo protestante Karl Barth deu a ela: não confessional, católica, ecumênica, em continuidade e unicidade com a memória de Jesus – compete tornar o Deus manifesto do Evangelho, então há que ser sempre teologia da graça, do mistério que desborda para além da lógica das contrapartidas humanas, provocando-as, inflamando-as, constrangendo-as no amor (BARTH, 1996).

É como o "princípio protestante" pensado por outro teólogo protestante, Paul Tillich. Este princípio, o julgamento profético contra a *hybris* religiosa, a autossuficiência secular e suas consequências destrutivas é, no limite, uma forma de dizer negativamente a graça, pela sustentação da ideia de que nada pode usurpar o lugar daquele que não impõe condições para desvelar-se.

Toda teologia que se queira cristã há que oxigenar-se no transfundo da graça, há que ser sempre e sobretudo teologia da graça. Quando canaliza o grito das demandas fundamentais humanas, no diapasão mais fundamental do circuito necessidade–satisfação, lá estará ela, acenando para um espaço aberto de gratuidade para além das necessidades... Na necessidade do pão, o mistério do Pai; na necessidade da carne, o infinito do Amor; na necessidade do outro, o Totalmente Outro.

A graça é da ordem daquele dar glórias a Deus para além, e não aquém, do circuito das necessidades. Que a terra e o ser humano vivam para a glória de Deus, no caminhar para uma gratuidade que transcende todos os porquês! Nesse horizonte de graça, o dito de Santo Irineu poderia ser assim traduzido: a glória de Deus é o ser humano vivendo apenas por viver.

Por isso, nos extremos de uma teologia que se queira cristã, há que se chegar, não importam os caminhos, àquilo que Fílon de Alexandria disse da religião bíblica judaica e que Georges Bernanos repetiu contemporaneamente: tudo é graça! Deus está à nossa procura para nos seduzir, para nos saudar, ou, para dizê-lo na linguagem da tradição, para nos salvar. E

Misteriosa, maravilhosa e surpreendente graça: ponto de vista de um protestante **15**

o buscamos porque, antes, pelas teias de sua graça fomos amorosamente emaranhados.

Troeltsch referia-se a Lutero como o gênio da redução, da simplificação. A experiência da torre, na qual Lutero elaborou o seu conceito de justiça passiva, conceito ao qual voltou a vida toda, é o ponto luminoso da redução luterana. Encontrar a face da misericordiosa de Deus era a visceral busca de Lutero. Como fazê-lo? A concepção medieval tardia aconselhava a busca do Deus misericordioso pela via do fazer aquilo que há dentro de si.

A graça vem, a misericórdia se derrama, mas há que buscá-la pelas *coisas que se encontram em si*. Com outras palavras, há que merecê-la. Tal receituário, o jovem monge Lutero tentava meticulosamente cumprir pela via espinhosa da ascese, da penitência, dos serviços menos nobres (ALTMANN, 1994).

Todo esforço do jovem professor não chegava a trazer a sensação de ter sido alcançado pela graça que tanto ansiava. O pêndulo da fé continuava oscilante entre o desespero, oriundo da sensação de não cumprimento, e uma ponta de egoísmo, sintoma de certa vanglória de ser julgado capaz de merecer o olhar divino.

Entre a vanglória e o desespero, a misericórdia tão ansiada transforma--se em ódio. Lutero odiava o Deus da justiça. E o odiava ainda mais pelo dito paulino de que tal justiça se manifesta também no Evangelho. Queria o autor da Carta aos Romanos dizer que a sombria face do Deus justo, pronto a castigar o pecado humano, se espelha também no Evangelho?

Lutero bateu intermitentemente à porta do verso da Carta aos Romanos: *a justiça se manifesta no evangelho*. O que quereria Paulo com tal afirmação? Ao relatar tardiamente essa luta, no prefácio latino que escreveu à edição completa dos seus escritos, em 1545, Lutero diz que Deus dele se apiedou; foi quando enfim percebeu o monge agostiniano a ligação entre as expressões: *a justiça de Deus é nele revelada* e *o justo viverá por fé*.

> Aí passei a compreender a justiça de Deus como sendo uma justiça pela qual o justo vive através da dádiva de Deus, ou seja, da fé. Comecei a entender que o sentido é o seguinte: Através do Evangelho é

> revelada a justiça de Deus, isto é, a passiva, através da qual o Deus misericordioso nos justifica pela fé, como está escrito: "O justo vive por fé". Então me senti como que renascido, e entrei pelos portões abertos do próprio paraíso. Aí toda a Escritura me mostrou uma face completamente diferente. Fui passando em revista a Escritura, na medida em que conhecia de memória, e também em outras palavras encontrei as coisas de forma análoga: "Obra de Deus" significa a obra que Deus opera em nós; "virtude de Deus" – pela qual ele nos faz poderosos; "sabedoria de Deus" – pela qual ele nos torna sábios. A mesma coisa vale para "força de Deus", "salvação de Deus", "glória de Deus". Assim como antes eu havia odiado violentamente a frase "justiça de Deus", com igual intensidade de amor eu agora a estimava como a mais querida. Assim esta passagem de Paulo de fato foi para mim a porta do paraíso (LUTERO, 2003, p. 242-243).

Finalmente o desespero e o orgulho foram vencidos, por meio da rendição à graça por meio da fé. Vale aqui a observação de Walter Altmann (1994), segundo a qual Lutero mesmo, após tal experiência, jamais deixou de ser uma pessoa atribulada. Medos, dúvidas, angústias e fraquezas jamais o deixaram de visitar. Lutero as enfrentava, porém, na lembrança da obra consumada por Cristo em seu favor.

Que Deus seja Deus!

A noção de justificação pela graça por meio da fé é um grito à liberdade de Deus. As teologias bíblicas da criação são o produto de um refinamento do pensamento profético, qual seja, a intuição de que Deus não é um ente da natureza e muito menos ela própria. O mundo não é Deus. A noção de justificação pela graça é a face neotestamentária do poema bíblico da criação.

Pela graça, na fé, Deus se manifesta à consciência humana para dizer que está onde queira estar. Para além da letra, no espírito dela; para além da exterioridade da carne, na interioridade de um coração. Em Lutero, Deus se descola dos lugares que o mundo medieval elegera para sua habitação. Ele está para além dos lugares de poder, ainda que legitimamente constituídos.

Deus é livre e, por graça, na fé, nos chama à liberdade. E nada disso é especulação, antes a experiência de um *pathos* que nos tira da corda do egoísmo nas pontas do orgulho e do desespero. Na graça por meio da fé, livres de tudo e de todos. Nesta mesma graça, por meio do amor, servos de tudo e de todos.

Rubem Alves, sob o horizonte da liberdade de Deus, assim interpretou a expressão *salvação pela graça*:

> Salvação pela graça, isto significa: das questões depois da morte Deus já cuidou. Por isto é ocioso gastar pensamento e aflição com discussões sobre a mobília do céu e a temperatura do inferno. Mas sobra tudo o mais que nos ocupar: a preservação da natureza, a arte, a fogueira das armas, para transformá-las em arados e podadeiras; a luta contra os exploradores, a proteção dos oprimidos, o prazer da liturgia, da música, da comunidade, o brinquedo da teologia. A salvação pela graça significa: é inútil e desnecessário nos preocuparmos com o além. O além pertence a Deus, nossos braços não vão até lá. E Deus já resolveu o assunto, em amor. Somos então livres para sermos totalmente deste mundo, fazendo as coisas que a consciência nos comanda (ALVES, 2004, p. 27-28).

E antecipando-se à observação de que nada seria mais oposto ao espírito cristão do que "individualismo" contido na posição acima, o mesmo autor afirmara:

> Terei de responder que você tem razão. Mas terei de lhe perguntar, em troca, se existe coisa mais oposta à comunhão que a sociabilidade fácil daqueles que se satisfazem com a conversa ociosa da representação de papéis... Toda palavra genuína deve nascer do silêncio. Não posso crer nas declarações de solidariedade daqueles que não frequentam a solidão de sua própria consciência. Não, o individualismo da Reforma nasce de um profundo respeito pela pessoa, porque cada pessoa é uma "máscara" de Cristo, Cristo se fazendo presente, disfarçado... E assim, quando alguém é desrespeitado, violentado, torturado, quando alguém passa fome e não tem onde morar, é o próprio Cristo que está aí... (ALVES, 2004, p. 28).

Maravilhosa graça

"Maravilhosa graça, maior que o meu pecar, como poder cantá-la? Como hei de começar?" Esta é a primeira linha de um dos mais belos hinos cantados nos arraiais protestantes. Como cantar o favor divino que nos alcança? Como cantar a incessante procura divina por nós?

Como elevar-nos acima dos determinismos biológicos, psíquicos, culturais, econômicos e ser visitados por um quê(m) além de tudo isso, um quê(m) de graça? Somos mais, não menos; estamos além, não aquém, de todos esses determinismos. Que nos seja dito sempre, como um Evangelho: a vida é excesso, é dádiva, é milagre, é graça!

Como poder cantá-la? O louvor é o sopro da graça, refletido no estremecer sonoro das nossas cordas vocais. É resposta, é momento segundo, tanto quanto a teologia especulativa. O louvor é a razão que desceu à ponta da fé onde Deus se manifestou, e não quer explicar nada, quer tão somente expressar. Ela sabe que pode morrer se não abrir canais para o maravilhoso que a toma.

Como poder cantá-la? Cantar depois de Lutero é entoar a graça, mesmo que, como corolário, se afugentem demônios, se instrua o povo, se lancem tintas coloridas sobre o preto e branco da pregação da palavra. Cantar depois de Lutero é responder ao maravilhoso amor de Deus. Rubem Alves percebeu com acuidade que, se o protestantismo tivesse sido mais cantado, menos fogueiras da inquisição teriam existido na história do Ocidente.

Não é por acaso que as visitações angelicais, conforme nos atestam os relatos do nascimento de Jesus no Evangelho de Lucas, foram sempre respondidas com notas musicais: os cânticos de Zacarias, de Maria, de Simeão... A arte é a resposta menos imperfeita à revelação de que Deus se aproximou de nós não para punir e vigiar, mas para dizer: *alegra-te minha filha, eu sou contigo!* As portas do paraíso permaneceram fechadas para Lutero até que a cortina do medo foi rasgada com o anúncio: "eu o aceito como você é e não como você gostaria de ser".

Surpreendente graça

A proximidade da graça é sempre uma experiência de quebra, de desconcerto das lógicas que regem o mundo humano. É visitação do surpreendente. Paul Tillich (1968) disse que a noção paulina da providência divina, contida no capítulo 8 da Carta aos Romanos, era um eco às palavras de Jesus proferidas no Sermão da Montanha, sobre o cuidado divino com as aves e flores do campo.

Não será a fórmula paulina da justificação pela graça por meio da fé o eco paulino de algumas parábolas contadas por Jesus para falar dos surpreendentes caminhos da justiça de Deus, que subvertem nossos padrões humanos? Afinal, o termo graça aparece pouco enquanto letra no Evangelho, sobretudo nos relatores parabólicos, mas é indisfarçável enquanto princípio subjacente a eles.

A parábola do Pai Amoroso é a expressão mais límpida do Deus gracioso que não soma créditos nem débitos. O Evangelho de Mateus remete-nos a uma praça cheia de trabalhadores à procura de emprego. Alguém se põe a contratá-los e a buscá-los em diferentes horas do dia. A uns ele leva às 9h, a outros às 12h e ainda leva mais dois grupos às 15h e às 17h. Ao final do dia, surpreendentemente, paga a todos igualmente com um denário. O primeiro grupo a ser contratado protesta e a resposta do contratante é algo como: *Alguma dificuldade há com a minha bondade?* A bondade do contratante é surpreendente: a todos provê o denário necessário para as demandas de um dia. A contabilidade dele, que não opera no registro dos débitos e créditos, confunde e desorganiza nossos esquemas mentais.

Para além das categorias de produtividade, eficiência e poder, a graça divina se manifesta igualmente a todos e todas naquilo que são e não naquilo que possam vir a ser em produção e eficiência. O Pai de Jesus é um Deus incondicional em sua bondade. Graça é o nome de tal incondicionalidade. Se transpostos os vales quase onipresentes do ressentimento, a graça pode ser a experiência mais vigorosa e libertadora de pessoas e povos. Não foi assim com Paulo? Não foi assim com Lutero?

Na chave da graça, da bondade de Deus, assim Lutero interpretou a surpreendente parábola:

> Eis, portanto, o resumo desse evangelho: ninguém está tão elevado, nem atingirá um ponto tão alto, que não tivesse que temer de vir a ser o mais baixo. Por outro lado, ninguém está tão baixo ou pode cair tão fundo que não pudesse ter a esperança de vir a ser o primeiro. Aqui fica eliminado todo e qualquer mérito e se glorifica unicamente a bondade de Deus (LUTERO, 2003 p. 892).

"És aceito!"

No seu famoso sermão "És aceito", baseado em Romanos 5,20, Paul Tillich (1968, p. 245-258) afirma que a expressão: *Onde abundou o pecado superabundou a graça*, além de resumir a experiência paulina de Deus, expressa a totalidade da sua mensagem religiosa e ainda revela a compreensão cristã que o apostolo dos gentios tinha da vida.

Tillich sugere que a palavra pecado neste verso vinte do capítulo cinco de Romanos seja entendida como *separação*. Antes de ser um ato, o pecado é um estado, um estado de *separação*. E jamais tomaríamos consciência de tal estado não fosse em algum momento termos experimentado a *unidade* da vida. Tal unidade, para Tillich, é a graça.

Graça é a reunião da vida com a vida, é a aceitação daquilo que rechaçamos em nossa relação conosco próprios, com os outros e com o fundo e a finalidade do nosso ser. Em todos estes campos há uma luta entre separação e reunião, entre pecado e graça.

Para Tillich, a mais contundente expressão desta separação entre a vida e vida estaria, no seu tempo, na atitude recíproca de grupos sociais dentro das nações, e destas com outras. A despeito do progresso técnico ter eliminado os muros que distanciam no tempo e no espaço, os muros que separam corações de corações estariam cada vez mais reforçados.

Mas *onde abundou o pecado superabundou a graça*, escreve Paulo na mesma carta em que descreve os abismos de separação e destruição que existem no seio das sociedades e da alma humana. Ele experimentara o poder da união na visão que tivera de Jesus como o Cristo. No momento em que se achava mais separado de si mesmo, de Deus e das pessoas, percebeu-se aceito em meio a tantas recusas. Ao perceber-se aceito, foi capaz de aceitar a si mesmo e aos demais. A graça fê-lo transpor o abismo das separações. Sabemos, pergunta Tillich, o que é ser abraçado pela graça? Não se trata de crer que Deus existe, que Jesus é o salvador ou que a Bíblia contenha a verdade. Essa compreensão é quase o contrário do que a graça possa significar.

Compreender a graça superabundante também não significa algo como um progresso na nossa vida moral, uma superação das nossas faltas. Pode até ser um fruto da graça em nós, mas, em si mesmo, não é graça, podendo inclusive ser impedimento a que esta se nos comunique. Arrogância ou desespero – Tillich retoma a noção luterana como vimos acima – são os corolários de uma relação com Deus fora do sopro da graça.

Seria melhor rechaçar a Deus, Cristo e a Bíblia que aceitá-los sem a graça. Sem ela, nosso abismo só faz aumentar. Não podemos transformar nossa vida, a menos que permitamos que a graça nos transforme, mas isso não se produz buscando impô-la a nós mesmos, tampouco se seguirmos pensando, absortos, em nossa complacência, que dela não temos necessidade.

Mas que lugar habitar, que atitude tomar, para que a experiência da graça seja possível em nós? Assim escreve Tillich:

> Quando andamos pelo vale escuro de uma vida vazia e carente de sentido; quando sentimos que nossa separação é mais profunda que de costume, porque temos agredido outra vida, uma vida que amávamos ou uma vida que nos rechaçou; quando nosso fastio pelo nosso próprio ser, nossa indiferença, nossa debilidade, nossa hostilidade e nossa falta de direção e de serenidade tornam-se intoleráveis; quando, ano após ano, a sonhada perfeição de nossa vida não se realiza;

quando as antigas compulsões reinam hoje como reinaram em muitas décadas; quando o desespero destrói toda alegria e todo inteireza. Às vezes, nesse momento, uma onda de luz irrompe em nossa escuridão e é como se uma voz nos dissesse: "És aceito!". *És aceito* pelo que é maior do que tu e cujo nome ignoras. Não perguntes seu nome agora, mais adiante o descobrirás. Não tentes fazer nada agora, mais adiante farás muito. Não busques nada, não realizes nada, não inicies nada. *Simplesmente aceita o fato de que és aceito!* Se isso nos ocorre, aí então é que fazemos a experiência da graça. Depois de uma experiência assim, podemos não ser melhores que antes e podemos não crer mais como antes, mas tudo se transforma. Nesse momento a graça domina o pecado e a reconciliação faz uma ponte sobre o abismo da alienação. E nada se requer para o cumprimento de semelhante experiência, nenhuma pressuposição religiosa, moral ou intelectual, absolutamente nada, salvo a aceitação. À luz dessa experiência percebemos o poder da graça em nossa relação com os demais e conosco mesmos. Experimentamos a graça de poder olhar francamente nos olhos dos demais, a graça milagrosa da reconciliação com a vida. Experimentamos a graça de compreender a vida dos demais. Não compreendemos simplesmente o significado literal das palavras, mas também o que se oculta atrás delas, inclusive quando são ásperas ou raivosas. Uma vez que nos encoraja o anelo de abrir uma brecha no muro da separação. Experimentamos a graça de poder aceitar a vida do outro, inclusive se nos é hostil ou nocivo, já que pela graça sabemos que também ele pertence ao mesmo fundo a que nós pertencemos. Experimentamos a graça que é capaz de vencer a trágica separação dos sexos, das gerações, das nações, das raças, e inclusive o grande abismo aberto entre o homem e a natureza. Às vezes a graça aparece em todas estas separações para unir-nos de novo com aqueles a quem pertencemos. Já que a vida pertence à vida. E à luz dessa graça percebemos o poder da graça em nossa relação conosco mesmos. Vivemos momentos em que nos aceitamos, porque sentimos que temos sido aceitos por aquele que é maior que nós. Sim! Pelo menos foram mais frequentes tais momentos! Por esses momentos nos é dado amar nossa vida, nos é dado aceitarmos a nós mesmos, não porque nos creiamos bons e isso nos compraza, se não pela certeza de que temos chegado perto do sentido externo da nossa vida. Não nos podemos forçar a aceitarmos a nós mesmos. Não podemos obrigar a ninguém a que se aceite. Mas às vezes ocorre que nos é dada a força de dizermos "sim", e a paz entra em nosso mundo interior colocando-nos em uma realidade única, e então o ódio e o desprezo que sentíamos desaparecem, e nosso eu se reconcilia consigo mesmo. Então podemos dizer que a graça veio sobre nós! "Pecado" e "graça" são, pois, palavras insólitas; mas não são realidades insólitas. As encontramos sempre que voltamos para nossa intimidade com olhos que buscam e um coração anelante. "Pecado" e "graça" determinam nossa vida. Abundam em nós e em todo aquele que encoraje a vida. Oxalá a graça sobreabunde em cada um de nós! (TILLICH, 1968, p. 256-258).

Referências

ALTMANN, Walter. *Lutero e libertação*. São Leopoldo: Sinodal; São Paulo: Ática, 1994.

ALVES, Rubem. *Dogmatismo e tolerância*. São Paulo: Loyola, 2004.

BARTH, Karl. *Introdução à teologia evangélica*. 9. ed. São Leopoldo: EST/ Sinodal, 2007.

BÍBLIA SAGRADA com reflexões de Lutero. Ed. rev. e atual. Barueri: Soc. Bíblica do Brasil, 2012.

LUTERO, M. *Obras selecionadas*. São Leopoldo: Sinodal; Porto Alegre: Concordia, 2003. n. 8.

TILLICH, Paul. *Se conmueven los cimientos de la tierra*. Barcelona: Ediciones Ariel, 1968.

BEM VIVER E AXÉ, SALVAÇÃO E GRAÇA: PONTO DE VISTA DE UM CATÓLICO

Marcelo Barros*

Vivemos em um mundo convulsionado por guerras que tomam novos rostos e no qual as despesas com armas aumentam sob o pretexto de prevenir e reprimir atos terroristas. A desigualdade social se torna cada dia mais grave e provoca ondas sempre mais numerosas de migrantes e de refugiados, rejeitados pelos países ricos e pela elite do mundo. Nesse contexto, o que, hoje, pode significar as antigas controvérsias cristãs sobre salvação e graça?

No final de outubro de 2016, o fato de o Papa Francisco e de representantes da Federação Luterana Mundial se colocarem de acordo sobre esses assuntos e, juntos, assinarem o documento "Do confronto à comunhão", significa muito para as Igrejas. Mas o que pode significar para este mundo ferido pelas divisões e faminto de amor e solidariedade?

Em seu tempo, Lutero insistiu que salvação e graça são dons divinos, absolutamente gratuitos e universais. Pregou que, através da cruz de Jesus, Deus redime e resgata a todos os pecadores que somos nós. A Igreja Católica insistia que, para a salvação, sempre eram essencialmente necessários o ministério da Igreja e a mediação dos sacramentos e das indulgências. É claro que, nesse contexto, a posição radical de Lutero foi rejeitada e, a partir daí, se realizou a divisão.

---

* *Marcelo Barros* é monge e teólogo beneditino.

Atualmente, devemos aprofundar esse assunto a partir de outro ângulo. Até há pouco tempo, a teologia das Igrejas falava da salvação e da graça como se fossem forças ou elementos sobrepostos ou acrescentados à natureza. E, desde os primeiros séculos, houve muitas controvérsias teológicas sobre a fé. Quando este livro foi pensado, a primeira sugestão foi que eu escrevesse sobre "Salvação e graça do ponto de vista católico". No entanto, desde séculos antigos, a Igreja do Ocidente sempre conviveu com teologias bem diferentes e, algumas vezes, opostas. Leonardo Boff (1976, p. 28-29) afirma que, na história da Igreja Católica, predominaram ao menos quatro concepções diferentes da graça: (i) o enfoque baseado na experiência psicológica (por exemplo, em São Boaventura e na teologia franciscana); (ii) uma compreensão baseada na metafísica clássica (posição do Mestre Eckhart e da mística renana no século XIV); (iii) uma visão dialógico-personalista (predominante no século XX); e (iv) o enfoque estrutural e social que poderia se dizer da Teologia da Libertação. Por isso, preferi mudar o subtítulo do artigo para "Ponto de vista de *um* católico", mesmo se tenho a intenção de resumir aqui a posição de grande parte da Teologia atual na América Latina.

Alguns pressupostos e constatações

Já em 1967, na Alemanha, quando se comemorava os 450 anos da Reforma, Karl Rahner escrevia: "Diferentemente da época de Lutero, já não existe mais nenhuma divisão substancial no modo de expressar a fé entre a Igreja Católica e as Igrejas Reformadas. Não existe mais nenhum motivo de separação entre as Igrejas. No entanto, elas continuam divididas e, sob certo ponto de vista, as divisões não diminuem" (RAHNER, 1972, p. 201).

Hoje, essa afirmação ainda tem mais sentido pelo fato de que, desde a segunda metade do século XX, as Igrejas reformadas e a Igreja Católica criaram comissões teológicas mistas que assinaram vários acordos sobre a fé. No início da década de 1970, começaram a surgir compreensões totalmente novas de uma possível compreensão contemporânea de salvação.

Em 1973, em Bangcoc, o Conselho Mundial de Igrejas (CMI) reuniu teólogos/as e pastores/as do mundo todo e de diversas Igrejas em uma conferência internacional sobre a missão, e o tema foi "A salvação hoje". A novidade estava em que o CMI aderia às teses de alguns teólogos europeus, como Jürgen Moltmann, e, na América Latina, à Teologia da Libertação. Com base em Lucas 4,18, se ensina que a salvação e a graça têm de ser pensadas para o ser humano integral e não apenas para o espírito. E também não podem ser vistas como destinadas apenas às pessoas individuais, e sim devem abranger também as estruturas sociais do mundo (KUHN, 2005, p. 992). Uma década depois, o Documento de Lima continha um profundo acordo interconfessional sobre o Batismo, os Ministérios e a Eucaristia (1983). Tudo isso teve seu cume quando, em 1999, representantes da Igreja Católica e a Federação Luterana Mundial assinaram a "Declaração Conjunta sobre a Doutrina da Justificação". O núcleo do documento está nos parágrafos 15 a 17. Começa dizendo

> Juntos (católicos e luteranos), mantemos na fé a convicção de que a justificação é a obra do Deus uno e trino. O Pai enviou o seu Filho para salvar os pecadores. O fundamento e pressuposto da justificação é a encarnação, morte e ressurreição de Cristo. (...) Juntos confessamos: só pela graça, na fé, na obra salvadora de Cristo e não por causa de nenhum mérito de nossa parte, somos aceitos por Deus e recebemos o Espírito Santo, que renova nossos corações, enquanto nos prepara e nos chama às boas obras (n. 15) (BRINKMAN, 2005, p. 684-685).

No entanto, mesmo depois de todo esse acordo central, as Igrejas continuam divididas. É certo que a separação institucional não corresponde mais à divisão real que opõem cristãos de posições contrárias dentro da mesma Igreja. Hoje, há muito mais unidade e comunhão entre um católico e um evangélico que vivem a inserção no meio dos pobres do que entre um católico dessa linha e um ligado à *Opus Dei* ou a algum dos movimentos contrários à Teologia da Libertação. Assim, a visão de salvação e graça não depende mais da Igreja a que se pertence, e sim de que lado social se está.

Isso não significa que, hoje, a divisão das Igrejas não seja um assunto grave e importante. Ao contrário, as divisões institucionais continuam enfraquecendo o testemunho do Reino de Deus e a causa da justiça no mundo. Por isso, a comemoração do 5º Centenário da Reforma, com o tema "Do conflito à comunhão", deve nos levar a caminhar juntos na direção da unidade, conscientes da urgência de um testemunho comum a todos/as que creem em Cristo na direção de um mundo novo possível. No entanto, para isso, temos de partir de outra base teológica e pastoral. Não se trata mais de voltar para ver quem tinha razão, se era Lutero e os reformadores ou se eram os papas do século XVI e o Concílio de Trento. De fato, hoje, nem católicos nem evangélicos de nenhuma Igreja histórica têm exatamente as mesmas formulações da fé. Hoje, não faz sentido recuperar as discussões sobre "Justificação pela fé e graça", em um âmbito e compreensão estritamente sacrais, religiosamente institucional e de forma a-histórica. Isto afirmou o CMI em Bangcoc já em 1973. Nessa mesma direção, em El Salvador, o padre Ignacio Ellacuría ensinou e testemunhou pelo seu martírio:

> É preciso afirmar sempre: não existem duas histórias, uma sagrada e outra profana. (...) Jesus histórico veio nos mostrar que não existem dois mundos incomunicáveis: o mundo de Deus e o mundo dos homens. O que há e Jesus nos mostra isso é a oposição fundamental entre graça e pecado. Há oposição na história entre o que leva à salvação e o que leva à perdição (ELLACURÍA, 1984, p. 196-197).

> Uma concepção histórica de salvação não pode cair em teorizações abstratas sobre o que é salvação. (...) Não é possível falar de salvação a não ser a partir de situações concretas. A salvação é sempre *de* alguém e nesse alguém, salvação *de* algo. Tanto é assim que as características do Salvador têm de ser buscadas a partir das situações ou características de quem vai se salvar. Isso não nega que a salvação é dom de Deus que se antecipa às necessidades humanas. No entanto, as necessidades, compreendidas em sua amplidão, são o caminho histórico pelo qual se pode reconhecer esse dom. As necessidades (econômicas, corporais, sociais e culturais) são em si mesmas negação da graça di-

vina como dom. Negam a própria doação de Deus aos seres humanos. Elas são o grito do próprio Deus feito carne na dor das pessoas. São a voz inconfundível do próprio Deus que geme em seus filhos e filhas (ELLACURÍA, 1984, p. 181).

As Teologias da Libertação têm exatamente esse mesmo ponto de vista. Embora com matizes diferentes, quando lemos Leonardo Boff, Juan Luis Segundo ou, para citar um teólogo evangélico, José Miguez Bonino, podemos resumir assim: todos nós acreditamos que a salvação de Deus não pode ser reduzida apenas à mera libertação social e política. No entanto, essa dimensão é essencial e, sem ela, a salvação perderia sua verdade total. Enquanto os empobrecidos do mundo continuarem a ser excluídos da sociedade e a eles lhes forem negados os direitos mínimos de uma vida digna, a salvação prometida pelo Cristo é diminuída em seu objetivo fundamental. No lugar da graça, o que impera é a desgraça estrutural, como negação de Deus.

Salvação e graça revelam uma imagem de Deus

Hoje, não nos podemos omitir nessa discussão. De um lado, no mundo todo, os movimentos fundamentalistas testemunham um deus que ama seus amigos e odeia seus inimigos. É uma divindade que parece disposta a matar quem não obedecer às normas que o grupo dos que se creem *eleitos* criou em seu nome. Do outro lado, mesmo descendentes de Lutero que insistem que Deus é graça e perdão incondicional, às vezes, sustentam posições sociais e políticas que de modo algum dão uma imagem generosa e gratuita de Deus. Nesse caso, não há graça.

Ao querer dizer ao mundo de hoje a mensagem de Lutero referente aos princípios básicos da Reforma ("somente a fé, somente a graça, somente a Escritura, somente o Cristo..."), temos de cuidar da imagem de Deus que passamos às pessoas. Que Deus é esse que salva pela graça e através da cruz de Jesus? De que salvação se trata e como ele salva?

Tanto a Igreja Católica como a Igreja Luterana concordam, hoje, que a Igreja é sacramento da graça que é dada ao mundo todo. Mesmo se pensamos a salvação e a graça como dons gratuitos e universais que o Pai de amor dá à humanidade, através de Jesus, não podemos mais ver esses dons apenas restritos a quem é cristão. Em sua época, Lutero não podia pensar que o seu conceito de "Igreja invisível" devesse se ampliar tanto a abranger outras religiões ou simplesmente o conjunto do mundo e mesmo o cosmos. Ao defender essa visão universal, o que está em jogo é o que dizemos sobre Deus. Se radicalizamos e procuramos atualizar o que a Bíblia diz sobre Deus e o que Lutero pregou, só podemos concluir que Deus é amor, salvação e graça. Estruturalmente. Essencialmente. Se é assim, a salvação e graça são inerentes à presença divina no universo. Estão no ser humano como elementos constituintes da vocação humana. Fazem com que sejamos cada vez mais humanos e, como tal, divinos. Não é algo acrescentado. O que a fé traz a esse processo é a consciência. No cântico de Zacarias, Lucas o chama de "conhecimento da salvação" (Lc 1,77).

Todas as pessoas, em todas as religiões e culturas, são "filhas de Deus", ou seja, são receptáculos da salvação e da graça. Não cada uma por si, mas por intermédio de suas comunidades que são, assim, comunidades de salvação. A fé cristã nos chama a viver isso plenamente, com toda consciência e de forma missionária, como testemunhas dessa salvação.

Nas últimas décadas, teólogos e teólogas de todo o mundo, tanto católicos como evangélicos, têm insistido em superar a compreensão da morte de Jesus na cruz como sacrifício oferecido a Deus para o perdão dos pecados do mundo. Essa hermenêutica da cruz pode ter ajudado os primeiros cristãos em sua cultura antiga. No entanto, hoje, nos dá a imagem de um Deus mesquinho que precisaria que seu filho morresse de um modo terrível para ele poder salvar o mundo. Na América Latina, povos continuam crucificados. E no norte rico do mundo, migrantes e refugiados são condenados à cruz do afogamento no mar ou dos novos campos de concentração. A morte de Jesus na cruz, compreendida como martírio e não como sacrifício, deve ser força de amor para tirarmos da cruz os crucificados do mundo (VIGIL, 2007).

Atualmente, para tirar da cruz os crucificados de hoje e lhes testemunhar a salvação e a graça de Deus, temos de nos fazer pobres com eles, partilhar de suas vidas e das suas lutas, como Jesus fez. Só a partir da solidariedade martirial poderemos compreender a salvação e a graça de Deus e, então, testemunhar que essa energia amorosa divina atua neles como força de libertação. A mediação de Jesus e o seu martírio na cruz se tornam paradigmas para quem crê, mas não nos autoriza a restringir os dons divinos, nem a ação do Espírito. Ao contrário, o amor divino manifestado na vida de Jesus e na sua entrega total pode ser a chave de compreensão para valorizar todo gesto e evento de amor e salvação que o Espírito suscita na diversidade das religiões e mesmo fora delas. É preciso que recordemos: a imagem de Che Guevara morto e exposto como na cruz, em uma pedra de lavanderia de Valle Alto na Bolívia, foi imediatamente e no mundo inteiro associada à imagem de Jesus. Isso não foi feito por cristãos, e sim por jovens revolucionários.

O Espírito Divino revela a toda a humanidade a bênção da vida como caminho amoroso e chama todas as pessoas e comunidades a esse crescimento interior que os pais da Igreja Oriental chamavam "divinização". Cada pessoa e comunidade vive esse processo da salvação e da graça a partir da sua própria realidade, inseridas em uma das religiões da humanidade, ou simplesmente na integração pacífica e solidária a toda humanidade a que Deus quer bem.

Em uma visão macroecumênica

No século XX, uma grande graça divina para todas as Igrejas cristãs foi o surgimento do movimento pentecostal e, dentro das Igrejas históricas, os movimentos carismáticos e de reavivamento espiritual. O que aprendemos nos evangelhos é que, em sua vida, Jesus sempre soube unir a dimensão profética e revolucionária da sua ação à abertura total à gratuidade

Bem viver e axé, salvação e graça: ponto de vista de um católico

da salvação e graça que o Pai dá a todos e se manifesta especialmente na dimensão pentecostal da fé. No entanto, um grande desafio atual para essas Igrejas e movimentos é crer e testemunhar a ação do Espírito para além dos nossos grupos, como Espírito que anima o universo e, como diz um livro deuterocanônico da Bíblia, "ouve e compreende toda palavra e abraça toda cultura" (Sb 1,7). Já nos anos 1990, o padre José Comblin sonhava com o dia em que pentecostais e carismáticos pudessem "perceber o significado do acontecimento do Espírito para a marcha do mundo e assim ser testemunhas disso, sem se restringir ao dualismo platônico que divide corpo e alma, esse mundo e o sobrenatural e as realidades concretas e os dons espirituais" (COMBLIN, 1978, p. 7-8).

A teóloga Elizabeth Johnson afirma:

> A experiência do Espírito se realiza na história e através da história do mundo. Ela pode ser positiva ou mesmo negativa, ordenada ou caótica, clara e fulgurante ou obscura e ambígua, ordinária ou extraordinária, social ou individual. (...) Onde estejamos aspirando algo inefavelmente a mais do que aquilo que aparece, mesmo que este *mais* seja mediatizado pela beleza e pela alegria, ou, ao contrário, em contraste com forças esmagadoras, ali já transpira a experiência do Espírito (JOHNSON, 1995, p. 188).

E lembremos o que nos mostra o cardeal Walter Kasper: "Sempre que brota algo de novo, ali há uma manifestação da atividade do Espírito" (KASPER, 1997, p. 227).

Como não ver o Espírito dando força às pessoas que até hoje procuram por parentes desaparecidos no Chile e por movimentos como o das mães e mesmo das avós da Plaza de Mayo, na Argentina? E os povos afro-ameríndios? Na América Latina da primeira década desse século XXI, os povos indígenas dos Andes e outros nos fizeram descobrir o paradigma do *Bem Viver*. As comunidades afrodescendentes de tradição Iorubá chamam de Axé essa energia amorosa da vida que está no universo e com a qual podemos entrar em comunhão e deixar que penetre nossas vidas.

A categoria central da religião Iorubá é o Axé. Ele é o equivalente ao *pneuma* grego, ao *spiritus* latino e ao *ruah* bíblico. Enrique Dussel (1983, p. 153) aponta a *Pachamama* dos povos do Altiplano como imagem do Espírito Santo. Isso significa que o Bem Viver pode ser considerado expressão da salvação e da graça divina nas comunidades indígenas e, através delas, oferecida a toda a humanidade.

Se fosse para concluir este assunto...

No momento histórico que vivemos, somos chamados a unir a bênção divina da criação – bênção que o pecado humano não foi tão forte para apagar – a uma compreensão cósmica da encarnação do Verbo Divino. A partir da humanidade de Jesus de Nazaré, a Palavra Divina continua se fazendo carne em toda realidade humana e cósmica. Não é uma linguagem apenas metafórica. Devemos crer que é real, como atualização da salvação e da graça em um novo paradigma de Ecologia Integral que, atualmente todas as Igrejas estão apontando como perspectiva. Só assim seremos capazes de mostrar que o diálogo católico-luterano sobre Salvação e Graça tem sentido para o mundo e nos faz escutar, agora, neste momento nosso e do mundo, a palavra do Mistério, Pai e Mãe da Vida, que, conforme o Apocalipse nos diz: "Faço novas todas as coisas" (Ap 21,5).

Referências

BOFF, Leonardo. *A graça libertadora no mundo*. Petrópolis: Vozes, 1976.

BRINKMAN, Martien. Justificação. In: LOSSKY, Nicolas et al. (Org.). *Dicionário do Movimento Ecumênico*. Petrópolis: Vozes, 2005.

COMBLIN, José. *O Espírito no mundo*. Petrópolis: Vozes, 1978.

DUSSEL, Enrique. *Historia general de la Iglesia en América Latina, 1/ 1*. Introducción general. Sigueme: Salamanca, 1983.

ELLACURÍA, Ignacio. *Conversión de la Iglesia al Reino de Dios*. Santander: Sal Terrae, 1984.

JOHNSON, Elizabeth. *Aquela que é*: o mistério de Deus no trabalho teológico feminino. Petrópolis: Vozes, 1995.

KASPER, Walter. *El Dios de Jesucristo*. Salamanca: Sigueme, 1997.

KUHN, Ulrich. "Salvação". In: LOSSKY, Nicolas et al. (Org.). *Dicionário do Movimento Ecumênico*. Petrópolis: Vozes, 2005.

RAHNER, Karl. *La gracia como libertad*. Barcelona: Herder, 1972.

VIGIL, José Maria (Org.). *Descer da cruz os pobres*. São Paulo: Paulinas, 2007. (Comissão Teológica Internacional da ASETT).

A CENTRALIDADE DA BÍBLIA NA VIDA DA IGREJA: O SIGNIFICADO PARA O CONTEXTO PROTESTANTE

Kenner Terra*

Introdução

A Bíblia é indomesticável. Duro é para os seus leitores tentar organizar, como um coral uníssono, suas vozes teológicas e percepções de mundo. A Escritura não tem uma voz doutrinária que possa ser encontrada e descortinada. Por isso, qualquer tentativa de "dogmatização" do texto torna-se violência e descompromisso com a Palavra de Deus. Por isso, ter a Bíblia como centralidade na caminhada das comunidades de fé é aceitar as possibilidades de leituras menos unívocas, por vezes heterodoxas.

A *Dei Verbum*, seguindo o Concílio Tridentino, tenta resolver esse desconforto com a Tradição e o Magistério:

> A Sagrada Tradição e a Sagrada Escritura, portanto, relacionam-se estreitamente. Com efeito, ambas derivando da mesma fonte divina, fazem como que uma coisa só e tendem ao mesmo fim. A Sagrada Escritura é a Palavra de Deus enquanto foi escrita por inspiração do Espírito Santo; a sagrada Tradição, por sua vez, transmite integralmente aos sucessores dos Apóstolos a Palavra de Deus confiada por Cristo Senhor e pelo Espírito Santo aos Apóstolos, para que, com a luz do Espírito de verdade, seus sucessores a conservem, a exponham e a difundam fielmente na sua pregação; donde acontece que a Igreja não

---

* *Kenner Roger Cazotto Terra* é pastor batista e doutor em Ciências da Religião pela Universidade Metodista de São Paulo.

tira a sua certeza a respeito de todas as coisas reveladas só da Sagrada Escritura. Por isso, ambas devem ser recebidas e veneradas com igual espírito de piedade e reverência (CONCÍLIO VATICANO II, 2011, p. 16).

Alguns pontos podem ser destacados nesta parte da Constituição. O mais óbvio é o peso de autoridade colocado sobre a Tradição, permitindo encontrar nela possibilidade de domesticação do texto sagrado para preservação, inclusive, da estabilidade das verdades da instituição. Há ainda o conceito de inspiração que no trecho da *Dei Verbum* salta aos olhos e serve como fio condutor para a relação entre Tradição e Escritura Sagrada; conceito por vezes tratado de maneira problemática. Em 2Tm 3,16 é dito que toda Escritura é *theópneustos*. Esta expressão pode gerar um emaranhado de confusões alimentadas por estereótipos e apologética, comumente superficiais. A epístola dêutero-paulina refere-se aos escritos judaicos lidos desde sempre nas comunidades cristãs com óculos cristológicos (TOWNER, 1994), os quais se transformam em ponte para compreensão da experiência vivenciada nas comunidades do Cristo crucificado. Assim, inspiração, nesta perspectiva, está vinculada à encarnação. O Galileu, das terras subversivas do norte, que tem em si a plenitude de Deus (Cl 2,9; 1,19; At 17,29; Jo 1,16), é *epifania da divindade*, sua revelação, a qual está preservada nas Escrituras. Confundir o texto e suas tramas literárias com a própria manifestação é idolatria. Por isso, o Logos de Deus na história é sua transcendência encarnada e revelada em Cristo, aquele crucificado e ressurreto. Aqui temos vinculado à inspiração a tríade texto-Cristo-comunidade.

A Palavra nas Escrituras é revelação também a partir da vida da comunidade. Não há Palavra sem *querigma* e *diaconia*. Nesse sentido, vale-se da potencialidade da linguagem e sua pluridimensionalidade de sentidos, os quais podem ser revelados por diversos mecanismos de mediação. Aqui, percebe-se que no encontro entre comunidade e texto, vida e linguagem, leitores/leitoras e Bíblia há a possibilidade de revelação da Palavra de Deus.

Portanto, neste capítulo faremos algumas discussões que possam considerar a dinâmica da Palavra de Deus nas Escrituras e suas potencialidades de sentido para vivência da Igreja. Para isso, levaremos em consideração o princípio da *Sola Scriptura*, apropriado da Reforma Radical (que me parece uma opção subversiva de leitura bíblica), e as discussões teóricas a respeito da construção dos sentidos e da leitura, para pensarmos a centralidade da Bíblia nas comunidades de fé. Estes conceitos servirão para percebermos que a Escritura só será central na Igreja quando for levado em consideração o encontro semiótico de dois textos: o sagrado e a vida.

Sola Scriptura e a recepção da Bíblia na Igreja

O ano de 2017 será marcado em muitos lugares e espaços, eclesiásticos ou não, pela celebração dos 500 anos do movimento chamado de Reforma Protestante. Eivado de muitas memórias folclóricas, como uma epopeia do século XVI, o monge agostiniano tornar-se-á nestes dias, como é de costume, uma espécie de Hércules moderno para satisfação mítica dos protestantes ávidos por lembranças triunfalistas. Nesta história toda, como é comum nas grandes narrativas, Lutero é tipo "mártir sem sacrifício" que lidera uma "revolução". Contudo, sabemos, depois de publicações mais especializadas, que os movimentos europeus de 1517 em diante podem ser chamados de "brumas" – como diriam os historiadores que pensam a história em longa duração[1] – de desenvolvimentos estruturais mais "de baixo", o que impede a hipervalorização de figuras emblemáticas. Como bem defende Le Goff, para explicar a Nova História Cultural, "a Nova História mostra que esses 'grandes acontecimentos' são em geral apenas as nuvens – muitas vezes sangrentas – levantadas pelos verdadeiros acontecimentos sobrevindos antes desses, isto é, as mutações profundas da história" (LE GOFF, 2001, p. 16).

---

[1] A Nova História cultural tem como projeto historiográfico a história total, das mentalidades, imaginários, a micro-história etc. Essa historiografia propõe a compreensão dos movimentos sociais e culturais da humanidade em uma perspectiva de longa duração, o que impede de colocar no centro dos acontecimentos grandes datas e nomes, redirecionando o olhar para a vida cotidiana, os pequenos feitos e a fluidez das identidades. Cf.: BURKE, 2006; BURKE, 2008; PESSAVENTO, 2006; RIOUX; SIRINELLI, 1998; LE GOFF, 1993.

A centralidade da Bíblia na vida da Igreja

Nesta perspectiva, Lutero, que é tratado como "grande acontecimento", foi, na verdade, uma espuma na beira da praia precedida por ondas de ideias e movimentos religiosos da história da Igreja. Antes de Lutero temos, por exemplo, os Goliardos, que carnavalizavam – para usar um conceito de M. Bakhtin (1999) – a Igreja oficial com indisciplinas e sátiras. Como andarilhos mendicantes, criticavam asperamente as estruturas sociais e poetizavam o vinho, o jogo e o amor, acirrando os ânimos mais piedosos (LE GOFF, 1988, p. 50). O alvo das mais duras críticas desses transeuntes, vistos como repugnantes, era a tríade papa, bispo e monge. Le Goff diz que

> a inspiração antipontifícia e anti-romana dos goliardos mistura-se sem se confundir com duas outras correntes: a corrente gibelina, que ataca sobretudo as pretensões temporais do papado e apoia (sic) o Partido do Império contra o do Sacerdote; a corrente moralizadora, que critica no pontífice e na corte de Roma os compromissos com o século, o luxo, o gosto do dinheiro. [...] O bestiário satírico dos goliardos, no espírito do romance grotesco, desenvolve uma linha de eclesiásticos metamorfoseados em animais e faz surgir no frontão da sociedade um mundo de carrancas eclesiásticas. [...] Há mais nesses ataques do que as brincadeiras, tradicionais, sobre seus maus costumes: gula, preguiça, devassidão. Há espírito secular – próximo do espírito leigo – denunciador dos monges como concorrentes que arrancam pobres párocos prebendas, penitentes, fiéis [...] (LE GOFF, 1988, p. 54).

Nas costas luteranas temos outros como Guilhermo de Ockham, que já dizia, bem antes de Lutero, que a moralidade do ser humano não depende da sua própria ação, mas da aceitação da vontade de Deus/graça de Deus que pode santificar antes que haja o arrependimento. Em seu "Breviloquio sobre o Principado Tirânico", Ockham já questionava o poder papal e sua tradição: "Logo, muito menos o papa possui a plenitude do poder nas coisas espirituais, pois na pessoa dos apóstolos foi interdito ao papa e aos demais prelados exercer sobre os fiéis, em quaisquer assuntos, tanto poder quanto os reis e príncipes exercem sobre seus súditos" (OCKHAM, 1988, p. 54). Como ilustração, também, cabe aqui o caso de Orleans, em 1022 d.C., quando 14 clérigos da alta hierarquia foram queimados por questionarem a graça do batismo, a eucaristia, a remissão dos pecados mortais e outros pontos importantes do Cristianismo medievo (BARROS, 2012). É necessário lembrar, também, dos cátaros, dos valdenses, Wycliffe, Huss e Savonarola.

Lutero foi uma ponta do *iceberg*, favorecido pelos contextos social, cultural, econômico e religioso propícios para o desencadeamento de ondas transformadoras iniciadas na Europa e expandidas para todo o mundo, criando não somente novos cristianismos (se assim posso dizer), mas também outras formas de pensar a vida e o homem na arte, na política, na economia etc. (BERMAN, 2006, p. 29-78).[2]

A partir destas constatações, a escrita da história, por vezes, é injusta e silencia vozes importantes e significativas. É necessário lembrar que a Reforma não é somente a história de Lutero, Calvino, Zuínglio etc. Como também, movimentos posteriores devem ser levados em consideração, mesmo aqueles tratados com desconfiança. Por isso, não me parece honesto simplesmente afirmar o princípio da *Sola Scriptura* sem levar em consideração figuras como Tomas Müntzer e os anabatistas, os quais representam propostas de aproximação à Bíblia. Estes podem nos servir de crítica ao que se estabeleceu como centralidade das Escrituras e abrir novos caminhos já traçados em nossas "origens".

Somente as Escrituras e a Reforma Radical: indícios hermenêuticos

Um dos princípios da Reforma é a centralidade das Escrituras, o que para Foucault seria o germe da crítica. Segundo ele, para compreender a história da crítica é preciso ancorá-la na crítica bíblica. Com a busca pela autêntica revelação das Escrituras, não mais governada pelo magistério da

---

[2] Berman descreve, no segundo volume de sua obra, o impacto à tradição legal do Ocidente causado pela Reforma, o que não somente seria um impacto no passado, "mas tem influenciando o presente e futuro". Cf.: BERMAN, 2006, p. xii.

A centralidade da Bíblia na vida da Igreja

Igreja, cria-se a possibilidade de descortinar o que verdadeiramente estava nas sagradas letras, mesmo desqualificando a interpretação da tradição. Por isso, Foucault pode afirmar que "a crítica é historicamente bíblica" (FOUCAULT, 1997, p. 46). No *Sola Scriptura*, a crítica à tradição é o germe do fazer crítico, o que significou importante contribuição, segundo o autor, no que seriam as críticas modernas.

A centralidade da Escritura e todas as suas fortificadas afirmações teológicas de inspiração já indicam como sua presença na piedade dos reformadores é determinante e descentraliza outros poderes eclesiásticos (pelo menos em termos ideias). Por isso, Calvino, no séc. XVI, condena como erro perniciosíssimo a valoração da Escritura segundo os alvitres da Igreja:

> Entre a maioria, entretanto, tem prevalecido o erro perniciosíssimo de que o valor que assiste à Escritura é apenas até onde os alvitres da Igreja concedem. Como se de fato a eterna e inviolável verdade de Deus se apoiasse no arbítrio dos homens! Pois, com grande escárnio do Espírito Santo, assim indagam: "Quem porventura nos pode fazer crer que essas coisas provieram de Deus? Quem, por acaso, nos pode atestar que elas chegaram até nossos dias inteiras e intactas? Quem, afinal, nos pode persuadir de que este livro deve ser recebido reverentemente, excluindo um outro de seu número, a não ser que a Igreja prescrevesse a norma infalível de todas essas coisas? (...)" (CALVINO, 1985, p. 81).

A Escritura, nesse sentido, deixa de ser artefato da instituição e torna-se instrumento de intervenção e crítica (Foucault). Contudo, como essa Bíblia seria utilizada ou lida? Ainda pensando nas margens da história, outros movimentos de reforma podem contribuir para os mecanismos de acesso e interpretação das Sagradas Escrituras, os quais podem ativar de maneira mais intensa sua potencialidade crítica, valorizando a participação do leitor na vivência da Escritura. Neste ponto, Tomás Müntzer e a Reforma Radical[3] podem ser inseridos neste grupo, mesmo tratados

---

[3] Lutero chamava-os de *Schwärmer*.

com tanto preconceito por conta da força revolucionária de sua teologia e alguns princípios.[4] O que chamamos aqui de Reforma Radical segue a descrição de G. Williams:

> Esta Reforma Radical foi um amontoamento, não muito integrado, de reformas e restituições doutrinárias e instituições subscritas por anabatistas de vários tipos, por espiritualistas e espiritualizantes de diversas tendências (desde Tomás Müntzer, passando pelo *Grübler* individualista Sebastián Franck, até o quietista e pietista Gaspar Schwenckfeld), assim como pelos racionalistas evangélicos, para quem a única base essencial era o Novo Testamento (desde Juan de Valdés, passando por Lelio Socino, até Pedro Gonesius) (WILLIAMS, 1983, p. 6).

Interessante, Müntzer e os radicais, desde as discussões com Lutero e demais reformados, foram alvos de avaliações conservadoras, a ponto de serem tratados como fanáticos, possuídos pelo demônio e desdenhadores das Escrituras (WILLIAMS, 1983, p. 69-70). Contudo, o mais sensato e honesto é afirmar que Müntzer era porta-voz de uma espiritualidade revolucionária e militava por uma *hermenêutica do Espírito*.

> Ademais, segundo sua própria confissão, havia aceitado a hermenêutica espiritualista dos mesmos storchitas, segunda a qual os dois Testamentos, o Antigo e Novo, deveriam ser interpretados no Espírito [...]. No manifesto de Praga, Müntzer defende que a meta da redenção é o recebimento dos sete dons do Espírito Santo em forma de visões, sonho, afirmações extáticas e exegese inspirada (WILLIAMS, 1983, p. 70).

Os radicais diferenciavam *Palavra* e *Escritura* de uma maneira muito peculiar, evocando a ideia de Palavra exterior e interior. A primeira seria vista de muitas formas, podendo se referir ao texto bíblico escrito, na maneira como estão traduzidos nas línguas autóctones; por vezes era vista

---

[4] Para discussão a respeito de Müntzer e a Reforma Radical, cf.: WILLIAMS, 1983; BLOCH, 1973.

como a Palavra audível e visível nos sermões ou sacramentos; ou, também, poderia ser a Palavra encarnada, o Verbo, a saber, o Jesus histórico. A Palavra interior, por sua vez, da mesma forma possui vários sentidos: abismo interior, confundido com a consciência ou a divina Palavra que está no interior do ser humano. Para Müntzer, cada crente é templo do Espírito, e no seu interior há a Palavra, sem a qual ninguém pode falar de maneira inspirada e algo verdadeiro acerca de Deus (WILLIANS, 1983, p. 907). Esta perspectiva poderia confundir a "Palavra interior" e o "Espírito Santo". Contudo, os radicais se esmeraram para fazer a devida distinção:

> A Palavra e o Espírito Santo no interior de cada indivíduo parecem, por vezes, confundir-se. Contudo, há o esforço para distingui-los. O papel da Palavra interior é dar luz; por sua vez, a do Espírito Santo é impulsionar a vontade. Mas, na verdade, o Espírito vem a ser um modo da Palavra. Esta Palavra é a luz divina no interior de cada indivíduo (Jo 1,9), consubstancial com Deus (WILLIANS, 1983, p. 908).

Os radicais acreditavam na centralidade da Palavra de Deus para a piedade cristã. Eles não negavam as Escrituras, como alguns acusam, mas valorizavam o que eles chamavam de Palavra Interna. Por mais subjetivista que pareça ser, este conceito é um complexo e interessante princípio hermenêutico pneumatológico, o que poderia ser aproximado ao que alguns pesquisadores chamarão, hoje em dia, de hermenêutica pentecostal (ARCHER, 2005). Esta Palavra interior proporcionava possibilidade e compreensão da Escritura e seus sentidos, os quais eram partilhados e disputados em grupo (WILLIAMS, 1983, p. 913). Aqui, aponta-se para uma leitura bíblica na qual a relação entre o texto (exterior) e o indivíduo/comunidade (interior) tem seu lugar. Encontramos, então, o princípio da *Sola Scriptura* em uma perspectiva mais popular, porque não restringe o acesso à Bíblia aos especializados da filologia ou análise histórica, mas valoriza a potencialidade do receptor do texto, que possui em si instrumentos, através dos quais poderá interpretar as Escrituras, o que permite que até os mais iletrados tenham encontros salvíficos com a Escritura. Mesmo com todos os riscos previstos, a Bíblia entra na comunidade como instrumento de diálogo e inclusão. Como texto vivo, o texto bíblico dialogará com as subjetividades de seus receptores no processo de significação e permitirá que os leitores tenham muitas faces e classes sem que isso seja desqualificado por posturas elitistas. A Bíblia continua o centro, mas é permitido encontrar no receptor e seus dilemas instrumentos para animação da fé e resposta às questões concretas da vida.

Guardadas as devidas proporções, estas intuições apontam para projetos de acesso à Bíblia – legitimamente reformados –, através dos quais a polissemia dos textos e as experiências da comunidade receptora contribuem para pensarmos o como da centralização da Escritura na Igreja. Além disso, essa postura hermenêutica antecipa perspectivas em relação ao texto que se podem aproximar das novas perspectivas hermenêuticas.

Os dilemas da comunidade de fé como lugar hermenêutico

A Bíblia só pode tornar-se centro da Igreja se a vida for parte do processo de significação e compreensão do texto. E pelo que temos mostrado, *a experiência* como mediadora e iluminadora da interpretação da Escritura também tem lugar na tradição dos movimentos da Reforma. Inclusive, isso representa valorização da vida do receptor, suas subjetividades e vicissitudes.

Nestes últimos anos, tem ficado claro que, não importa se somos metodologicamente refinados ou não, o consumo de textos e suas leituras sempre serão criativos. Essa afirmação está inserida na disputa entre a valorização do "autor", "texto" ou "leitor" nos projetos de interpretação: *intentio auctoris, intentio operis* e *intentio lectoris*.

Umberto Eco sintetiza bem estas discussões:

> [...] o debate clássico articulava-se, antes de mais nada, em torno da oposição entre estes dois programas: (a) deve-se buscar no texto aquilo que o autor queria dizer; (b) deve-se buscar no texto aquilo que ele diz, independentemente das intenções do autor. Só com a acei-

tação da segunda ponta da oposição é que se poderia, em seguida, articular a oposição entre: (b1) é preciso buscar no texto aquilo que ele diz relativamente à sua própria coerência contextual e à situação dos sistemas de significação em que se respalda; (b2) é preciso no texto aquilo que o destinatário aí encontra relativamente a seus próprios sistemas de significação e/ou relativamente a seus próprios desejos, pulsões, arbítrios (ECO, 2004, p. 6-7).

Em *Obra aberta*, Eco abre quase que irresponsavelmente as portas para a multiplicidade de interpretações, especialmente por contar com a criatividade do leitor. No entanto, dizer que um texto não tem fim não quer dizer que todo ato de interpretação tenha um final feliz (ECO, 2012, p. 28). Por isso, fala-se em equilíbrio entre leitor e fidelidade à obra literária. "Isso quer dizer que o texto interpretado impõe restrições a seus intérpretes. Os limites da interpretação coincidem com os direitos do texto (o que não quer dizer que coincidem com os direitos de seu autor)" (ECO, 2004, p. XXII). Outra tentativa seria reconfigurar o significado dos conceitos, migrando, como fez as ciências da narrativa, para o leitor e autor implícitos, sem perder de vista as relações que o texto tem com as dinâmicas intertextuais e seus efeitos (PRINCE, 2009).

Para a perspectiva que valoriza o receptor é fundamental o diálogo com o horizonte de expectativas dos leitores, o lugar onde consome a obra (JAUSS, 1994, p. 23-28). Isso segue de perto as intuições de Lotman quando desenvolve a segunda função do texto. Para Lotman o texto tem três funções: (i) função comunicativa; (ii) função geradora de sentido; (iii) função mnemônica (LOTMAN, 2007). A primeira função mostra o texto como processo de realização da língua natural; na segunda perspectiva, o texto é um potente instrumento de geração de sentidos. Para Lotman, o texto preserva potencialidade de sentidos que poderão somente ser acessados em tempos posteriores ao original: quanto mais lido, mais rico fica o texto. Não há nesta perspectiva de leitura ingenuidades tais como "isenção de interesses" ou "deslocamento do contexto do leitor", como se a leitura fosse feita no "ar" ou em regiões celestiais, ou, até mesmo, como se ler significasse o esgotamento do texto no passado. Por isso, sempre a leitura será engajada, pois os dilemas das comunidades leitoras serão instrumentos para formulação de perguntas, denunciarão ocultamentos e alimentarão movimentos contextualizados.

A Bíblia é texto vivo. Seus símbolos, metáforas e estruturas mais básicas estão carregados com forças de sentidos, as quais ganham potência na leitura na comunidade de fé, que é formada por pessoas com suas experiências. Assim, as perguntas contextuais e as questões nas quais os pés das comunidades tocam poderão ser o lugar privilegiado para compreensão da Bíblia. Talvez esta perspectiva pudesse ser interpelada com a afirmação de que assim não há limites para a interpretação e até mesmo as leituras violentas ganhariam espaço. Contra esta afirmação, pode-se afirmar que leitura eivada de interesses não é uma opção, mas um dado que há muito as ciências da linguagem e hermenêutica denunciaram. Neste sentido, as subjetividades, a história, os gritos, o sangue, as questões, os dilemas, os mundos, a linguagem, os sonhos e os desejos do receptor não podem ser evitados, mas precisam ser canalizados pelos interesses da promoção da vida. Isso fará da Bíblia uma parceira de diálogo e construção de sentido. Além disso, não é justo dizer que a leitura não terá limites. Pelo contrário, a realidade e vida da comunidade não somente nortearão os sentidos, como, também, os limitarão. Ainda, o próprio texto, como diz Eco, tem seus limites e apontamentos interpretativos. Outra coisa, os pressupostos do Reino e sua justiça determinarão os limites dos interesses teológicos das leituras, o que impedirá qualquer espaço para interpretações desumanizadoras.

Dessa forma, munidos das preocupações próprias da vida da comunidade e da capacidade de interação entre leitor/es/as e texto, a Bíblia será instrumento de transformação e norteará a caminhada de fé. Consequentemente, a releitura e a recepção do texto bíblico, que realmente significa sua popularização, sairão das mãos dos "donos do saber" para ganharem vida na partilha, onde há a presença do Espírito acolhido na comunidade.

Conclusão

Como resultado da caminhada até aqui, tentou-se mostrar que ler a Bíblia historicamente não pode somente significar inseri-la no seu contexto histórico original, mas levar em consideração o receptor historicamente instalado. Nesse sentido, a afirmação "Somente a Escritura" precisa ser sucedida pela questão do "como isso se aplicará". Em um contexto de luta crítica pela capacidade de compreensão para além da tradição e magistério, busca-se a verdade da Escritura, à qual se entende ser possível acessar sem que sistemas ou organizações influenciem. Esta postura sempre correrá o risco de ser "elitização da interpretação" e acreditará nas inocentes afirmações do paradigma do sujeito, que nega as subjetividades, intuições, sensibilidades e mediações. Inclusive, estas características, por vezes negadas, são o caminho possível para que a Palavra de Deus se encarne na vida daqueles e daquelas que não somente a leem, mas vivem-na nas lutas pessoais, performatizam-na nas celebrações e consubstanciam-na na relação consigo mesmos, com o outro e com Deus.

Como consequência destas discussões, para a centralização da Bíblia na vida da Igreja, precisamos levar em consideração que o contexto original, antes de qualquer coisa, é uma narrativa construída pelo intérprete especializado ou não, o qual acredita ser capaz de reconstruir e descrever a realidade. Portanto, o histórico da Bíblia Sagrada é também o *lugar de leitura*, porque este tem potencialidade para determinar sua expressão de sentido. O lugar do receptor determina as perguntas e, consequentemente, conduz suas respostas. Dessa forma, os dilemas da vida da Igreja, com todos os seus interesses por justiça, libertação, promoção e sinalização do Reino, são parte prioritária no projeto de consumo da Escritura.

Por isso, a Reforma Radical – que é parte, por vezes marginalizada, do movimento estabelecido desde a *Reforma Protestante Magisterial* (WILLIANS, 1983, p. 3) e que contribui na construção da identidade do protestantismo e demais movimentos neles enraizados – pode ser resgatada como fonte para intuições hermenêuticas, através das quais se responde à questão de como a Bíblia pode ser o centro da piedade e caminhada de fé na Igreja.

Por fim, as violências desumanizadoras, as distribuições injustas de terras, de renda etc., e todas as lutas do povo tornam-se os determinantes da leitura e claustro do sentido do texto, à luz dos princípios do Evangelho e proclamação do Reino. Dessa forma, a Bíblia terá centralidade na vida da Igreja, porque será lugar de chegada, encontro, partilha e partida.

Referências

ARCHER, Kenneth J. *A Pentecostal Hermeneutic*. Spirit, Scripture and Community. Cleveland, Tennessee USA: CPT Press, 2005.

BAKHTIN, M. *A cultura popular na Idade Média e no Renascimento*: o contexto de François Rabelais. São Paulo: Hucitec, 1999.

BARROS, José D'Assunção. *Papas, imperadores e hereges na Idade Média*. Petrópolis: Vozes, 2012.

BERMAN, H. *Law and Revolution II*. The Impact of the Protestant Reformations on the Western Legal Tradition. Harvard: Harvard University Press, 2006.

BLOCH, E. *Tomás Müntzer*: teólogo da revolução. Rio de Janeiro: Tempo Brasileiro, 1973.

BURKE, Peter. *O que é história cultural?* Rio de Janeiro: Zahar, 2008.

_____. *Origens da história cultural*: variedades de história cultural. São Paulo: Civilização Brasileira, 2006.

CALVINO, J. *As Institutas ou Tratado da Religião Cristã*. Trad. Waldyr Carvalho Luz. São Paulo: Casa Editora Presbiteriana, 1985. (Edição clássica).

CONCÍLIO VATICANO II. *Constituição Dogmática "Dei Verbum"*: sobre a Revelação Divina. 19. ed. São Paulo: Paulinas, 2011.

ECO, Umberto. *Interpretação e superinterpretação*. São Paulo: WMF Martins Fontes, 2012.

_____. *Obra aberta*: forma e interdeterminação nas poéticas contemporâneas. 9. ed. São Paulo: Perspectiva, 2013.

_____. *Os limites da interpretação*. 2 ed. São Paulo: Perspectiva, 2004.

FOUCAULT, M. *The Politics of Truth*. New York: Semiotext(e), 1997.

JAUSS, H. R. *A história da literatura como provocação à teoria literária*. São Paulo: Ática, 1994.

LE GOFF, J. *A história nova*. 4. ed. São Paulo: Martins Fontes, 2011.

_____. *Os intelectuais da Idade Média*. São Paulo: Brasiliense, 1988.

LOTMAN, I. *Por uma teoria semiótica da cultura*. Belo Horizonte: FALE/UFMG, 2007.

OCKHAM, G. *Brevilóquio sobre o principado tirânico*. Petrópolis: Vozes, 1988.

PESSAVENTO, Sandra. *História e linguagens*. Rio de Janeiro: 7Letras, 2006.

PRINCE, Gerald. *Narratology*. The Form and Functioning of Narrative. Berlin. Amsterdam. New York: Mouton Publishrs, 1982.

RIOUX, Jean-Pierre; SIRINELLI, Jean-François (Org.). *Para uma história cultural*. Lisboa: Editorial Estampa, 1998.

TOWNER, P. *1-2 Timothy e Titus*. The IVP New Testament Commentary Series. DownersGrove, Ill.: InterVarsity Press, 1994. v. 14.

WILLIAMS, George H. *La Reforma Radical*. México: Fondo de Cultura Económica, 1983.

A IGREJA CATÓLICA E O TEXTO SAGRADO

Tea Frigério*

Introdução

Desde pequena, fui educada a

... olhar a Bíblia como um Texto Sagrado: Sagradas Escrituras em absoluto.

... pensar que a Bíblia era o Texto Sagrado: uma única Sagrada Escritura.

... acreditar que a Bíblia era o Texto Normativo: o único Texto Normativo.

Na pequena cidade do norte da Itália, na região de Milão, onde nasci e vivi até a adolescência, todos e todas, sem exceção, eram católicos. Apontava-se a dedo quem não ia à missa aos domingos pela manhã e à tarde na doutrina cristã.

Era um mundo pequeno, com parâmetros bem definidos. Comportamentos e condutas regradas, de um mundo fechado, provinciano e moralista.

À bem da verdade, a Bíblia pouco entrava nesse mundo católico romano. Era propriedade privada de um reduzido número de homens, o clero. Víamos, nas grandes funções religiosas, este livro sendo levado em procissão, sempre fechado, numa capa toda bordada em ouro. O que ouvíamos no catecismo eram "as estorinhas sagradas".

---

* *Tea Frigério* é Missionária de Maria – Xaveriana e mestre em Assessoria Bíblica pela Escola Superior de Teologia (EST).

A Bíblia, como Palavra de Deus, entrou em minha vida já na juventude e foi ela e o testemunho de um missionário que esteve na África que desabrocharam minha vocação além-fronteiras. Além-fronteiras, outros horizontes, outros países, outros povos, outros... outras...

O além-fronteiras conduziu meus caminhos para a região amazônica, onde água e céu se encontram; onde o verde da mata se confunde com o azul do céu; onde a vida é marcada pelo ritmo da maré; onde, apesar da tecnologia, as pessoas ainda se integram com a natureza; onde a tradição indígena, negra, lusitana, deixaram uma marca profunda; onde os espíritos, os encantados, os encostados, o saci-pererê, a matintapereira e o boto são realidades vivas para o povo caboclo.

O além-fronteiras nessa região amazônica, ao colocar-me em saída, abriu-me a convivência ecumênica. Ecumenismo, sendo assumido, aos poucos, de forma lenta, num caminhar devagar, mas sem parar, levando somente até onde as pernas consentem, mas sendo assumido como missão do povo. Ecumenismo nascido dos movimentos populares que não espera por mandato oficial, nem por acordos eclesiásticos, mas que cresce pela consciência da palavra de Jesus de Nazaré: "Que todos sejam um como o Pai e eu somos um" (Jo 16,11). Ecumenismo que em sua abordagem histórica vivia o acreditar que há uma relação entre a luta pela unidade da Igreja e da humanidade e a luta pela justiça, paz e dignidade humana.

E nesse mundo onde aportei, descobri que existem outros Textos Sagrados, tão Sagrados quanto o nosso. Textos Sagrados não escritos, Textos Sagrados contados, cantados, mantidos na memória da tradição oral, mantidos na memória das lendas e dos mitos. Nesse caminhar em terra Amazônica, o nosso Texto Sagrado, a Bíblia, se desvelou não mais como letra morta, mas como Palavra de Vida.

Quando o povo se apropria da Bíblia e a tem em suas mãos, ele aprende a conhecer essa unidade sonhada, e o rosto de Deus que emerge é o do: amor, da justiça, da misericórdia, que incentiva a lutar pela vida, com direito e acesso à terra, ao alimento, a saúde, à escola, à moradia, ao emprego, à família e a tudo que é inerente ao Reino de Deus.

Junto ao povo que aprendi a ler a Bíblia na Vida e a Vida na Bíblia; é nesta circularidade que o texto se torna Texto Sagrado. É nesta circularidade que o Texto Sagrado se torna Vida Sagrada na Amazônia.

A Palavra de Deus é gemido e desafio

Penso, com efeito, que os sofrimentos do tempo presente não têm proporção com a glória que deverá revelar-se em nós. Pois a criação em expectativa anseia pela revelação dos filhos de Deus. De fato a criação foi submetida à vaidade – não por seu querer, mas por vontade daquele que a submeteu –, na esperança de ela também ser libertada da escravidão da corrupção para entrar na liberdade da glória dos filhos de Deus. Pois sabemos que *a criação inteira geme e sofre as dores de parto até o presente*. E não somente ela. Mas também *nós*, que temos as primícias do Espírito, *gememos interiormente, suspirando pela redenção do nosso corpo*. Pois nossa salvação é objeto de esperança; e ver o que se espera não é esperar. Acaso alguém espera o quê? E se esperamos o que não vemos, é na esperança que aguardamos.

Assim também o Espírito socorre nossa fraqueza. Pois não sabemos o que pedir como convém; *mas o próprio Espírito intercede por nós com gemidos inefáveis*, e aquele que perscruta os corações sabe qual é o desejo do Espírito; pois é segundo Deus que ele intercede pelos santos (Rm 8,18-27).

Pergunto-me: que imagens povoavam o universo de Paulo, o que visualizava, o que o inspirava, quando escreveu esta carta e em particular estas palavras? Que imagens o perturbavam? O que vislumbrava? O que ouvia? Visões povoavam seu sono? Gemidos perturbavam seu silêncio? O que o assombrava ao pensar na sua viagem para Roma? Conseguiria desafiar essa comunidade cristã que não conhecia, como desafiou a comunidade de Corinto que o acolheu? Conseguiria apaixoná-la para seu projeto de

A Igreja Católica e o Texto Sagrado

comunidades de relações alternativas, como havia apaixonado a comunidade de Corinto?

Podemos vislumbrar algumas respostas a estas perguntas, mas acredito que alcançar a vida que elas encerram é mistério como mistério é a vida, por isso sagrada, por isso hoje para nós estas palavras são Palavra Sagrada, Palavras de Vida.

Mistério que nos alcança hoje, em Belém do Pará, porta de entrada da Amazônia. Mistério colorido da realidade que provocou Paulo. Mistério com as cores de nossa realidade. Mistério que é a vida de ontem, que é a vida de hoje.

Vida trançada num texto. Texto, tecido, é uma imagem que uso frequentemente ao refletir sobre um texto bíblico; ajuda a perceber os fios que o teceram, ajuda a sentir os cheiros da vida que desprende, e percorrer o caminho das cores e perseguir o cheiro da vida. O tecido urdido tem um padrão, o da Carta que Paulo envia aos cidadãos de Roma anunciando sua visita: "... Passarei por vós a caminho da Espanha ... Contudo, peço-vos, irmãos, por nosso Senhor Jesus Cristo, e pelo amor do Espírito, que luteis comigo... poderei visitar-vos na alegria e repousar junto de vós..." (Rm 15,28-33).

Palavras que nos ajudam a perceber quanto Paulo escolhe com cuidado os fios que vão tecer seu escrito-tecido. Ele se inspira num tecido que já havia urdido, com um desenho bem definido: a Carta aos Gálatas.

Em Romanos 8, a escolha das cores dos fios que tecem o desenho-padrão se faz mais intensa, o desenho é mais nítido. Percebemos que a realidade na qual as comunidades cristãs estão inseridas na cidade de Roma o alcança com força. A escolha feita, dos fios e seus coloridos, nos fala que é preciso silenciar para saber ouvir.

Então, vamos nos aproximar para ver o desenho, o padrão, vê-lo e ouvi-lo, nos deixar banhar por suas luzes.

> **Rm 8,1-39**
>
> 8,1-4 – Em Cristo Jesus não há mais condenação: a lei do espírito liberta da lei da carne.
>
> 8,5-13 – A lei do espírito é vida, a lei da carne é morte.
>
> 8,14-17 – Irmanados em Jesus Cristo, no Espírito, clamamos *Abbá* – Pai.
>
> 8,18-27 – Irmanados, gememos com a natureza, como humanidade, no Espírito.
>
> 8,28-30 – A solidariedade dos gemidos é o caminho que dá à luz o mundo novo.
>
> 8,31-39 – Em Cristo Jesus é manifestada a solidariedade amorosa de Deus.

Com o fio da "lei", Paulo tece os seguintes vocábulos:

- lei da carne – pecado – escravidão – morte;
- lei do espírito – justiça – liberdade – paz – vida.

Com este trançado: lei do espírito – lei da carne, Paulo não segue o pensamento dicotômico grego: alma x corpo. Ele olha a pessoa humana, como uma unidade, e constata que nela agem duas forças. De um lado, a força do Espírito, que o leva a seguir Jesus. De outro, a força da carne, que é contrária a Jesus, que chama pecado (Rm 7,14-23).

Para Paulo "pecado", no singular, é uma força que determina a vida do ser humano. Essa força leva a assumir uma postura ética fatal para ele mesmo e para a criação. Ele se enredou numa teia que o escraviza e da qual não se consegue libertar.

Em Rm 12,1-2 ouvimos a voz de Paulo dizer: "... peço insistentemente... não entrei no esquema do tempo presente...". A raiz do verbo grego *schéma*, usado por Paulo, contem justamente os vocábulos: esquema–estrutura–sistema. Ele pede insistentemente aos cristãos que não se amoldem ao esquema do tempo presente. É o esquema–estrutura–sistema de Roma.

A cidade de Roma, enquanto capital, é o centro do império. Deste centro saem as decisões administrativas, políticas, econômicas, judiciais e

A Igreja Católica e o Texto Sagrado

militares. Paulo bem sabe! Sua visão não é ingênua, nem fechada no estreito mundo judaico, tampouco aos limites da comunidade cristã. Suas viagens o levaram a constatar a presença do poder econômico e militar dos romanos, que proclamavam onde invadiam "paz e segurança", sempre em troca de uma submissão inegociável. Ele bem conhece o movimento comercial de importação em direção à capital, pois Roma era cidade de grande consumo. Afluíam riquezas de todas as regiões do mundo: alimentos, roupas, móveis, materiais de construção, animais, pedras preciosas etc. Tudo era comerciável, até pessoas. Grande é o fluxo migratório, pois camponeses que perderam suas terras migram para a capital. Essa massa de empobrecidos vai se somar à que já existia nos bairros de periferia da cidade, onde havia milhares de escravos, muito deles prisioneiros de guerra, como resultado de rebeliões sufocadas nas províncias. Fala-se que se precisava de cerca 20 mil homens armados para manter a tranquilidade na cidade.

Às pequenas comunidades cristãs presentes em Roma, Paulo pede para não se amoldarem ao "esquema deste mundo".

E a cor deste fio, seu cheiro, nos leva a perseguir outro fio, outra cor, outro cheiro, pois ele fala dos que estão aglomerados na periferia de Roma, seus cheiros, seus gemidos.

Gemido que sobe das riquezas que chegam a Roma, que é fruto de apropriação e desapropriação, de confisco e abusos, de concentração e exploração, de trabalho escravo nas minas, de monocultura. Tudo em nome de luxo, do exótico, do...

Gemido que brota dos povos reduzidos a massa: trabalhador, escravo, homens e mulheres sem nome, sem rostos, sem vozes; a plebe a ser mantida a "pão e circo".

Terra e povos pisados, explorados, escravizados, reduzidos a coisa...

Ao escutar esses gemidos, Paulo vai puxar um fio para continuar a tecer sua trama e bebe no olho d' água da tradição profética: são gemidos em dores de parto.

Inúmeras vezes os profetas, ao olhar para história, a descrevem como dores de parto. Lembremos uma:

> Iahweh sai como um herói, como guerreiro seu grito se inflama, ele ergue o grito de guerra, sim, ele grita, atira-se vitoriosamente sobre seus inimigos. – Há muito eu me calei, guardei silêncio e me contive. Como mulher que está de parto eu gemia, suspirava, respirando ofegante... (Is 42,13-14).

O profeta do exílio, que chamamos de Dêutero-Isaías, à imagem de Iahweh guerreiro, faz contraponto com a imagem de uma deusa em dores de parto, no momento de dar à luz. Ao grito do guerreiro que pode recordar aos exilados cenas de violência e morte, contrapõe-se o silêncio, os gemidos que anunciam um novo renascer.

A palavra profética convida a mergulhar na história, a nos situarmos no confronto com as forças sociais e no conhecimento correto da realidade histórico-social, a estabelecer uma relação entre o tecido do texto e o tecido dos processos sociais que o geraram. As imagens apresentam modos alternativos de ler e sonhar a realidade.

Paulo faz sua a tradição profética, entra na corrente da linguagem da imaginação profética que conduz a uma forma artística na qual a verdade que é expressa nesta perspectiva é impossível de ser cooptada e domesticada pelo poder interpretativo hegemônico.

Paulo desafia as comunidades cristãs, embora comunidades à margem, a ser espaço que favoreça o nascimento de vozes que sejam recordação de memória antiga, que tenham coragem de verbalizar seu sofrimento, alimentar a prática ativa da esperança, enfim, sejam linguagem eficaz. Ele as alerta a ter consciência da situação de tensão vivida com o poder dominante que as considera, na melhor das hipóteses, um incomodo e, na pior, um obstáculo intolerável.

Ao olhar para hoje somos levados a considerar que o enorme poder tecnológico torna difícil a criação de comunidades de resistência e vida alternativas. Apesar do propalar das liberdades individuais, o poder de homologação é enorme, baseado na sedução e coerção, no efeito irresistível das riquezas.

As igrejas não fogem a este canto da sereia. São tão inculturadas no *éthos* consumista que sua força de crer e agir é fragilizada. A consciência cedeu a falsas percepções da realidade, a linguagens e discursos que os profetas chamariam de idolátricos. Essa conformação traz como consequência a perda de identidade e o abandono da tradição da fé evangélica. A cultura consumista milita contra a história: a memória perde valor, a esperança é ridicularizada, tudo deve ser reduzido ao momento presente.

As palavras de Paulo são um convite à reapropriação da memória histórica em toda sua potencialidade e autenticidade.

Paulo convidava as comunidades cristãs de Roma e nos convida a viver o ministério profético na dimensão de cultivar, alimentar e acordar uma consciência e uma percepção alternativa à consciência e à percepção da cultura dominante. Ele aponta um caminho: ser comunidades dotadas de linguagem própria, de práticas da memória, esperança e sofrimento que permitam conduzir a vivências alternativas sadias, em meio a toda "realidade virtual" que vem oferecida pela cultura dominante. Isso pede uma vontade compartilhada de comprometer-se em gestos de resistência, em ações marcadas por profunda esperança, numa prática que persegue um objetivo: formar comunidades dotadas de uma vontade evangélica de empenho público.

Os gemidos em Paulo se tornam ministério profético que enfrenta em qualquer ocasião, oportuna ou inoportuna, a crise dominante, permanente e esclerosada que consiste em cooptar e domesticar a vocação alternativa. De um lado a consciência alternativa serve a criticar e a desestruturar a consciência dominante. Do outro lado serve para fortalecer as pessoas e as comunidades com sua promessa de uma época e de situações diferentes, rumo às quais tais comunidades podem avançar.

Um autêntico ministério profético pressupõe a criação, a formação de comunidades alternativas, capazes de criticar e reforçar as vocações alternativas. A cultura dominante é acrítica, não tolera uma crítica séria e fundamental e se empenhará com todas as forças para bloqueá-la.

"Assim, a crítica do céu se transforma em crítica da terra, a crítica da religião em crítica do direito e a crítica da teologia em crítica da política" (Marx).

A crítica à religião é a crítica do direito, da economia e da política, nos diz com força o profeta Miqueias (Mq 6,1-8).

Ao recorrer à imaginação profética, Paulo desmonta a religião do triunfalismo, desmascara a religião imperial, demonstrando que nela não há poder e que nem Roma nem o imperador são deuses. Assim fazendo é desmascarada e extinta a legitimidade mítica do mundo social imperial.

Ao mesmo tempo se desmonta a política da opressão e exploração, substituindo-a pela política da justiça e da compaixão. O que emerge não é uma nova religião, uma nova ideia, mas uma nova comunidade social na história. Ao fazer experiência do amor de Deus, encontraram-se imersas na formação de uma nova comunidade social, correspondente à visão da liberdade amorosa de Deus em Cristo Jesus.

A profecia deve fortalecer as pessoas em vista do seu empenho na história. Mas para fazer isso deve suscitar os gritos que conseguem uma resposta. Podemos afirmar que o lamento é o começo da crítica (Ex 2,23-25). A voz profética não somente deve suscitar gritos que esperam uma resposta, mas ensinar a endereçá-los a quem os ouvirá e será capaz de desviar o olhar de um império adormecido e surdo que nunca quis responder.

Paulo parece querer apontar para os gemidos que não enxergam de onde possa vir a novidade, como se pode vencer o mal, como o futuro pode brotar de um presente totalitário: vislumbra a energia de vida que brota da impenetrável escuridão da novidade.

Novidade que revela a presença de um novo rosto de Deus – Deusa. O novo rosto da Divindade não será o deus acomodado do império, tão

A Igreja Católica e o Texto Sagrado

gordo e bem alimentado, que é neutral e desatento. É a Divindade atenta à realidade, que não se nega a tomar posição e no Espírito se solidariza com os gemidos da criação e da humanidade, então a imaginação profética nos faz perceber que há outro fio, outro cheiro cativando Paulo: o do Espírito..

Já o havíamos escutado afirmar: "... a esperança não decepciona, porque o amor de Deus foi derramado em nossos corações pelo Espírito Santo que nos foi dado" (Rm 5,5). O que o Espírito derrama? O que ele faz transbordar? É o amor, podemos responder. Mas é isso mesmo?

Paulo não escuta mais o "refrão e tudo era bom!", somente escuta a criação gemer, escuta a humanidade gemer. Gemidos provocados pela estrutura de pecado. Gemidos que geram solidariedade entre criação e humanidade.

Os gemidos não vêm da dor causada pela própria dinâmica do processo evolutivo da vida criada. É a dor imposta, resultado da postura e da ação no âmbito da criação: o ser humano, em sua liberdade, escolheu o caminho do pecado, da escravidão, da morte.

As forças de morte colocaram a humanidade e a natureza debaixo da escravidão.

A partir desta ideia, Paulo olha o mundo, e o que vê? Vê a natureza gemendo, ansiando pela libertação, que somente lhe virá a partir da libertação da humanidade. Escuta o gemido da humanidade que quer se libertar, mas não sabe como. Em socorro, vem o Espírito gemendo e fazendo seu o gemido do universo e da humanidade. Há uma comunhão nesses gemidos, são gritos de dores de parto. Esses gritos são animados pelo Espírito que os fará capazes de gerar a nova criação.

Paulo bebe no olho d'água dos profetas, mas vai além, os supera. Na crise histórica não há somente Israel, não há somente os povos, não há somente a humanidade; há também a natureza. Ao vislumbrar a solidariedade na escravidão, vislumbra a solidariedade na libertação, na redenção.

Espírito derramado em nós! Deixemo-nos levar pelo Espírito, que une seu gemido ao nosso. É convite que Paulo nos faz: elaborar e acolher novos paradigmas, torná-los instrumentos para reler nosso Texto Sagrado. Deixar-nos conduzir pelo Espírito, que faz seu o nosso gemido e o da natureza, é permitir que nos leve ao encontro das pessoas, cristãs e não cristãs, que já estão, há anos, buscando estas luzes; iluminar nossa fé, nosso agir e responder às interpelações de Deus na história hoje. E, assim, permitir que o Espírito faça penetrar em nós o gemido da natureza que anseia por libertação. Então, o universo libertado será a *oikos*, casa comum de todos os seres vivos, no meio da qual a Divindade armou sua tenda.

Então convido a cantar comigo:

Espírito... Espiritus... Pneuma... Ruah... não!

Vamos recomeçar...

Ruah... Shekiná... Sophia... Sapentia... Sabedoria... Espírita...

Ruah, sopro de vento que paira no caos e faz acontecer a vida. Vida em harmonia, em solidariedade: luz e trevas, noite e dia, terra e água, sol e lua e estrelas, erva e plantas e frutos, céu e seres do ar, oceanos e seres das águas, terra e seres da terra, animais e homem-mulher. Ao ver isso nasceu um canto: *é bom, é bom, é bom, é bom, é bom, é bom, é muito bom!*

Ruah-Sabedoria-*Hokmá*-Sofia-*Sapientia*, que em seus caminhos lidera a dança da vida em ritmo da justiça e do bem-estar comum: "Ela é ama da sagacidade, inventora da lucidez do pensamento... ela ama quem a ama... caminha pela senda da virtude, pelo caminho da justiça" (Pr 8,12-21). Presença criadora, presença cósmica que se delicia com a dança da criação, artesã, mestra, professora de justiça. Presença de vida que levanta a voz em lugares públicos e chama quem quiser escutá-la; transgride, supera as fronteiras, celebra a vida, alimenta as pessoas que querem se tornar suas amigas. Sua casa cósmica não tem paredes nem muros, sua mesa está posta para todas e todos.

O canto com ela virou dança em ritmo de Sabedoria, dança da vida, dança do mistério da vida, dança que tece relação que dá à luz a teia da vida. Dança que por sua presença torna a vida divina. "Artesã-Mestra que, estando ao lado de Deus, o encanta dia após dia, o convida a brincar em todas as partes do mundo. Convida suas filhas e filhos a brincar encantando a Deus" (Pr 8,29-31).

Ruah-Espírito que sustenta o mundo inteiro: na vida e na morte e na ressurreição. Relação entre o Espírito e Jesus que revela sua capacidade de realizar as obras de vida, seu amor igual ao do Pai, sua autoridade de conceder esse Espírito a quem quiser. Esse Espírito, fonte singular de vida, tem relação com o poder que, através do detonador verde, conduz a flor à luz em cada primavera. Este Espírito faz de sua morte realidade de vida e esperança para a humanidade. Jesus morre como grão de trigo, renascendo em algo totalmente novo, como Paulo tem a ousadia de escrever.

Jesus agiu e falou com poder de vida, poder divino de romper com os códigos de pureza, de ensinar, de expulsar demônios, de ressuscitar os mortos. O poder, de que estava tão vitalmente consciente, era o poder de Deus de dar a vida, que chamamos de *Ruah*-Espírito.

Jesus nasceu no ecossistema de Israel. As águas do ventre de sua mãe foram abençoadas com o poder sustentado através da *Ruah*-Espírito das mães israelitas, com as quais ela se rejubilava em Deus. *Ruah*-Espírito que estava presente na comunidade viva, na qual Simeão lhe deu as boas-vindas; comunidade que não afirmava: "Onde eu estou, há o Reino de Deus", mas "Onde está a *Ruah*-Espírito, há o Reino".

Ruah-Espírito, poder a partir de dentro, que, como vento, sopra onde quer e não sabemos para onde nos leva, mas nos faz renascer de novo, nova mulher, novo homem (Jo 3,3-8).

Ruah-Espírito que, ao nos habitar, nos transforma em novas criaturas, agentes da libertação para comunidades vivas.

Ruah-Espírito que anima o dom da percepção que há dentro de nós, para abrir nossos olhos para ver as coisas realmente como elas são. Doa-nos o dom do discernimento, habilidade de responder com sensibilidade à presença da vida em toda realidade criada, dando à luz relacionamentos e intercambiando energias, vida.

Ruah-Espírito, *Sapientia* derivada do verbo latim *sapere* = "provar e saborear algo". Sabedoria, inteligência moldada pela experiência e aguçada pela análise crítica; habilidade de fazer escolhas acertadas e tomar decisões que tornam a vida saborosa.

Ritmo de Sabedoria que não é linguagem exclusivamente bíblica e cristã, mas linguagem que encontramos nos imaginários e escritos de todas as religiões conhecidas. Linguagem transcultural, internacional, inter-religiosa. Sabedoria, possuída pelas pessoas sábias que se põem à escuta da sabedoria acumulada da perspicácia popular. Sabedoria, poder de discernimento, compreensão profunda, criatividade. Capacidade de mover-se e dançar, de fazer associações, saborear a vida, coragem de entrar na dança da vida.

Acompanhamos Paulo no seu texto-tecido: gemidos em dores de parto. As cores da vida, o perfume da vida que desprendeu nos fascinou, nos apaixonou. Ele pintou à nossa frente uma imagem bonita, carregada de amor e vida. Ao contemplá-la com ele, com ele podemos cantar um canto de amor: amor capaz de tudo para gerar vida.

Amor que contemplamos em Jesus que, livremente, aceitou a morte na cruz para dar início ao processo da nova geração. A cruz gemido e sopro de esperança nos revela a largura, a altura e a profundidade do mistério do amor. Mergulhados no amor de Jesus Cristo, não podemos fazer outra coisa senão viver na dimensão do amor.

Nesta contemplação e neste momento em que lembramos os 500 anos da Reforma, vamos nos sentir parte da comunidade das discípulas amadas e dos discípulos amados à qual Jesus deixou esta herança: "Quando a mulher está para dar à luz, entristece-se porque sua hora chegou; quando, porém, dá à luz a criança já não se lembra dos sofrimentos, pela alegria de ter vindo ao mundo a vida" (Jo 16,21).

A IGREJA CATÓLICA
E O "SACERDÓCIO UNIVERSAL DE TODOS OS CRENTES"

Maria Cecília Domezi*

De Trento ao Vaticano pela segunda vez, o Concílio Ecumênico do século XX provocou o que Hans Küng chamou de "virada irrevogável" na Igreja Católica Romana (2002, p. 226). Nessa virada, o *aggiornamento* decidido por João XXIII tornou possível a entrada num processo de libertação da velha atitude de contrarreforma, como bem sentiu Helder Camara:

> Nosso Concílio não é *anti* nada. O papa e os bispos o desejam aberto e largo, construtivo, positivo. Quem se meteu a enveredar por outro caminho não encontrou a menor ressonância [...]. Vê-se, por exemplo, o cuidado e a reverência de que são cercadas as Sagradas Escrituras. É a Santa Bíblia – exposta como o SS. Sacramento – quem preside as sessões do Concílio (Circ. de 7/11/1962).

O fato é que o Vaticano II aderiu aos paradigmas da modernidade e da reforma. Abraçou quase todas as proposições antes condenadas como "heresias protestantes". Ultrapassou a fraca eclesiologia tridentina que, por medo do conciliarismo e para não reacender polêmicas, havia salvo e perpetuado a compreensão da Igreja como uma espécie de Império Romano sobrenatural com marcas de clericalismo, legalismo e triunfalismo. Assim foi possível reconhecer a cumplicidade católica na divisão da Igreja que ocorreu no século dezesseis, como também aderir à atitude de *Ecclesia*

---

* *Maria Cecília Domezi* é leiga católica e doutora em Ciências da Religião pela Pontifícia Universidade Católica de São Paulo.

semper reformanda, isto é, Igreja em constante reforma (KÜNG, 2002, p. 226-228).

Um passo decisivo nessa mudança ficou consagrado na *Lumen Gentium*, a Constituição dogmática do Vaticano II que trata da Igreja: todas as declarações referentes à hierarquia estão prefaciadas por um capítulo dedicado à totalidade do Povo de Deus (KÜNG, 2002, p. 228). Foi fundamental essa decisão, amadurecida em meio aos conflitos por causa do quadro complexo das mentalidades e compreensões dos padres conciliares. A Igreja Romana, na volta às fontes do movimento de Jesus e do cristianismo, retomou decididamente o que costuma chamar de sacerdócio comum dos fiéis, ou seja, o sacerdócio universal de todos os crentes.

A Igreja em continuidade com o movimento de Jesus

O movimento de Jesus de Nazaré constituía-se de homens e mulheres misturados e alinhados com a multidão de pessoas relegadas à margem, tanto da estrutura social quanto da estrutura religiosa. Como parte de toda a multidão de judeus não pertencentes à classe dos sacerdotes nem dos levitas, eles e elas estavam sujeitos às penalidades impostas pelas autoridades do templo de Jerusalém que seguiam com rigorismo legalista uma infinidade de leis de pureza ritual. Enquanto todo judeu considerado piedoso devia louvar a Deus todos os dias por não tê-lo criado na condição de gentio, mulher e ignorante, Jesus e seus seguidores eram gente do povo que, indo ao encontro das tantas pessoas excluídas como impuras, pecadoras e endemoninhadas, com elas compartilhavam a boa notícia do Reino de Deus.

A fé viva no mestre Jesus, martirizado numa cruz, mas ressuscitado e presente em seu meio, foi fundamental para o nascimento da Igreja. A partir da profusão do dom do Espírito, a comunidade eclesial constituiu-se dos discípulos e das discípulas, inclusive a discípula que era a sua própria mãe Maria.

Não foram poucas as mulheres que, como missionárias judeo-cristãs, em Jerusalém, Antioquia e na Galácia, atuaram nos primórdios do movimento cristão. Elas foram instrumento para a continuidade do movimento de Jesus e também se envolveram inteiramente na expansão deste movimento entre os gentios das regiões adjacentes. A função de missionárias e pregadoras do Evangelho desempenhada por elas foi especialmente importante por causa da visão machista que vigorava na cultura judaica (FIORENZA, 1992, p. 192-193).

Como se pode ver, o contexto original da Igreja Cristã era o judaísmo, mas num segmento que ia na contramão daquele sistema de pureza causador de uma gigantesca exclusão de pessoas. A Igreja cresceu e se expandiu, promovendo a fraternidade do Evangelho, no alinhamento com as pessoas inferiorizadas e excluídas. Por causa dessa subversão da desigualdade nas relações sociais, ela estava também na contramão da injustiça estrutural da sociedade greco-romana.

Assim, o modo originário de ser Igreja seria incompatível com a divisão dos seus membros entre clérigos e leigos, como depois se estabeleceu. De fato, não havia uma hierarquização pautada em centralização do poder numa classe de sacerdotes. A Igreja Cristã, com uma rica, criativa e plural ministerialidade, era uma rede de comunidades ou Igrejas locais em comunhão, que se reuniam em casas que tinham moradores. A liderança e todos os serviços eclesiais eram exercidos tanto por homens quanto por mulheres, sem discriminação nem inferiorização de ninguém.

Apesar das ondas de perseguição, notadamente da parte de autoridades romanas que acusavam as pessoas cristãs de desafiarem a ordem estabelecida, elas buscavam viver na fraternidade e no serviço, inclusive dando refúgio a pessoas escravizadas, discriminadas e perseguidas. E cada membro da comunidade, seguindo o caminho de Jesus Cristo, empenhava-se em tornar-se um novo homem ou uma nova mulher.

Desde o princípio houve a convicção de que o batismo estabelece uma igualdade fundamental, como escreveu o apóstolo Paulo: "Não há mais diferença entre judeu e grego, entre escravo e homem livre, entre homem e mulher, pois todos vocês são um só em Jesus Cristo" (Gl 3,28). Com essa teologia fontal, o igualitarismo vigorava no interior das comunidades cristãs, que estavam longe de atribuir uma conotação sacerdotalizante aos serviços reconhecidos como ministérios. Aliás, os termos presbítero e epíscopo faziam parte do vocabulário comum.

Porém, desigualdades e discriminações não tardaram a contaminar as relações fraternas e igualitárias dos membros das comunidades cristãs. Isto ocorreu principalmente em relação às mulheres, submetidas ao crivo patriarcal já quando estavam sendo escritos os textos neotestamentários. Isso aparece, por exemplo, em alguns textos atribuídos a Paulo. Como lembra Soberal, podem ter sido interpolações tardias e é importante considerar a preocupação da época em que a celebração litúrgica não se transformasse em colóquios e murmurações públicas das mulheres contra a subordinação na qual a sociedade as mantinha (SOBERAL, 1989, p. 175-177).

A Primeira Carta a Timóteo traz determinações de homens para as mulheres quanto ao seu comportamento de modéstia e pudor no modo de vestir-se, pentear-se e enfeitar-se; impõe-lhes silêncio durante a instrução; isenta Adão e culpa Eva por ter-se deixado seduzir e ter pecado, apontando para ela a maternidade como condição de salvação (1Tm 2,9-15).

Na Primeira Carta aos Coríntios se determina que elas "fiquem caladas nas assembleias" (1Cor 14,34-35). A exegese deste texto, feita por São João Crisóstomo, busca relativizar essa proibição de que elas tomem a palavra, lembrando que Prisca instruiu Apolo e apontando para o fato de que, "quando a mulher é mais sábia, Paulo não proíbe a ela ensinar e edificar o marido" (Homilia XXXI, apud REILY, 1993, p. 46).

Do crivo patriarcal salvaram-se alguns preciosos testemunhos do reconhecimento da plena dignidade da mulher. Eles estão guardados em escritos de Pais da Igreja como Clemente Romano, Inácio de Antioquia, Policarpo de Esmirna. Mas também estão nas brechas de textos bíblicos do Novo Testamento, como os dos apóstolos Paulo e Pedro. E o Evangelho

A Igreja Católica e o "sacerdócio universal de todos os crentes"

de João, com sua profundidade teológica, deixa na boca de Marta, a irmã de Maria e de Lázaro, a mesma confissão de fé em Jesus como messias que o Evangelho de Mateus pôs na boca de Pedro: "Tu és o Cristo, o Filho de Deus vivo" (cf. Mt 16,16; Jo 11,27).

Este testemunho bíblico deixa Marta proclamar sua própria palavra de mulher, e de mulher que assume a proposta do movimento de Jesus como alternativa ao poder patriarcal controlador e causador de desigualdades (LÓPEZ, 1996, p. 67).

As Igrejas reunidas nas casas das pessoas aparecem diversas vezes na literatura paulina. Seus líderes, tanto homens quanto mulheres, são considerados por Paulo como *synergoi*, isto é, companheiros (Rm 16,9.21; 1Cor 16,10). Essa parceria no labor apostólico, longe de ser vista ou tomada como um trabalho em condições e expectativas de subordinação, é exercida em igualdade e mutualidade (REIMER, 2015, p. 1484).

Através desses escritos paulinos podemos ver homens e mulheres no exercício de funções missionárias, apostólicas e diaconais. Inusitada para a literatura da época é a menção a um grande número de pessoas de ambos os sexos, líderes em comunidades eclesiais, particularmente nomeadas pelo Apóstolo na saudação final de sua Carta aos Romanos (Rm 16,1-16). Trata-se de funções eclesiais reconhecidas e honradas. Um destaque é dado à diácona Febe, encarregada de entregar esta carta à Igreja de Roma. Ela, que era de Corinto (Cencreia), em sua diaconia oferecia asilo aos peregrinos, necessitados de proteção político-legal. Paulo a recomenda à acolhida comunitária da Igreja de Roma (REIMER, 2003).

Os contextos dessas pessoas no exercício de funções eclesiais são diversos. Além daquele do grupo ligado ao próprio Paulo, há o dos escravos do Império Romano e empregados de gentios que se reúnem com Aristóbulo e Narciso. E outro contexto é o da Igreja que se reúne na casa de seus patronos Prisca e Áquila, uma Igreja inclusiva e acolhedora. A mulher, Prisca, é nomeada antes do seu marido Áquila, e o casal é reconhecido como cooperador de Cristo a ponto de arriscar a cabeça pela vida de Paulo.

Fica evidente que esse casal estava a serviço da Igreja numa função de destaque. O livro dos Atos dos Apóstolos testemunha isso ao falar de Apolo, um homem versado nas Sagradas Escrituras que logo se tornaria um grande expoente da Igreja em seus primórdios. Ao escutá-lo na sinagoga, Prisca e Áquila "o tomaram consigo e, com mais precisão, lhe expuseram o Caminho de Deus" (At 18,24-26). Hoje dizemos que o casal catequizou Apolo. Interessante é que, nas várias referências que o autor do livro dos Atos faz a eles, Prisca é nomeada antes de seu marido. Se considerarmos a cultura androcêntrica de então, teremos de afirmar que ela exercia uma função altamente importante na comunidade eclesial (OLIVEIRA, 2013).

A Igreja de Roma contou com mulheres em funções de liderança, como mostram registros escritos desde meados do século I. Ali atuavam diáconas, missionárias, apóstolas e protetoras, dedicadas ao anúncio do Evangelho, à organização eclesial, ao ensino e ao cuidado das pessoas necessitadas. É claro que nunca faltaram conflitos nas relações entre os membros das comunidades. Por isso, Paulo recomenda o diálogo, a reconciliação e os projetos sociais comunitários, sob a égide de que todas as pessoas crentes "são de Cristo", novidade que as faz iguais, enquanto servem a Deus no próximo e se vão tornando "novas criaturas" (REIMER, 2015, p. 1503).

Nos primeiros séculos da Igreja Cristã, a vivência da fundamental igualdade batismal também se refletia na eleição dos *episcopoi* (bispos).

Cada comunidade local interferia diretamente nessa eleição. O norte-africano São Cipriano, que foi bispo de Cartago no século III, afirmava categoricamente ser da vontade de Deus que o povo, reunido em assembleia, escolhesse o seu ministro, fosse diácono, presbítero ou bispo. A escolha de um ministro a ser ordenado que não contasse com a participação direta do povo seria contra a vontade de Deus. Ele afirmava também que cabia ao povo de Deus, por direito divino, destituir o ministro sacrílego ou indigno. No século IV, Santo Ambrósio (340-397 d.C.) foi aclamado pelo povo para ser bispo de Milão, embora fosse ainda um catecúmeno que se preparava para ser batizado. E no século seguinte, o Concílio de

Calcedônia (451) decretou que a ordenação dos bispos devia ser precedida pela eleição ou indicação do candidato por parte de suas comunidades. Se não o fosse, seria considerada inválida (OLIVEIRA, 2013).

Porém, as desigualdades da sociedade circundante também se foram estabelecendo no interior da Igreja, inclusive as causadas pelo patriarcalismo misógino que, afirmando ser a mulher biológica e moralmente inferior ao homem, legitima a dominação sobre ela, bem como a sua exclusão em esferas e situações importantes.

Ministérios clericalizados e hierarquizados

Um processo de sacerdotalização dos ministérios eclesiais, com nuances estranhas ao Evangelho, já se havia iniciado no tempo dos Padres da Igreja. Nos séculos IV e V, com a virada para o modo de cristandade e de império cristão, esse processo acentuou-se paralelamente a um crescente afastamento das fontes do cristianismo. Ficou para trás o programa do catecumenato, passou-se ao batismo em massa, a liturgia revestiu-se de pompa imperial, oficializou-se o latim e se acentuou a clericalização. A teologia escolástica passou a entender os ministérios só em relação ao culto, numa hierarquização a partir da sua maior ou menor vinculação com a celebração da eucaristia. Dessa maneira, da rica ministerialidade da Igreja Cristã passou-se a uma institucionalização empobrecida e fechada no mundo clerical-masculino, em detrimento do carisma. Os ministros passaram a ser detentores da autoridade governativa e administrativa. E com a persistente mentalidade de que as mulheres seriam impuras e que sua presença junto do altar mancharia a grandiosidade do santo sacrifício da missa, elas ficaram marginalizadas e excluídas (SOBERAL, 1989, p. 290; 331-332).

Foi numa correspondência com a hierarquia sacerdotal do judaísmo de sumo pontífice, sacerdote e levita que o cristianismo chegou ao final do primeiro milênio com seus ministérios, serviços e exercício do poder reduzidos à hierarquia do bispo, presbítero e diácono. Em detrimento do carisma e do caráter missionário, solidificou-se a separação e superioridade do clero sobre os leigos. Entretanto, mesmo após a primeira separação de Igrejas entre Oriente e Ocidente, a sucessão apostólica permaneceu como garantia de fidelidade ao Evangelho.

Vemos essa fidelidade bastante abalada no século XVI.

Em meio às lutas pela hegemonia na Europa, com o enfrentamento entre príncipes eleitores, nobres, bispos príncipes e os imperadores, especialmente na Alemanha, tornaram-se mais agudas as crises e a decadência moral na Igreja, que já se havia desgastado com a separação do Oriente, o cisma do Ocidente e o subsequente conciliarismo, a mundanização de papas do Renascimento e do alto clero, a ignorância e relaxamento do baixo clero e outros tantos desvios (CODINA, 1993, p. 116-117).

A decadência atingiu a teologia, com o escolasticismo estéril, o nominalismo de Ockham, a rotina, o afastamento da Bíblia, o relativismo e um subjetivismo generalizado. Numa atmosfera de peste negra e outras calamidades, fome, guerras, obsessão pelo pecado, demônio, banalização das indulgências, abusos da parte de autoridades eclesiásticas, medo da condenação eterna, o povo cristão ficou privado de clareza dogmática e de respostas vitais da teologia, tentando segurar-se em variadas formas de devoção. Em meio a tudo isso se propunha a Reforma, já antes e para além das proposições de Lutero, num movimento polifacético que buscava a volta às fontes do cristianismo (CODINA, 1993, p. 117-118).

O Concílio de Trento também tentou voltar ao Evangelho, ainda que marcado pelo espírito da contrarreforma e condenando como heréticas as proposições dos chamados "protestantes".

Esse concílio reforçou a teologia da íntima relação entre o sacrifício eucarístico e o sacerdócio e relançou as teses anteriores referentes aos ministérios eclesiais. Em suas formulações, a institucionalização dos ministérios deixou as ordens menores restritas ao clero, o culto ganhou solenidade e brilho e a ministerialidade perdeu a referência ao povo. Quanto à mulher, permaneceria excluída do panorama ministerial até ocorrer a revolução eclesiológica do Concílio Vaticano II (SOBERAL, 1989, p. 332-333).

Após um longo processo, a Igreja Romana iniciou sua recepção católica da Reforma de Lutero, inclusive no que se refere ao sacerdócio universal de todos os crentes.

O sacerdócio universal de todos os crentes a partir do Concílio Vaticano II

O laicato católico-romano deu passos significativos nas últimas décadas do século XIX. Muitas pessoas chamadas leigas, a princípio de forma isolada e depois em organizações, sentiram-se crescentemente com certa autonomia em seu apostolado dentro da sociedade, embora com bastante dependência da hierarquia (ALMEIDA, 2012, p. 10-11).

Essas pessoas e organizações foram influenciadas positivamente pelo pensamento do Humanismo Integral, do filósofo francês Jacques Maritain, que propunha assumir a vida humana em sua integralidade. Tiveram apoio de novas correntes teológicas que buscavam formular um novo modo de inserção e atuação da Igreja na sociedade. Também se guiaram por um novo entendimento de missão, não mais voltada exclusivamente para converter ao cristianismo os que estão fora dele, mas também como atuação no próprio ambiente.

Leão XIII, em sua encíclica *Rerum Novarum* (1891), deu abertura à moderna concepção de autonomia e à nova visão antropológica, o que veio a favorecer o protagonismo do laicato. Desde então, as pessoas leigas católicas são reconhecidas como sujeitos atuantes na sociedade moderna, que chegam aos lugares e situações onde não chegam os clérigos da hierarquia da Igreja, e que contribuem para uma ordem mais justa (PASSOS, 2014, p. 37-38).

Com os papas Pio XI e Pio XII veio o reconhecimento das pessoas leigas como participantes do apostolado da hierarquia, especialmente fazendo a ponte entre a Igreja e o mundo moderno, embora restritos à suplência e à colaboração, como se evidenciou especialmente na Ação Católica de modelo italiano. Entretanto, através da Ação Católica Especializada, de modelo belga-francês, dentro da efervescência dos movimentos precursores do Concílio Vaticano II, muitas pessoas leigas partiram para um engajamento na sociedade moderna em atitude de diálogo e serviço, com senso crítico e no comprometimento com a justiça social.

A encíclica *Mystici Corporis Christi*, de Pio XII (1943), deu importante impulso para a consciência de um laicato participativo, ao explicitar a teologia de que todos os fiéis são membros da Igreja e, por isso, devem participar segundo suas possibilidades e respeitando a ordem hierárquica. Essa teologia do laicato, focada na missão da Igreja de expandir o Reino de Deus na sociedade, define a tarefa específica das pessoas leigas, como trabalhar pela penetração do espírito cristão em toda a vida familiar, social, econômica e política.

O Concílio Vaticano II (1962-1965) herdou e não ultrapassou a velha divisão clero x laicato, bem como a compreensão de que o clero se reserva às coisas sagradas, enquanto o laicato pertence às realidades profanas. Mas também se focou no princípio teológico fontal de que todas as pessoas batizadas participam do múnus sacerdotal, régio e profético de Cristo.

Embora com quase quatro séculos de atraso, esse concílio abriu-se à recepção de diversas das proposições da Reforma, como a da *Ecclesia semper reformanda*, a supremacia da palavra, o sacerdócio de todos os fiéis, a centralidade de Cristo na Igreja, a exigência de renovação litúrgica, inclusive com língua vernácula e comunhão sob as duas espécies, a revalorização do batismo como fonte de toda a vida cristã, a fundamentação bíblica e batismal da vida consagrada (CODINA, 1993, p. 122).

O *aggiornamento* da teologia referente à Igreja deu primazia ao Povo de Deus em sua totalidade, secundando e redimensionando a hierarquia e os ministérios específicos a partir da igual dignidade de todas as pessoas batizadas, como afirma a *Lumen Gentium* (LG):

> Um é, pois, o Povo de Deus: um só Senhor, uma só fé, um só batismo (Ef 4,5). Comum é a dignidade dos membros pela regeneração em Cristo. Comum a graça de filhos. Comum a vocação à perfeição. Uma só a

salvação, uma só a esperança e indivisa a caridade. Não há, pois, em Cristo e na Igreja, nenhuma desigualdade em vista de raça ou nação, condição social ou sexo, porquanto "não há judeu ou grego, não há servo ou livre, não há varão ou mulher, porque todos vós sois um em Cristo Jesus" (Gl 3,28 grego; cf. Cl 3,11) (LG 32).

No mesmo parágrafo retoma-se Santo Agostinho: "Atemoriza-me o que sou para vós; consola-me o que sou convosco. Pois para vós sou bispo, convosco sou cristão. Aquilo é um dever, isto uma graça. O primeiro é um perigo, o segundo, salvação" (LG 32).

Entretanto, a perspectiva aberta para a superação da dicotomia entre clérigos e leigos em prejuízo destes levou os padres conciliares a uma inovação também na prática, convidando a entrarem no concílio alguns homens leigos, embora ainda na condição de ouvintes. Foi quando se evidenciou fortemente a injustiça em relação às mulheres, e então o grupo de ouvintes constituiu-se de 29 homens e 23 mulheres. Assim, a refontização dos ministérios eclesiais embasada na comum iniciação cristã abriu um precedente para a superação da dicotomia entre clérigos e leigos em prejuízo destes últimos, e outro precedente para a vivência da justiça e da fraternidade nas relações de gênero no interior da Igreja (DOMEZI, 2016).

Contudo, a recepção do Vaticano II se faz em diferentes ritmos e de diversas formas, inclusive com determinadas recusas, de modo que continuamos a sentir o peso do clericalismo, que não raro inclui certa misoginia.

Na América Latina tem avançado a consciência e a prática do sacerdócio universal de todos os crentes, notadamente nas comunidades eclesiais de base, com sua criativa multiplicidade de novos ministérios e a diaconia exercida na perspectiva da solidariedade e da justiça. Por outro lado, recuos e refluxos ao modelo eclesial anterior ao Concílio Vaticano II são uma realidade.

O Documento de Aparecida, que resultou da V Conferência Geral do CELAM (2007), retoma o parágrafo 31 da *Lumen Gentium* para afirmar que as pessoas leigas são pessoas da Igreja no coração do mundo e pessoas do mundo no coração da Igreja (DAp 209). Traça este perfil do laicato: eles e elas formam sua consciência através do conhecimento da doutrina social da Igreja; atuam como fermento na massa, conscientes da sua vocação batismal; empenham-se em construir uma cidade temporal conforme o projeto de Deus; mostram coerência entre fé e vida no âmbito econômico, político e social; praticam virtudes não só pessoais, mas também sociais e políticas (DAp 505). Por outro lado, ainda com resquícios da eclesiologia da cristandade e da perspectiva do exclusivismo católico, foca-se num modelo de família salva do relativismo cultural contemporâneo pelo controle moral da Igreja. O leigo pai de família é visto num papel específico de "chefe" da Igreja Doméstica, que corresponde à família ideal, permanecendo certa hierarquização dos sexos que mantém a mulher submissa ao chefe do lar (DAp, 459-463).

Apesar do olhar mais voltado para os novos movimentos católicos, na perspectiva da divisão hierarquizada entre clérigos e leigos (DAp 214), a Conferência de Aparecida retomou a teologia do Vaticano II que fundamenta a vocação das pessoas leigas no batismo e na confirmação. Nesta perspectiva, um grande avanço em relação ao sacerdócio de todos os crentes está no reconhecimento de que a irmandade cristã está acima da hierarquia eclesiástica, e que muitas pessoas do laicato vêm concretizando esta irmandade com sua participação ativa e criativa, na colaboração e execução de projetos pastorais (DAp 213). É importante o apelo ao clero para que, abrindo sua mentalidade e com espírito de comunhão e participação, reconheça o lugar das pessoas leigas na comunidade eclesial com sua participação ativa e criativa, e não só no seu "fazer", mas também no "ser" (DAp 113).

O Papa Francisco, alinhado com o Vaticano II, afirma que, na Igreja, as funções não legitimam a superioridade de uns sobre os outros. Acima do ministério sacerdotal está a *dignidade* e a santidade acessível a todos e todas (EG 104).

Como afirma o Concílio Vaticano II retomando São Cipriano, a Igreja toda tem que aparecer como "o povo reunido na unidade do Pai e do Filho e do Espírito Santo" (LG 4). Leonardo Boff, ao explicar que o imperativo para todos os ministérios e serviços eclesiais é o da comunhão e da participação de todos os membros, afirma: "Da visão trinitária, emerge um modelo de Igreja mais comunhão que hierarquia, mais serviço do que poder, mais circular que piramidal, mais gesto do abraço do que da inclinação reverente frente à autoridade" (BOFF, 1986, p. 192).

Referências

ALMEIDA, Antonio José de. *Apostolicam Actuositatem*: texto e comentário. São Paulo: Paulus, 2012. Coleção Revisitar o Concílio.

BOFF, Leonardo. *A Trindade, a sociedade e a libertação*. 2. ed. Petrópolis: Vozes, 1986.

CÂMARA, Helder. "Obras Completas". In: MARQUES, L. C. L.; FARIA, R. de A. (Org.). *Vaticano II*: correspondência conciliar. Recife: Ed. Universitária da UFPE, 2004. v. I, t. 1.

CODINA, Victor. *Para compreender a eclesiologia a partir da América Latina*. São Paulo: Paulinas, 1993.

CONCÍLIO VATICANO II. *Vaticano II*: mensagens, discursos, documentos. São Paulo: Paulinas, 1998.

DOMEZI, Maria Cecilia. *Mulheres do Concílio Vaticano II*. São Paulo: Paulus, 2016. Coleção Marco Conciliar.

FIORENZA, Elisabeth Schüssler. *As origens cristãs a partir da mulher*: uma nova hermenêutica. São Paulo: Paulinas, 1992.

FRANCISCO. Exortação Apostólica *Evangelii Gaudium*. São Paulo: Paulus/ Loyola, 2013.

KÜNG, Hans. *A Igreja Católica*. Rio de Janeiro: Objetiva, 2002.

LÓPEZ, Mercedes. *A confissão de Marta*: uma leitura a partir de uma ótica de gênero. São Paulo: Paulinas, 1996.

OLIVEIRA, José L. M. de. "Mulheres no Colégio Cardinalício?". In: Associação Rumos, 13/10/2013. Disponível em: <http://www.padres-casados.org/archives/16048/google-e-o-problema-da-existencia-de--deus>. Acesso em: 3 abr. 2017.

PASSOS, João Décio. "A emergência do sujeito na Igreja". In: PASSOS, J. D. (Org.) *Sujeitos no mundo e na Igreja*: reflexões sobre o laicato a partir do Concílio Vaticano II. São Paulo: Paulus, 2014.

PIO XII. Carta Encíclica *Mystici Corporis Christi*. Disponível em: <http://w2.vatican.va/content/pius-xii/pt/encyclicals/documents/hf_pxii_enc_29061943_mystici-corporis-christi.html>. Acesso em: 25 nov. 2016.

REILY, Duncan Alexander. *História documental do protestantismo no Brasil*. 2. impr. rev. São Paulo: Aste, 1993.

REIMER, Ivoni Richter. Santa Praxede: memórias e visualidades de uma líder eclesial na Roma Antiga. In: "Dossiê: relações de gênero e religião" – Artigo original. *Horizonte*, Belo Horizonte, v. 13, n. 39, p. 1480-1509, jul./set. 2015.

_____. "A economia dos ministérios eclesiais: uma análise de Romanos 16,1-16". *Fragmentos de Cultura*, Goiânia, v. 13, n. 5, p. 1079-1092, 2003.

SOBERAL, José Dimas. *O Ministério Ordenado da Mulher*. São Paulo: Paulinas, 1989.

TEJA, Ramón. *Emperadores, obispos, monjes y mujeres: protagonistas del cristianismo antiguo*. Madrid: Trotta, 1999.

CAMINHOS E DESCAMINHOS DO SACERDÓCIO UNIVERSAL DE TODOS OS CRISTÃOS NA REFORMA PROTESTANTE

Alessandro Rodrigues Rocha[*]

Alguns antecedentes da questão do sacerdócio universal

O historiador Jean Delumeau cita o sacerdócio universal dos crentes como uma das três principais doutrinas que sustentaram e dirigiram o movimento reformador do século XVI, junto com a doutrina da justificação pela fé e a centralidade da Bíblia (DELUMEAU, 1989, p. 59). Na verdade, podemos até dizer que ela é quem marca a ruptura definitiva entre Lutero e Roma. As 95 teses foram publicadas em outubro de 1517, porém, então não se vê qualquer desejo de divisão ou separação. Somente nos escritos de 1520, que originaram a ruptura entre Roma e Lutero, é que ele vem apresentar sua perspectiva eclesiológica alternativa sobre o sacerdócio universal dos crentes. Esta perspectiva aparece em três escritos datados desse ano: *À nobreza da nação alemã, acerca da melhoria do estamento cristão*; *Do cativeiro babilônico da Igreja: um prelúdio*; e *A liberdade cristã*. Nestes escritos Lutero apresenta a sua visão de que todos os cristãos são sacerdotes diante de Deus, por virtude do batismo.

As ideias de Lutero já possuíram antecedentes em John Huss e Wyclif. Wyclif, no século XIV, já se manifestava contra a Igreja hierárquica, defendendo que os padres eram os dispensadores da Palavra, sendo Deus aquele a agir nos seres humanos, fazendo-os conhecer sua vontade na Bíblia. Além

---

[*] *Alessandro Rodrigues Rocha* é pastor batista e doutor em Teologia pela Pontifícia Universidade Católica do Rio de Janeiro.

disso, entre os padres não deveria haver distinções (DELUMEAU, 1989, p. 72). John Huss, no século XV, também veio a se insurgir contra o sistema eclesiástico, reinvindicando a comunhão sob ambas as espécies. Mesmo que depois Huss tenha sido queimado e suas doutrinas declaradas hereges, o concílio de Basileia concedeu o uso dos dois elementos para os cristãos da Boêmia (que vieram a ser conhecidos como *utraquistas* – de *sub utraque specie*, "sob ambas as espécies") (DELUMEAU, 1989, p. 73).

Além disso, no final da Idade Média houve duas questões que contribuíram para que se olhasse com cada vez mais suspeita para a estrutura eclesiástica e o sacerdócio. A primeira delas foi o Grande Cisma do Ocidente (1378-1417), período no qual a Igreja Romana ocidental chegou a possuir três papas, e o fato de este cisma só ser resolvido por insistência do imperador em conseguir a reunião do concílio de Constança, que pôs fim ao mesmo (este foi o mesmo concílio que condenou Huss) (DELUMEAU, 1989, p. 74). A outra questão foi a depreciação do sacerdócio, especialmente o baixo clero vivendo em extrema pobreza, por vezes tendo que comercializar sacramentos, e o alto clero se permitindo viver em exageros e luxúria (DELUMEAU, 1989, p. 71-72). Não é à toa que encontramos o protesto de hussitas, datado de 1431: "Por que razão daria Deus mais atenção às preces dos padres que às dos outros homens? Será por causa de seus grossos lábios e de seu rosto vermelho, ou quiçá por causa de suas vestes suntuosas, luzentes, de sua avareza, de sua luxúria?" (DELUMEAU, 1989, p. 75).

Fundamentação de Lutero para o sacerdócio universal: os escritos de 1520

Lutero desenvolve sua compreensão do sacerdócio universal em seus três escritos de 1520, que marcam a sua ruptura com Roma. Vale lembrar que foi após estes escritos que ele veio a ser excomungado pelo papa, através da bula *Decet Romanum Pontificem*, datada de 3 de janeiro de 1521 (LUTERO, 2000a, p. 278).

Dos três, o primeiro escrito a ser publicado é o intitulado *À nobreza da nação alemã, acerca da melhoria do estamento cristão*, que apareceu em torno de agosto de 1520. Nele Lutero parte da compreensão da Igreja como corpo de Cristo, onde todos fazem parte do corpo, embora desempenhando funções diferentes. Conforme ele mesmo vai dizer:

> Todos os cristãos são verdadeiramente de estamento espiritual, e não há qualquer diferença entre eles a não ser exclusivamente por força do ofício, conforme Paulo diz em 1Cor 12,12ss: Todos somos um corpo, porém cada membro tem sua própria função, com a qual serve aos outros (LUTERO, 2000a, p. 282).

Sendo do estamento espiritual, todos os cristãos são sacerdotes, tendo sido ordenados tais pelo batismo, conforme 1Pd 2,8-9.

Neste escrito, Lutero defende uma radical equivalência entre os cristãos:

> Pois quem saiu do Batismo pode gloriar-se de já estar ordenado sacerdote, bispo e papa, se bem que não convém a cada um exercer esse ofício. Pois, como somos todos igualmente sacerdotes, ninguém deve se projetar a si mesmo e atrever-se, sem nossa aprovação e escolha, a fazer aquilo para que todos temos o mesmo poder. Pois ninguém pode arrogar-se o que é comum sem a vontade e ordem da comunidade. E onde acontecer que alguém é escolhido para semelhante ofício e for deposto por abusar dele, será o mesmo que antes (LUTERO, 2000a, p. 283).

Ainda a partir de uma visão orgânica da Igreja como corpo de Cristo, ele se posiciona pela equivalência entre os ofícios sacerdotais e os seculares:

> Da mesma forma como aqueles que agora são chamados de clérigos ou sacerdotes, bispos ou papas, não são mais dignos ou distintos do que os outros cristãos senão pelo fato de deverem administrar a Palavra de Deus e os sacramentos – esta é a sua ocupação e seu ofício –, também a autoridade secular tem a espada e o açoite na mão para com eles punir os maus e proteger os bons. Um sapateiro, um ferreiro,

um lavrador, cada um tem o ofício e a ocupação próprios de seu trabalho. Mesmo assim todos são sacerdotes e bispos ordenados de igual modo, e cada qual deve ser útil e prestativo aos outros com seu ofício ou ocupação, de modo que múltiplas ocupações estão voltadas para uma comunidade, para promover corpo e alma, da mesma forma como os membros do corpo servem todos um ao outro (LUTERO, 2000a, p. 284).

O segundo escrito no qual Lutero desenvolve a doutrina do sacerdócio universal é o chamado *Do cativeiro babilônico da Igreja: um prelúdio*. Escrito de outubro de 1520, redigido com severo tom de crítica, Lutero tem como tema os sacramentos, que são a base e a sustentação da Igreja da época. O título, ao evocar o cativeiro babilônico no Antigo Testamento, procura denunciar aquilo que Lutero vê como a maneira de a Igreja aprisionar o povo, da infância à velhice, a partir de uma concepção de sacramento que considera equivocada. Aliás, ele viria a negar o número de sete sacramentos e só reconheceria três: batismo, eucaristia e penitência (que depois viria a deixar de ser sacramento à parte e seria conectado ao batismo).

A questão do sacerdócio universal é mencionada quando se trata do sacramento da ordem. Lutero nega a validade do sacerdócio como específico dos religiosos, defendendo que sacerdotes são todos os que são batizados, conforme 1Pd 2,8-9. Aqueles que se chamavam de sacerdotes são, na verdade, "ministros, eleitos dentre nós, que devem fazer tudo em nosso nome" (LUTERO, 2000a, p. 414). Lutero deixa claro que o sacerdócio universal dos crentes não deve ser usado para autopromoção ou, então, que não deve ser usado como desculpa para qualquer um se arrogar o direito de sair pregando ou administrando os sacramentos. Ele sempre precisa ser entendido dentro da dinâmica do funcionamento do corpo de Cristo:

> Esteja, pois, certo e reconheça qualquer um que se considere cristão: todos somos igualmente sacerdotes, isto é, temos o mesmo poder na Palavra e em qualquer sacramento. Entretanto, não é lícito que qualquer um faça uso desse poder, a não ser com o consentimento da comunidade ou por chamado de um superior. Porque o que é comum a todos ninguém pode se arrogar individualmente, até que seja chamado (LUTERO, 2000a, p. 417).

Nesse sentido, ele ainda defende a importância da ordenação, mas apenas como rito, como maneira de designar pessoas para o ministério da Palavra, com anuência e investidura por parte da congregação de sacerdotes, porém negando o seu caráter sacramental.

Por fim, o terceiro escrito intitulado *Da liberdade cristã*. Ele foi redigido entre outubro e novembro de 1520 e é uma resposta ao *Cativeiro babilônico*. Nele Lutero argumenta contra um legalismo eclesiástico e uma Igreja repressora. Ao trabalhar o conceito de justificação a partir da perspectiva do homem interior e exterior, tirados da mística alemã, ele trabalha com duas teses contraditórias: "O cristão é um senhor libérrimo sobre tudo, a ninguém sujeito" e "O cristão é um servo oficiosíssimo de tudo, a todos sujeito". Nessa antítese ele procura desenvolver o relacionamento mútuo entre fé e amor na vida cristã. Neste escrito ele trata apenas de passagem pela doutrina do sacerdócio universal, apenas reafirmando o que já dissera nos outros dois escritos, acrescentando ainda que a função sacerdotal de cada cristão é derivada da do próprio Cristo, somos cossacerdotes com ele, pois "por meio do sacerdócio somos dignos de comparecer perante Deus, orar por outros e ensinar-nos mutuamente sobre as coisas de Deus" (LUTERO, 2000a, p. 445).

O sacerdócio universal tem como pressuposto a centralidade da Escritura como poder criativo da Palavra de Deus, que forma a Igreja e faz sacerdotes. Os reformadores tomaram o conceito já defendido por Wyclif e Huss, que viam a Igreja não a partir de sua estrutura eclesiástica, mas como a assembleia de todos os crentes em Deus, e o aprofundaram com o conceito de poder criativo da Palavra de Deus para estabelecer a sua eclesiologia (KOLB, 2010, p. 332). Isto provocou uma fragilização da eclesiologia como compreendida à época. Houve mesmo uma relativização da eclesiologia. Quando da Confissão de Augsburgo, em 1530, ao se definir o que é Igreja, no artigo VII, apenas se diz: "Ensina-se também que sempre haverá e permanecerá uma única santa Igreja cristã, que é a congregação de todos os crentes, entre os quais o Evangelho é pregado puramente e os santos sacramentos são administrados de acordo com o Evangelho" (BOOK OF CONCORD, 2000, p. 43).

Embora o sacerdócio universal, como proposto por Lutero, relativize em grande parte a estrutura hierárquica e sacramental da Igreja de então, é importante frisar que em nenhum momento ele defende que o sacerdócio universal faz com que o cristão afirme-se em sua individualidade, prescindindo da comunidade e da mútua cooperação. Como expõe Althaus: "O sacerdócio não expressa individualismo religioso, mas exatamente o oposto, a realidade de uma congregação como comunhão. O indivíduo está diretamente diante de Deus, ele recebeu a autoridade de substituto. Sacerdócio significa 'congregação'" (ALTHAUS, 2008, p. 332).

Implicações práticas do sacerdócio universal: os escritos de 1523

Em dois escritos datados de 1523, Lutero enfrenta algumas implicações práticas da doutrina do sacerdócio universal dos crentes. Nesse ano ele estava envolvido em aplicar os princípios reformatórios em Wittenberg, após ter voltado do exílio no castelo de Wartburgo. Neste contexto, uma pequena cidade da Saxônia, Leisnig, pede seu auxílio para organizar a sua comunidade nos moldes evangélicos da reforma. Não há pregadores na cidade e juridicamente ela está ligada a um mosteiro cisterciense. Para poder ter pregadores evangélicos, é preciso fundamentar o direito de a própria comunidade chamar os seus pregadores. Isto é feito através da fundamentação na doutrina do sacerdócio universal.

O escrito de Lutero para a comunidade de Leisnig chama-se *Direito e autoridade de uma assembleia ou comunidade cristã de julgar toda doutrina, chamar, nomear e demitir pregadores – Fundamento e razão da Escritura*. Nele, o reformador defende que todos os cristãos têm o direito de julgar doutrina e serem avaliadores do ensino bíblico. São eles que devem zelar pelo puro ensino evangélico e avaliar seus pregadores. Ele fundamenta seu posicionamento com alguns textos bíblicos, como Jo 10,27; Mt 7,15; 1Ts 5,21 e Mt 24,24, e afirma:

> Eles [os escritores bíblicos] nada mais fazem do que tirar dos profes-
> sores o direito e a autoridade de julgar toda doutrina e os atribuem
> aos ouvintes, como ordem a ser levada a sério, sob pena de se perder
> a alma. Portanto, os ouvintes não só têm o poder e o direito de julgar
> tudo que é pregado, mas também o dever, sob o risco de caírem na
> desgraça de Deus (LUTERO, 2000a, p. 30-31).

O fundamento para tal poder de julgar é que "cada cristão tem a Palavra de Deus e foi instruído e ungido por Deus para ser sacerdote" (LUTERO, 2000a, p. 31). Sendo assim, cada cristão tem o direito e autoridade de ensinar a Palavra de Deus, respeitando-se, porém, dois critérios: 1) no meio de não cristãos deve fazer isso sem qualquer chamado, por necessidade; 2) entre cristãos não deve se projetar, mas ser convocado e escolhido pela comunidade (LUTERO, 2000a, p. 32-33).

Em outro escrito de 1523, *Como instituir ministros na Igreja*, Lutero procura orientar a comunidade de Praga, que se encontra sem bispo, uma vez que Roma não aceita que eles celebrem a eucaristia sob as duas espécies (embora os *utraquistas* tenham sido considerados ortodoxos pelo Concílio de Constança, cf. acima). Os sacerdotes precisam ir a Roma para serem ordenados e lhes é permitido somente celebrar a ceia sob uma espécie. Quando retornam à Boêmia, encontram oposição das pessoas, que desejam a eucaristia sob as duas espécies. Para resolver a situação, escrevem a Lutero. Em *Como instituir ministros na Igreja*, que é a sua resposta, Lutero mais uma vez se utiliza da doutrina do sacerdócio universal para embasar seus conselhos ao praguenses, que se resumem na tentativa de levá-los a eleger um novo bispo dentre eles. Para tanto, ele distingue o sacerdote do ministro. Estes são os responsáveis pelo ensino da Palavra e pelos sacramentos, enquanto aqueles são todos os que foram batizados, nasceram de novo. Em suas palavras:

> Pois, especialmente, no Novo Testamento não se faz um sacerdote,
> ele nasce, não é ordenado, mas criado. No entanto, não nasce pelo
> nascimento da carne, mas do Espírito, no banho da regeneração. Pois

> todos os cristãos são sacerdotes e todos os sacerdotes são cristãos. .
> Seja anátema quem afirma que o sacerdote é algo diverso do que é o
> cristão (LUTERO, 2000a, p. 93).

Neste escrito, Lutero vai ainda mais longe e descreve os ofícios sacerdotais que todos os cristãos compartilham, por virtude de terem sido feitos sacerdotes no batismo, conforme sua própria conclusão: "Cristo é sacerdote, logo os cristãos são sacerdotes. (...) Somos seus irmãos somente através do novo nascimento. Por essa razão também somos sacerdotes com ele, filhos como ele, reis como ele" (LUTERO, 2000b, p. 94). Ele enumera sete ofícios: ensinar a Palavra, batizar, consagrar o pão e o vinho, ligar e absolver pecados, sacrificar, orar pelos outros e julgar e decidir sobre dogmas (cf. LUTERO, 2000b, p. 95-103).

Radicalização do sacerdócio universal. Lutero em face da Reforma Radical. Escrito de 1524

A Reforma Radical, em parte liderada por Thomas Müntzer, ocorre à margem da Reforma Luterana. Foi um movimento composto de camponeses que visualizaram na Reforma os elementos para a transformação da sociedade e para o pleno desenvolvimento do sacerdócio de todos os crentes, não somente dos letrados e abastados, mas também dos pobres da terra. Como indica Richard Shaull:

> Na Europa do século XVI, a peregrinação espiritual da maioria dos reformadores radicais foi profundamente influenciada pela pregação e ensino de Lutero, na Alemanha, de Zwinglio, na Suíça. Mas seu despertamento espiritual e estudo da Bíblia os levaram a examinar mais criticamente a ordem estabelecida na Igreja e na sociedade, a buscar uma transformação mais radical de ambas, a criticar e, eventualmente, a romper com seus mentores (SHAULL, 1993, p. 118).

A radicalização dos camponeses a respeito dos princípios da Reforma, simbolizados no sacerdócio de todos os crentes, custou-lhes uma dura perseguição mesmo por parte dos reformadores (SHAULL, 1993, p. 118). Lutero, em seu escrito *Contra as hordas salteadoras e assassinas dos camponeses*, de 1524, contribui para fundamentar teologicamente a repressão contra os camponeses que buscavam radicalizar sua vocação ao sacerdócio. Nele o reformador se expressa da seguinte maneira: "Por isso, caros senhores, livrai aqui, salvai aqui, auxiliai aqui, apunhale, bata, estrangule quem puder! (...) Por isso agora peço: Quem puder, fuja dos camponeses como do próprio diabo" (LUTERO, 2000c, p. 172).

Nesse contexto, Thomas Müntzer encabeça um processo de reforma sociorreligiosa de caráter revolucionário (cf. BLOCH, 1973). Para ele a reforma só poderia ser efetivada por aqueles que fossem cheios do Espírito: "Num derramamento, que o mundo não tem condições de receber, os eleitos estão transbordados e embriagados desde o espírito. Em poucas palavras: cada pessoa precisa ter recebido o Espírito Santo sete vezes; de outro modo ela não pode nem ouvir nem entender o Deus vivo" (MÜNTZER, 2000, p. 176). Nestes termos, o sacerdócio universal de todos crentes só é possível porque homens e mulheres são habitação do Espírito.

Sobre esta nova perspectiva teológica, afirma também Shaull: "Assim guiados, eles foram capazes de tomar a Bíblia, ao invés da Igreja, como fonte última de sua autoridade (...). Passaram a confiar na presença e poder do Espírito Santo na comunidade da fé" (SHAULL, 1993, p. 119). Para Thomas Müntzer, o Anabatismo é um movimento absolutamente dependente do Espírito Santo. "Doutra maneira não podereis ouvir o que seja Deus. Mas quem uma vez recebe o Espírito Santo, como lhe convém, jamais poderá ser condenado" (MÜNTZER, 2000, p. 119). Ele ainda observa: "Por isso, o povo vive sem verdadeiros pastores, pois nunca lhe é pregada a verdadeira experiência de fé" (MÜNTZER, 2000, p. 119).

O conhecimento de Deus, que é o fundamento para que o sacerdócio seja desenvolvido, se dá por via de uma experiência de fé onde o Espírito é protagonista. Na prática essa vivência teológica de Deus pelo Espírito se dava da seguinte forma, como descreve Shaull: "Nessas pequenas comunidades, eles se empenhavam no estudo da Bíblia e na oração (...). Quando experimentavam a presença e o poder do Espírito Santo em suas vidas, lutaram juntos para entender e para seguir os ensinos e exemplos de Jesus" (SHAULL, 1993, p. 122).

Para os anabatistas o sacerdócio universal é central, o que acaba operando uma radical relativização das estruturas eclesiásticas, mesmo aquelas que o protestantismo ainda preservara.

Essa relativização das estruturas eclesiásticas fundamenta-se em certo deslocamento dentro mesmo da Reforma. O princípio luterano do sacerdócio universal foi construído sobre a centralidade da Escritura; no caso dos anabatistas, essa Escritura só terá valor definitivo a partir da experiência que cada cristão tem com Deus. Enquanto o acesso às Escrituras, no caso de Lutero, exigia ainda um mínimo de mediação, na perspectiva de Müntzer o sacerdócio acorrerá à medida que cada um for "Sete vezes batizado no Espírito Santo". Da experiência, portanto, deriva toda a condição de exercer o ministério sacerdotal em sua plenitude. Como observa Shaull:

> Lutero proclamou o sacerdócio universal de todos os crentes, um conceito que os reformadores radicais se determinavam a colocar em prática. Isso significou, para eles, que todos os crentes deveriam ter a oportunidade de entender a fé, comunicá-la e ocupar uma posição de responsabilidade na comunidade. Mas, para que isso pudesse acontecer, o papel do ministro tinha de ser radicalmente redefinido como o de servo, ao invés de ser alguém com autoridade sobre outros. Os primeiros reformadores protestantes queriam fazer esta mudança. Mas os anabatistas perceberam que, enquanto o pastor fosse ordenado à maneira antiga, tivesse controle dos sacramentos e ocupasse uma posição privilegiada na sociedade, ele seria admirado e manteria sua posição de dominação. Somente quando o pastor se tornasse servo de uma comunidade perseguida seria possível reordenar a vida congregacional, de modo que todos os membros assumissem responsabilidade. Como símbolo desta nova realidade de comunidade, o lava-pés recebeu proeminência, para recordar à comunidade a igualdade de todos e o chamado para servir (SHAULL, 1993, p. 125-126).

Conclusão

Ao formular a sua doutrina do sacerdócio universal, Lutero encontrou uma forte coluna na qual sustenta a sua incipiente eclesiologia evangélica. Ela revalorizou o leigo cristão, enfatizando o seu sacerdócio, iniciado em seu batismo, bem como também colocou sobre os leigos igual responsabilidade na condução da Igreja. O sacerdócio universal dos crentes parece resgatar a compreensão de Igreja como o *laós tou theou*, que foi, ao longo da história, gradualmente sendo suplantado por uma visão hierarquizante do *oikos tou patrós* (TEPEDINO, 2002, p. 172-173). Além disso, estimula a comunhão e fraternidade na Igreja e no mundo: "Ele [Lutero] enfatizou constantemente a autoridade evangélica dos cristãos de ir a Deus em favor dos irmãos e também do mundo" (ALTHAUS, 2008, p. 332).

Como movimento histórico, a Reforma é marcada por suas contingências e contradições. Isso se mostra evidente no que diz respeito ao alcance da doutrina do sacerdócio de todos os crentes. A Reforma Radical, nesse sentido, é um elemento importante tanto para compreender a dinâmica da própria Reforma quanto a exigência que o sacerdócio universal impõe à Igreja. Isso tudo corrobora a intuição do próprio Lutero ao expressar: *"Ecclesia semper reformanda est"*.

Referências

ALTHAUS, P. *A teologia de Martinho Lutero*. Porto Alegre: Concórdia; Canoas: Editora da Ulbra, 2008.

ALTMANN, Walter. *Lutero e libertação*. São Leopoldo: Sinodal; São Paulo: Ática, 1994.

BLOCH, Ernst. *Thomas Müntzer, teólogo da revolução*. São Paulo: Tempo Brasileiro, 1973.

BOOK OF CONCORD. *The Confessions of the Evangelical Lutheran Church*. Minneapolis: Fortress Press, 2000.

DELUMEAU, J. *Nascimento e afirmação da Reforma.* São Paulo: Pioneira, 1989.

KOLB, R. The Sheep and the voice of the Shepherd: The Ecclesiology of the Lutheran Confessional Writings. *Concordia Journal*, 36 (2010), pp. 324-341.

GONZALEZ, Justo. *A era dos reformadores.* São Paulo: Vida Nova, 1995. v. 3.

LUTERO, Martinho. Contra as hordas salteadoras e assassinas dos camponeses. In: *Clássicos do pensamento político.* Petrópolis. Vozes, 2000c. v. 11.

LUTERO, M. *Obras selecionadas*: o programa da Reforma – Escritos de 1520. São Leopoldo: Sinodal; Porto Alegre: Concórdia, 2000a. v. 2.

_____. *Obras selecionadas*: vida em comunidade. São Leopoldo: Sinodal; Porto Alegre: Concórdia, 2000b. v. 7.

MÜNTZER, Thomas. Manifesto de Praga. In: *Clássicos do pensamento político.* Petrópolis: Vozes, 2000. v. 11.

SHAULL, Richard. *A Reforma Protestante e a Teologia da Libertação.* São Paulo: Pendão Real, 1993.

TEPEDINO, A. M. Eclesiologia de comunhão: uma perspectiva. *Atualidade Teológica* 6 (2002), p. 161-188.

ECCLESIA SEMPER REFORMANDA EST: O SIGNIFICADO PARA OS DIAS DE HOJE

Silvana Venancio*

"O protestantismo tem um princípio situado além das suas realizações. É a força crítica e dinâmica presente em todos os efeitos protestantes, sem se identificar com nenhum deles. Não se encerra numa definição. Não se esgota em nenhuma relação histórica; não se identifica com a estrutura da Reforma, nem do Cristianismo primitivo, nem mesmo com formas religiosas. Transcende-as como transcende qualquer forma cultural. Por outro lado, pode aparecer em qualquer uma delas. Trata-se de um poder vivo, dinâmico e atuante"
(Paul Tillich).

A ideia de uma Igreja em permanente reforma leva à comparação com o conceito de "Princípio Protestante" desenvolvido pelo teólogo protestante Paul Tillich. Pensar esse tema à luz dos 500 anos da Reforma é uma tentativa de atualizar para os dias de hoje uma verdade há muito tempo esquecida. E que verdade é essa? De que há no protestantismo um poder de mutação que faz com que ele possa mudar toda vez que muda o contexto. Uma religião assim é no mínimo interessante, ela não se torna obsoleta, ela tende à criatividade, ela não se cristaliza. Pois tem algo a dizer ao seu tempo, ela se atualiza para cada nova época e para cada nova situação. Essa também é a definição de Paul Tillich para o conceito de apologética:

---

* *Silvana Venancio* é pastora anglicana e doutora em Teologia pela Pontifícia Universidade Católica do Rio de Janeiro.

"a teologia apologética é uma 'teologia que responde'. Ela responde às perguntas implícitas na 'situação' com o poder da mensagem eterna e os meios oferecidos pela situação a cujas perguntas ela responde" (TILLICH, 2005, p. 21). Só uma teologia que responde às perguntas de cada época pode atualizar a ideia de uma Igreja sempre se reformando. E quais são as perguntas do nosso tempo e como podemos respondê-las? Essa é uma pergunta-chave. Muitas são as perguntas, as demandas, as questões da nossa época, porém, o cristianismo sempre caiu na tentação de esquecer a sua dimensão apologética e deu muitas vezes as mesmas respostas. Talvez alguém possa dizer que é assim mesmo e afirmar que o que caracteriza uma religião é fato de ela se manter coerente aos seus princípios, sem se modificar, para não correr o risco de cair num relativismo.

No entanto, responder a novas perguntas à luz da mensagem eterna constitui o desafio apologético da teologia e de toda religião. O desafio de permanecer em permanente reforma, junto com o Princípio Protestante, sintetiza essa ideia. Isso significa que a Igreja nunca se conforma com qualquer estrutura, sendo possível dar novas respostas a novos problemas. Nesse sentido, essa Igreja está sempre se contextualizando e está antenada com todas as questões do seu tempo, sejam elas quais forem. Ela não foge das questões nem dá respostas antigas para novos problemas. E foi justamente por perder a capacidade de atualização da mensagem que alguns movimentos como a ortodoxia e o fundamentalismo correram o risco de não serem considerados genuinamente protestantes. Tanto a ortodoxia europeia quanto o fundamentalismo americano "confundem a verdade eterna com uma expressão temporal desta verdade" (TILLICH, 2005, p. 21). Eles falam de um lugar do passado, tornando o que deveria ser transitório em algo infinito. O discurso do passado, sem que haja uma interpretação da realidade, representa na opinião do teólogo alemão o caráter demoníaco do fundamentalismo. Em contraponto a isso, o que torna o protestantismo protestante é o fato de ele se adequar ao presente. Para Paul Tillich, "o que torna o protestantismo protestante é o fato de poder transcender o próprio caráter religioso e confessional e a impossibilidade de se identificar completamente com qualquer de suas formas históricas particulares" (TILLICH, 1992, p. 182-183).

Uma Igreja assim traz em sua constituição o poder de se transformar e se comunicar com o seu tempo. Pois não se tratará de uma religião que fala de um lugar do passado, mas que responde, levando em consideração os novos desafios, os novos modos de vida e as novas maneiras de enxergar o mundo. O fato de transcender as estruturas políticas, sociais, culturais e econômicas é o que permite à Igreja dizer uma palavra no intuito de mudar e transformar as estruturas e responder as perguntas de cada nova situação. "A 'situação' à qual a teologia deve responder é a totalidade da autointerpretação criativa do ser humano em um período determinado. O fundamentalismo e a ortodoxia rejeitam essa tarefa e, ao fazê-lo, perdem o sentido da teologia" (TILLICH, 2005, p. 22). Conjugar essas duas realidades é a principal tarefa de uma teologia apologética. Sem esse referencial, a Igreja corre o risco de se tornar obsoleta, perdendo o seu poder de comunicação. É preciso encontrar uma base comum na realidade em que a Igreja está inserida, uma identificação com a cultura.

Como é possível ter uma base comum, se nós cristãos afirmamos muitas vezes que não somos deste mundo? Afirmamos que o papel da Igreja é mostrar que existe uma única maneira, uma vez para sempre, de viver a vida cristã. Essa mentalidade é própria daquilo que Rubem Alves (2005) chama de "Protestantismo da Reta Doutrina", outra maneira de entender a ortodoxia protestante; uma religião cheia de regras e de verdades e com pouca experiência de aceitação da diversidade e da alteridade. Essa expressão da religiosidade protestante tem a tendência de negar a vida concreta, negando assim o princípio da Reforma de uma Igreja sempre se reformando, tendo em vista a realidade histórica. Essa espiritualidade pode ser resumida num artigo de Prócoro Velasques Filho, "'Sim' a Deus e 'não' à vida: conversão e disciplina no protestantismo brasileiro", do livro *Introdução ao protestantismo no Brasil* (1990), escrito por ele e por Antônio Gouvêa de Mendonça. Esse é o protestantismo que o Brasil conhece, intolerante com as diferenças, cheio de regras puritanas, como "não pode isso, não pode aquilo". Uma religião que vigia a sexualidade alheia, castradora, que julga segundo padrões morais que estão fora da vida concreta. Porém, que acredita seriamente que ser assim é ser fiel aos princípios religiosos e, não ser assim, seria uma maneira de se expor a um tipo de atitude moral que poderia ser compreendida como um "pode tudo". O medo de receber a acusação de ser uma religião com padrão moral frouxo é um dos fatores que faz com que o protestantismo possa se perder dele mesmo. E, ao fazer isso, ele perde a sua beleza original, de estar atento às demandas do seu tempo, de ser uma religião que apresentou um novo frescor num momento que isso era muito necessário.

É claro que existem algumas Igrejas protestantes que conseguiram permanecer fiel a esse princípio, porque se encarnaram na realidade e deram e continuam dando novas respostas para a situação. No entanto, para esse ramo protestante de cunho mais fundamentalista e ortodoxo, de acordo com as críticas de Rubens Alves, Prócoro Velasques Filho e Antônio Gouvêa de Mendonça,[1] isso não é uma realidade. Esse protestantismo, de acordo com esses autores, tem uma tendência cerebral, esquecendo os elementos místicos e éticos. O cristianismo, numa vertente mais intelectualizada, cerebral, corre o risco de transformar a fé cristã num ideal de vida que mascara a vida concreta. A maneira de lidar com a dor, com a sexualidade, com as questões políticas, ambientais e até mesmo as relações familiares, muitas vezes, é idealizada e nega a realidade da vida. Os padrões morais, sociais e culturais desses grupos levam o fiel, em muitos momentos, a se tornar um sujeito fora do mundo, da sua cultura. Ele age assim porque realmente acredita que é a única possibilidade de ser cristão. Ele crê que

---

[1] Muita coisa tem sido escrita no sentido de falar sobre a confusão entre mensagem cristã e o comportamento social. Relevantes análises foram realizadas por Rubem Alves em *Religião e repressão* (2005) e em *Dogmatismo e tolerância* (1982), entre tantos outros livros brilhantes sobre o assunto. Em *Introdução ao protestantismo no Brasil* (1990), Antônio Gouvêa de Mendonça e Prócoro Velasques desvelam que nas gêneses do protestantismo brasileiro houve uma grande influência do estilo de vida dos americanos do Norte e do puritanismo inglês. A influência cultural dessas manifestações religiosas foi tão forte que impediu que a mensagem do Evangelho fosse inculturada na realidade brasileira, nascendo um protestantismo com rosto estrangeiro.

Deus exige isso dele, se perdendo da Graça e da vida. Pois seguir a Deus se torna sinônimo de dar um "não" à vida.

A dimensão profética e mística do protestantismo

Considerando essas questões e principalmente quando Paul Tillich fala do teor apologético da teologia, é necessário conjugar a situação com a mensagem. Isso significa que pensar a ideia de uma Igreja sempre se reformando não é fazer uma simples adaptação ao ambiente. Pois a Igreja tem uma dimensão profética e julgadora da sua época e também uma dimensão mística. Para Paul Tillich, "a religião só poderá falar ao povo de nossa época se conseguir dizer uma palavra transcendente e, portanto, julgadora e transformadora" (TILLICH, 1992, p. 204). Na opinião do teólogo, "em geral, a religião nada mais tem sido do que consagração supérflua de determinadas situações e atos, nunca julgados nem transformados por ela. A religião consagrou a ordem feudal e sua participação nessa ordem sem, contudo, transcendê-la. Consagrou o nacionalismo sem transformá-lo. Consagrou a democracia sem julgá-la" (TILLICH, 1992, p. 203). Se o cristianismo não exercer um papel transformador, ele corre o risco de ser um mero colaborador de valores de uma sociedade capitalista e exploradora.

Para transcender esse cenário, segundo Tillich, as Igrejas deverão se mover em duas direções: "Há duas linhas capazes de simbolizar o significado da existência humana: a vertical e a horizontal. A primeira indica o significado eterno; a segunda, a realização temporal desse significado. Todas as religiões carregam as duas linhas necessariamente, embora algumas deem mais ênfase numa do que na outra" (TILLICH, 1992, p. 204). A primeira dimensão é a mística, realidade presente em todas as religiões, e é representada simbolicamente pelo elemento vertical. A segunda é a dimensão ativista, que também compõe o que se entende por religião e é simbolizada pelo elemento horizontal (TILLICH, 1992, p. 204). É a articulação desses dois elementos, o vertical e o horizontal, que faz uma religião ser uma religião. Pois, de acordo com o teólogo alemão, o isolamento ou a separação de qualquer uma delas traz vários danos à compreensão da fé cristã, gerando todos os tipos de fundamentalismos, ativismos políticos e moralismos. A dimensão mística é sustentada pela fé, pela coragem de dizer "ainda que", diante do que não se entende. Diante da perplexidade da violência urbana, do terrorismo, da fome e da pobreza. Sem o "apesar de", a vida cai no vazio e tudo se esvai num materialismo, sem que haja sentido para o mundo.

> A alma humana não prescinde da linha vertical, com o conhecimento do sentido eterno, seja ele expresso em termos mitológicos ou teológicos. Se não conseguirmos dizer "apesar de", não resistiremos ao terrível impacto da catástrofe histórica agora vivida. Se não pudermos entender as palavras do salmista de que a perda do corpo e da vida e da terra e do céu não anula o sentido último da vida – se não formos capazes de sentir o que o poeta quer dizer quando afirma que toda a nossa corrida, a nossa luta, é afinal, a busca do eterno descanso em Deus, o Senhor – se tudo isto se tornar estranho e irreal para nós, então já perdemos o poder de enfrentar a realidade sem cinismo e sem desespero (TILLICH, 1992, p. 205).

O "apesar de" da reserva religiosa tem a ver com o mistério, com o elemento místico de toda religião, com aquilo que não pode ser dito, que não se pode conformar com nenhuma realidade no mundo. Mas esse elemento não se pode isolar da dimensão horizontal de toda religião. A linha vertical da reserva religiosa, na opinião de Paul Tillich, deve ser o gerador da atitude do "porquê", da linha horizontal, da obrigação religiosa. "A obrigação religiosa inclui, em primeiro lugar, o reconhecimento prático da unidade de todas as pessoas, expressa na sabedoria oriental pela afirmação de que qualquer outro é também um 'tu'" (TILLICH, 1992, p. 207). No entanto, o que se percebe no comportamento religioso não é afirmação de um *Tu*, mas de um ativismo político que, ao contrário disso, nega a existência do outro como *Outro*. Salientar a dimensão profética do cristianismo é afirmar a vida, rejeitando mecanismos que concebam o encontro com o outro, somente quando esse outro se adéque ao nosso modo de pensar. Negar a vida concreta é uma maneira de negar a presença de Deus no cotidiano e uma maneira de negar o outro, já que esse outro nem sempre se enquadra nos ideais de comportamento, escapando de um modelo de moral previamente definido. Sendo assim, resgatar o princípio protestante de uma Igreja sempre se reformando facilita a aceitação do outro e da vida concreta, que já traz em si mesma muitas perguntas e contradições, de cunho moral e existencial. Para fazer isso, Paul Tillich vai propor o amor como caminho para viver a moral cristã sem riscos de cair num moralismo, tendo em vista que esse é um dos principais empecilhos para a concretização da ideia de uma Igreja sempre se reformando.

O amor como mediação para a moral cristã

Paul Tillich prefere a palavra moral em vez de ética; no entanto, é sempre necessário não confundir moral com moralismo – por entender que o moralismo tem sido uma preocupação constante de muitos movimentos cristãos, privilegiando o comportamento moral, entendido como práticas morais de comportamento, em detrimento das implicações éticas do cristianismo. O autor entende que a centralidade do eu de uma pessoa e o que eleva a sua vida à dimensão do espírito é o ato moral. "A moralidade é a função da vida pela qual se forma a esfera do espírito. Um ato moral, portanto, não é um ato que se obedece a uma lei humana, mas é um ato em que a vida se integra na dimensão do espírito, e isto significa constituir-se como personalidade dentro de uma comunidade" (TILLICH, 2005, p. 500). Nesse sentido, a moralidade é um aspecto da vida que constitui o ser de uma pessoa. Sendo "a totalidade daqueles atos em que a vida potencialmente pessoal se torna uma pessoa real" (TILLICH, 2005, p. 500). Esse processo dura uma vida inteira, como se a cada ato moral a pessoa fosse atualizada, se constituindo sempre como pessoa.

Sendo assim, o que constitui uma pessoa não seria a sua racionalidade, como pensava Boécio: "pessoa é a substância individual de natureza racional", mas a sua capacidade de tomar decisões morais. Na visão de Tillich, a centralidade do eu está ligada à moralidade e ela se constitui a partir da relação entre o eu e o mundo, indicando a impossibilidade de se viver isolado.

> Por ter um mundo com que ele se defronta como um eu totalmente centrado, o ser humano pode formular perguntas e exigências. (...) que caracteriza a dimensão do espírito, é singular, pois envolve tanto a liberdade com relação ao meramente dado (o ambiente) como as normas que determinam o ato moral mediante a liberdade (TILLICH, 2005, p. 500, 501).

Ter um mundo diante de si e ao mesmo tempo pertencer a ele é o que exige a dimensão do espírito humano envolvendo a liberdade. Nesse sentido, um ato moral consiste na liberdade de se constituir como pessoa mediante a decisão livre, diante da possibilidade de obedecer ou desobedecer aos imperativos morais. Uma questão que nasce dessa afirmação é como a pessoa "experimenta os imperativos morais como exigências de validez incondicional?" (TILLICH, 2005, p. 501).

> Toda decisão moral exige uma certa liberdade em relação à lei moral formulada como mandamento. Toda decisão moral é um risco, porque não exige garantia de que ela satisfaça a lei do amor, a exigência incondicional que brota do encontro com a outra pessoa. É preciso assumir esse risco, mas neste caso surge a pergunta: como é possível alcançar a autointegração pessoal sob tais condições? Não há resposta para esta pergunta na esfera da moralidade do ser humano e de suas ambiguidades (TILLICH, 2005, p. 508, 509).

A proibição da lei moral sempre será ambígua, porque não poderá ser aplicada a todas as situações concretas, sem se tornar uma lei injusta. Sobre a validade universal de uma lei moral, o teólogo teuto-americano propõe uma pergunta reflexiva: "haverá uma possível solução além das alternativas oferecidas pelo absolutismo em face das mudanças radicais da história, e do relativismo que faz da mudança o seu próprio princípio absoluto?"

(TILLICH, 1992, p. 175). A resposta a está pergunta vem do princípio do amor, expresso na palavra grega *ágape*.

> O amor, o *ágape*, oferece um princípio para a moral cristã que mantém o elemento eterno e imutável na mesma medida em que torna a sua realização dependente de atos contínuos de intuição criativa. O amor está acima da lei, tanto da lei natural do estoicismo, como da lei sobrenatural do catolicismo (TILLICH, 1992, p. 175).

Segundo Tillich, para indicar um princípio supremo da moral é necessário um mandamento incondicional de um lado e a realidade de um poder que está por trás de todo mandamento. Esse é o caráter ambíguo num mundo em constante transformação. A Declaração dos Direitos, por exemplo, aparece como possibilidade de solucionar os problemas éticos, e por isso é justa. No entanto, se esses princípios forem estabelecidos de um modo legalista e aplicados de um modo não diferenciado, como se fossem leis eternas, eles perdem o caráter de lei moral e se tornam uma ideologia para preservar os poderes vigentes. É nesse sentido que Paulo e Lutero se opõem à lei, segundo Tillich, ao caráter de opressão, se não for atualizada pelo amor. Só o amor tem a capacidade de se adaptar a todas as situações em transformação. "Só o amor pode se transformar segundo as exigências concretas dos indivíduos e das instituições sociais sem perder a própria eternidade, a dignidade e a validade incondicional" (TILLICH, 1992, p. 176).

O Princípio Protestante se atualiza no amor

No sentido de ter uma moral que consiga responder às questões do seu tempo, Paul Tillich introduz outra palavra grega de significado importante para o contexto do Novo Testamento, que é *Kairos*. "Este termo, usado no vocabulário grego comum, recebeu sentido especial na linguagem do Novo Testamento, designando a plenitude do tempo no aparecimento do Cristo" (TILLICH, 1992, p. 176). A palavra *Kairos* tem o sentido de expressar uma realidade eterna importante, manifestada num contexto temporal e histórico, voltada para uma época determinada. "Assim, a ética num mundo em transformação deve ser entendida como ética do *Kairos*" (TILLICH, 1992, p. 176). O *Kairos*, como possibilidade ética, num mundo em constante transformação, só pode ser percebido a partir do amor, pois a lei pode surgir no tempo certo; no entanto, quando ela tenta se impor para todas épocas, acaba gerando o nascimento de atitudes libertinas ou relativistas. "O amor, ao realizar-se de um *Kairos* a outro, cria uma ética além da alternativa entre a ética absoluta e a relativa" (TILLICH, 1992, p. 176). O amor sempre se manifesta através de um princípio de igualdade entre todas as pessoas.

> O amor, no evento cristão, manifestou-se universalmente, mas também, de forma concreta: o "próximo" é objeto imediato do amor e qualquer um pode ser esse "próximo". Quando todos os seres humanos são considerados filhos de Deus, pelo menos potencialmente, as desigualdades podem ser superadas (TILLICH, 1992, p. 177).

Para garantir que exista igualdade, visto que em muitas épocas o ideal de igualdade foi entendido de diversas maneiras, o amor pode exigir transformações no *Kairos*.[2] "Talvez alcancemos elementos novos e criativos de igualdade a partir do princípio do amor em nosso tempo. (...) Mas não nos ajudarão se representarem distorções e contradições do amor, pois o amor

---

[2] "O Cristianismo não adotou a ideia estoica de igualdade. Nem mesmo atacou a desigualdade existente entre senhor e escravo, a não ser no domínio da fé e do amor. Mais tarde, o cristianismo assimilou o princípio hierárquico, que não era totalitário, de acordo com as situações antigas e medievais. A igualdade implícita no princípio do amor não parecia entrar em contradição com as desigualdades sociais e psicológicas da ordem feudal. Ao contrário, a interdependência mútua entre os diferentes graus da hierarquia, a solidariedade de todos os membros da cidade medieval, e o cuidado patriarcal dos senhores feudais para com o povo eram considerados as mais altas manifestações da igualdade exigida pelo princípio do amor. No liberalismo burguês, a igualdade era novamente interpretada em termos da lei natural geral, que era a lei da razão e da humanidade. A igualdade adquiriu sentido em face da lei das exigências de iguais oportunidades econômicas. Estes fatos estavam de acordo com o princípio do amor em oposição à tirania e à injustiça da antiga ordem" (TILLICH, 1992, p. 178).

é eterno, embora crie coisas novas e em cada novo *Kairos*" (TILLICH, 1992, p. 178). O amor pode ser um critério objetivo para julgar as questões morais. De acordo com Paul Tillich, a atualização para cada novo tempo de um ideal ético só acontece por causa do princípio do amor. "O princípio do *ágape* expressa a validez incondicional do imperativo moral e dá a norma última para todo o conteúdo ético" (TILLICH, 2005, p. 509).

> Para a manutenção dos atuais processos éticos não seria preciso a preservação da lei e das instituições? Na verdade, nós sempre precisamos delas. O próprio amor exige que existam; sabemos que todos os indivíduos, até mesmo os mais criativos, precisam de estruturas que representem a experiência e a sabedoria do passado, que nos libertem de inúmeras decisões e que nos mostrem, na maioria dos casos, como agir inteligentemente. (...) Não existe ética alguma sem leis e instituições, seu poder vem daí. (...) O amor sempre exige leis e instituições, mas também está sempre pronto a fazer surgir delas novos *Kairos* e criar leis e novos sistemas de ética (TILLICH, 1992, p. 179).

Segundo o autor, o amor é o grande agente de motivação moral, pois através do amor a lei se cumpre, reunindo o que estava separado, ou seja, a centralização do ser (TILLICH, 2005, p. 509). A lei é sempre boa, como afirma o apóstolo Paulo; no entanto, ela expressa um aspecto de ambiguidade.

> A lei enquanto lei expressa a alienação do ser humano em relação a si mesmo. No estado de mera potencialidade ou inocência criada (que não é um estágio histórico) não há lei, porque o ser humano está unido essencialmente com aquilo a que pertence: o fundamento divino de seu mundo e de si mesmo (TILLICH, 2005, p. 509).[3]

---

[3] Para Paul Tillich, o ser humano na existência está alienado da sua bondade essencial. O ser humano é alguém alienado do seu verdadeiro ser, pois ele só pode ser aquilo que é na existência. A alienação existencial é a maneira como o autor concebe a teologia clássica de pecado original, usando uma terminologia emprestada da filosofia hegeliana. Para o teólogo, alguns mitos pretendem explicar a distância que há entre a bondade criada e a realidade experimentada. O mito bíblico da queda e o platônico das quedas das almas demonstram, segundo Tillich, que há uma separação entre a bondade essencial, original do ser humano,

Na existência, a identidade do que o ser humano é, está rompida; sendo assim, o que existe é uma realidade que mistura, de forma mesclada, identidade e não identidade. Por isso, a relação com a lei é ambígua também, pois gera alternadamente obediência e desobediência. O caráter ambíguo da lei se manifesta no fato de, ao mesmo tempo, incentivar o seu cumprimento e motivar a resistência contra ela mesma, porque a sua existência tem o poder de confirmar a separação do ser humano com o seu estado de plenitude. "Ela produz hostilidade contra Deus, o ser humano e o próprio eu" (TILLICH, 2005, p. 509).

> O fato de a lei ter algum poder motivador gera a ilusão de que possa produzir a reunião com o nosso ser essencial, isto é, uma autointegração completa da vida no âmbito do espírito. Esta ilusão caracteriza principalmente aqueles que são chamados de justos: fariseus, puritanos, petistas, moralistas, pessoas de boa vontade. Elas são justas e merecem ser admiradas. Em uma base limitada, são pessoas centradas, fortes, seguras de si e dominadoras. São pessoas que irradiam juízo mesmo que não o expressem em palavras. E é exatamente por causa de sua justiça que elas frequentemente se tornam responsáveis pela desintegração daqueles com quem se encontram e que sentem seu julgamento (TILLICH, 2005, p. 509, 510).

O moralismo é vencido pelo amor

Muitos cristãos, ao se enxergarem como justos por cumprirem a lei, se colocam como juízes, esquecendo-se do poder reunidor do amor. O cumprimento da lei não é o suficiente para reunir aquilo que foi separado; por isso que os frutos da lei são, muitas vezes, o legalismo, o moralismo e o julgamento. Para Paul Tillich, no entanto, há uma segunda atitude diante da lei, que caracteriza a maior parte das pessoas, que é o fato de elas considerarem o poder limitado da lei como poder motivador, por não poderem

---

e a realidade do ser humano na existência. A queda se configura como uma ruptura entre a bondade essencial original e a existência com suas limitações e finitude.

se reunir plenamente com aquilo a que elas deveriam estar ligadas. Essas pessoas não negam a lei, reconhecem o valor moral da lei. Não cedendo à tentação de cair no antimonismo, optam por uma solução criativa ante os mandamentos. "Esta é a atitude das pessoas que tentam obedecer à lei e oscilam entre seu cumprimento, entre uma centralidade limitada e uma dispersão limitada. Elas são boas no sentido da legalidade convencional, e seu cumprimento fragmentário da lei torna possível a vida em sociedade" (TILLICH, 2005, p. 510). Segundo o autor, essa atitude é bem mais realista, pois demostra menos autoilusão e uma arrogância moral menor também. São aquelas pessoas que diante da sua finitude declaram que há alguns aspectos da lei que elas não conseguem cumprir, são limitadas e dependentes da Graça de Deus, como todos os seres humanos.

O amor é um dos elementos constitutivos da vida, e nela o triunfo do amor é estabelecido pelo cumprimento e pelo poder de reunir o que estava radicalmente separado, ou seja, as pessoas como seres individuais. "A pessoa individual é ambos: o mais separado e o portador do mais poderoso amor" (TILLICH, 2004, p. 37). Há uma resistência no pensamento do autor de limitar o amor ao seu aspecto emocional; todavia, o teólogo admite que não existe amor sem o elemento emocional, porque admitir a ausência das emoções no amor seria empobrecer qualquer consideração sobre o assunto. Paul Tillich deseja conjugar o elemento emocional do amor com a definição ontológica, sem reduzi-lo a um sentimento. "Pode-se dizer que o amor como uma emoção é antecipação do encontro que acontece em todas as relações de amor. O amor, como todas as emoções, é uma expressão da participação total do ser que está num estado emocional" (TILLICH, 2004, p. 37). Sendo assim, "no momento em que se está amando, o cumprimento do desejo do encontro é antecipado, e a felicidade desse encontro é experimentada na imaginação" (TILLICH, 2004, p. 37). Para Tillich, isso significa que amor como elemento emocional é a expressão em forma emocional do fundamento ontológico, pois o "amor é uma paixão. Essa afirmação implica que há um elemento passivo no amor, a saber: o estado do ser levado à reunião" (TILLICH, 2004, p. 37). Do mesmo modo que "a paixão infinita por Deus, como descrita por Sorën Kierkegaard, é não menos do que a paixão sexual, uma consequência da situação objetiva, isto é, do estado de separação daqueles que estão juntos e são conduzidos um ao outro em amor" (TILLICH, 2004, p. 37). Mas o amor pressupõe uma ambiguidade que também inclui a separação, pois sem a separação não pode haver amor nem vida. Mesmo que para alguns o amor possa parecer ser uma reunião eterna, amor pressupõe a separação, o afastamento.

> A ontologia do amor é testada pela experiência do amor vivenciado. Há uma profunda ambiguidade sobre essa experiência. Amor vivenciado é, ao mesmo tempo, a felicidade extrema e o fim da felicidade. A separação está dominada. Mas sem a separação não há amor nem vida. Ela é a superioridade da relação pessoa-pessoa que preserva a separação do egocêntrico em si mesmo, e no entanto realiza seu encontro no amor. A mais alta forma de amor é aquela pela qual se distingue as culturas oriental e ocidental: é o amor que preserva o indivíduo que é ambos, o sujeito e o objeto do amor. Na amorosa relação crista pessoa-pessoa manifesta-se sua superioridade a qualquer outra tradição religiosa (TILLICH, 2004, p. 37, 38).

O amor tem essa capacidade de levar o ser humano à presença de Deus e somente ele pode ser capaz também de assumir a diferença e provocar a aceitação do outro. O amor como aquilo que reúne é uma qualidade que tende a provocar a aceitação, pois o amor, ao mesmo tempo, pressupõe reunião e afastamento. Da mesma maneira que amor reúne o que está separado dele, ele assume a diferença. Por isso que no amor há liberdade para afirmar o Outro. Só o amor pode ser a medida das situações concretas e superar a ambiguidade da lei. O amor é o melhor caminho para atualizar o princípio de uma Igreja sempre se reformando, e o melhor caminho para vencer o medo de cair num relativismo moral. O amor vence o mal, o amor atualiza a lei, numa realidade concreta, vivenciada por seres humanos concretos, finitos e limitados. Seres totalmente dependentes do amor ilimitado de Deus. Como Deus já nos ama de antemão, a nós só cabe viver a vida com todas as suas contradições, paradoxos e limitações.

Referências

ALVES, Rubem. *Dogmatismo e tolerância.* São Paulo: Paulinas, 1982.

_____. *Religião e repressão.* São Paulo: Loyola/Teológica, 2005.

TILLICH. *A era protestante.* São Bernardo do Campo: Instituto Ecumênico de Pós-Graduação em Ciências da Religião, 1992.

_____. *Amor, poder e justiça.* São Paulo: Novo Século, 2004.

_____. *Teologia sistemática.* 5. ed. revista. São Leopoldo: Sinodal, 2005.

VELASQUES FILHO, Prócoro; MENDONÇA, Antônio Gouvêa. *Introdução ao protestantismo no Brasil.* São Paulo: Loyola, 1990.

UMA IGREJA SEMPRE SE REFORMANDO: O SIGNIFICADO NO CONTEXTO CATÓLICO-ROMANO

Lúcia Pedrosa-Pádua*

Renovação e *reforma* são dois conceitos que fazem parte intrínseca do cristianismo, porque "enraizados nos mistérios centrais da fé cristã: o mistério pascal, o batismo, a renovação escatológica do mundo" (BARREIRO, 2001, p. 115).

Falaremos desta realidade essencialmente dinâmica da Igreja neste capítulo. Buscaremos primeiramente os fundamentos bíblicos e teológicos desta renovação perene. Em seguida, com o objetivo de buscar uma inspiração na mística cristã, abriremos espaço para compreender os pilares da ação reformadora e fundadora de Santa Teresa de Ávila, no século da Reforma. Passaremos, em seguida, aos principais convites de renovação do Concílio Vaticano II e algumas das respostas a estes convites, na América Latina e no Pontificado do Papa Francisco.

Fundamentos de uma renovação e reforma perenes na Igreja

São Paulo, de maneira especial, fala da renovação e transformação pessoal de cada cristão. Aos Romanos, exorta a viver uma vida nova, a vida nova em Cristo: "não vos conformeis ao mundo presente, mas sede transformados pela renovação da vossa inteligência, para discernirdes qual é a vontade de Deus" (Rm 12,2). Aos Efésios, enfatiza o necessário

---

* *Lúcia Pedrosa-Pádua* é líder leiga católica e doutora em Teologia pela Pontifícia Universidade Católica do Rio de Janeiro.

despojamento do "homem velho" para a transformação e renovação no "homem novo" em justiça, verdade e santidade. O "homem novo" é reunido em Cristo e promove a paz (cf. Ef 4,22-24; 2,15). Sua renovação, ou passagem do "homem velho" para o "homem novo", é um processo permanente e diário. O cristão "não cessa de ser renovado" e "transfigurado" na imagem do seu Criador (cf. Cl 3,9-10; 2Cor 3,18); o homem interior se renova dia a dia (2Cor 4,16), ele é "nova criatura", uma "realidade nova" (2Cor 5,17). Vemos como a ideia de renovação é, em princípio, antropológica e corresponde ao cerne da existência cristã, pascal e batismal.

A noção antropológica de renovação e reforma tem necessárias repercussões eclesiológicas. A Igreja é formada por aqueles que se convertem ao Evangelho e a renovação dos fiéis leva à renovação da Igreja. Também ela, como congregação de fiéis, precisa de conversão, não apenas os indivíduos. A parábola do joio e do trigo, por exemplo, demonstra este caráter coletivo da boa semente, que atua enquanto "súditos do Reino" (Mt 13,36-43). As recomendações contidas em Mt 18 revelam a qualidade do testemunho que Jesus solicita no interior das relações comunitárias da Igreja nascente. As Cartas às Igrejas do livro do Apocalipse (cap. 2-3) exortam à conversão e à vigilância permanente em vários âmbitos da vida eclesial. E as cartas paulinas são, afinal, endereçadas às Igrejas.

Assim sendo, a renovação e a reforma permanentes na Igreja vêm, primeiramente, da própria essência da Igreja. Enquanto povo de Deus peregrino na história, ela deverá abrir-se à conversão ao Evangelho, de maneira incessante, dia a dia. Deverá reconhecer e confessar suas infidelidades, buscar os caminhos de conversão. Podemos dizer que "a *renovatio* e a *reformatio* pertencem à essência penitencial da Igreja" (BARREIRO, 2001, p. 117).

Outro motivo para a renovação e reforma permanentes na Igreja vem das novas formas históricas exigidas nos novos contextos históricos. A Igreja busca a expressão de sua identidade e missão, de forma a não se tornar um obstáculo à escuta e acolhida do Evangelho por parte de não cristãos e de forma a possibilitar cristãos a viverem esta Boa-nova de forma mais autêntica e mais profunda. Trata-se da inculturação do Evangelho nas fronteiras, sempre em expansão e mudança, das culturas, das sociedades e grupos, das geografias e das religiões.

Dessa forma, o adágio *Ecclesia semper reformanda*, particularmente caro à consciência protestante, está também presente na consciência católica. Quanto a isso, é justo considerar a observação do teólogo Congar, de que uma "espécie de Pentecostes perpétuo" não conduz a um efeito eclesial. Na esteira desta observação, A. Barreiro (2001, p. 118) considerou que se deve evitar o exagero da permanente autonegação e autoacusação, que não correspondem à consciência da Igreja no Novo Testamento e que a penitência total e generalizada pode não sensibilizar para uma conversão concreta, pessoal e eclesial. Igualmente, W. Kasper (2012, p. 229 e p. 478) observa o risco da autossecularização.

Mas, conscientes destes excessos já amplamente estudados, a Igreja afirma a necessidade da conversão, da renovação e da reforma permanentes, e é por este caminho que a Igreja pode ser caracterizada fidedignamente como Igreja santa (KASPER, 2012, p. 228). Apenas escatologicamente ela poderá se apresentar com todo o seu esplendor e beleza, "sem manchas e rugas" (Ef 5,27). Na atualidade, ela caminha na tensão entre o já e o ainda não. Em sua grandeza teológica, ela é a Igreja santa, "corpo de Cristo, cuja cabeça é Jesus Cristo e sua alma é o Espírito Santo" (KASPER, 2012, p. 227),[1] mas é também Igreja dos pecadores, "comunidade dos pecadores reunida e organizada" (BARREIRO, 2001, p. 101). Ela carrega pecadores em seu seio e apresenta estruturas históricas e sociológicas pecaminosas. É o movimento de contínua abertura às suas fontes trinitárias e evangélicas que faz do caminhar da Igreja um caminhar de santidade, que se faz no já, possibilitada pela graça de Cristo, para a santidade – vocação da Igreja e de cada cristão. O Concílio Vaticano II falará que a Igreja, aqui na terra, tem "uma verdadeira santidade, ainda que imperfeita" (LG 48,3).

---

[1] Cf. também LG 39; 47; 48.

Um testemunho histórico: Santa Teresa de Jesus, mística e profecia unidas na ação renovadora

Muitos foram os movimentos de renovação ao longo da história da Igreja. Agostinho em muito influenciou estes movimentos. Sua proposta da *Cidade de Deus* apresenta um alto ideal para a Igreja terrestre, que precisa continuamente de conversão (BARREIRO, 2001, p. 116). Na história da espiritualidade abundam os testemunhos, como o nascimento do monasticismo na Igreja antiga, os movimentos de renovação desencadeados por Bernardo de Claraval e São Francisco de Assis no período medieval, por Ordens religiosas diversas antes da Reforma e mesmo após ela, os movimentos de renovação bíblica, litúrgica e ecumênica que antecederam o Concílio Vaticano II, as tentativas de aplicar o espírito do Concílio nos contextos e continentes distintos. W. Kasper (2012, p. 228-230) observa que os verdadeiros renovadores são os santos, em sua abertura ao espírito e capacidade de suportar as resistências, mal-entendidos e falsas calúnias no interior da própria Igreja.

Para aprofundar o significado e alcance deste espírito de mudanças, trazemos aqui algumas características da ação renovadora levada a cabo pela grande mística, escritora e fundadora espanhola Teresa de Jesus, ou Teresa de Ávila, no século da Reforma.

Mística e profecia se unem na ação renovadora e reformadora de Santa Teresa de Jesus, no século XVI. Alguns dos pilares de sua ação são: uma experiência de Deus autêntica, realizada a partir da "Humanidade sagrada" de Cristo (TERESA DE JESUS, 1995, p. 145, V 22,9);[2] comunidades orantes, pobres e entre iguais; uma Igreja de "amigos fortes de Deus" (TERESA DE JESUS, 1995, p. 99, V 15,5) – entre os quais se incluem as mulheres.

---

[2] As abreviaturas das obras teresianas citadas são: V = *Livro da Vida*; C = *Caminho de Perfeição*; M = *Castelo Interior ou Moradas* (o primeiro número indica a morada correspondente). O número após a abreviatura indica o capítulo; após a vírgula, indica o parágrafo ou parte correspondente.

A experiência interior de Santa Teresa radicaliza o envolvimento de Deus com o seu povo. É ele quem enche de glória a realidade eclesial, manifestada na santidade dos cristãos ao acolher a benevolência divina. Mas – e este aspecto é ainda mais forte na experiência teresiana – o envolvimento de Deus chega a adquirir contornos dramáticos por causa da infidelidade e da rejeição prática da benevolência divina por parte dos próprios cristãos. Nesse sentido, a Igreja é também espaço da dor de Deus, de Getsêmani. Teresa sente intensamente essa dor, em misteriosa solidariedade com Cristo. Portanto, a Igreja é também espaço necessitado de luz e salvação, chamado à contínua conversão; é espaço de recomeço e perdão, para ser fecundo e jovial. Perceber a urgência da conversão a partir de dentro da própria experiência mística é uma das raízes da reforma teresiana.

Por outro lado, Teresa descobre a dimensão profética da Igreja. Abrem-se aos seus olhos e coração as grandes dificuldades da Igreja ("grandes males"; TERESA DE JESUS, 1995, p. 307, C 3,1), dos povos em guerra de religião, dos índios (realidade da América), das mulheres, dos cristãos que não acolhem a mensagem de Deus. Para responder a estes desafios, Teresa se empenha com a oração, com a qualidade da comunidade e com a missão significativa, todas estreitamente vinculadas.

Podemos seguir esta dimensão apostólica teresiana, de forma especial, no livro das *Fundações* e em seu imenso *Epistolário*. Estas obras revelam como não há Igreja viva sem comunidades testemunhais e sem impulso missionário. Trata-se de um fluir, intrínseco à sua dinâmica interna. Neste aspecto, não seria anacronismo afirmar que a Igreja "sinal" e "instrumento" de salvação, ressaltada na Constituição Dogmática *Lumen Gentium*, do Concílio Vaticano II, é perfeitamente encontrada no sentido que Teresa dá à sua atividade fundadora e reformadora.

A fundação de uma nova Ordem religiosa (Ordem Carmelita Descalça) e a reforma das comunidades começam com uma "fé viva e forte" (TERESA DE JESUS, 1995, p. 164, V 25,12). A experiência de Deus a que Teresa anima é profundamente evangélica; trata-se de um Deus envolvido com a humanidade, o Deus de Jesus Cristo – Humanidade sagrada –, presente por seu Espírito.

O empenho, quase insistência, de Santa Teresa consiste em que seus leitores estabeleçam uma amizade com o Jesus dos Evangelhos. Este Jesus que viveu, morreu e ressuscitou – sua representação da humanidade sagrada inclui esta totalidade de Cristo. Este Jesus, empenhado em minorar o sofrimento pessoal e gerado nas relações humanas; que valoriza as mulheres; solidário com os pobres e enfermos; este Jesus que repete *não tenha medo* e que liberta a liberdade; que cura e fortalece; jardineiro empenhado na beleza do jardim interior; habitante do castelo interior como quem ama, ilumina, atrai, refaz e reenvia.

O crucificado-ressuscitado se encontra sempre ao lado da pessoa, como presença amiga e amada. Ele está também no interior da pessoa, como mestre. Na relação com o Cristo sempre se fazem presentes o diálogo, o contraste e o envio da pessoa orante. É amizade forte, gera forte motivação. A "fé viva" leva a perceber-se sempre em relação de amizade e amor – nem moralista nem dominadora. E por isso a oração é dinamismo de conversão positiva (não dominadora), de potencialização, de reenvio. Ela leva a pessoa a também se envolver com a humanidade, como o próprio Deus o fez.

Assim sendo, Teresa exorta a viver e a morrer por este serviço a Deus, que é serviço aos irmãos, é serviço à Igreja. Não se trata de uma missão exterior, uma tarefa. Trata-se de vida com sentido, e este sentido desinstala, fortalece a viver "mil vidas" (TERESA DE JESUS, 1995, p. 236, V 34,16) e a morrer "mil mortes" (TERESA DE JESUS, 1995, p. 164, V 25,12). Para ela, a única forma de viver com sentido é se empenhando que o Deus de Jesus Cristo, a humanidade sagrada, fosse conhecida, e isto de forma prática. Teresa não exorta a servir à Igreja em abstrato, mas aos homens e mulheres que a compõem, sempre sensível a tudo o que é humano.

A ação teresiana diante da Igreja em crise começa pela determinação de fazer o pouco que podia – "ese poquito" (TERESA DE JESUS, 1995, p. 302, C 1,2): criou um pequeno grupo; evocou o ideal evangélico: ser bons cristãos: "fui tomada pela ânsia, que ainda está comigo, tendo Deus tantos inimigos e tão poucos amigos, de que estes fossem bons" (TERESA DE JESUS, 1995, p. 302, C 1,2); fortaleceu a vida de oração como missão eclesial. Mas trata-se de uma oração inseparável da ação apostólica audaz, união retratada em sua famosa expressão, "Marta e Maria devem andar juntas" (TERESA DE JESUS, 1995, p. 585, 7M 4,12)

Embora sua reforma tenha passado, posteriormente, ao movimento da reforma tridentina, Santa Teresa, em vida, experimentou evidentes conflitos, duros, tanto com relação à hierarquia quanto com relação às novas imposições do mesmo Concílio de Trento. Sua ação reformadora foi duramente contestada. Mas não apenas ela, também sua vida espiritual. A primeira redação do *Caminho de Perfeição* foi duramente censurada e a segunda redação foi passada a "pente-fino" com relação, especialmente, aos temas da justificação, da consciência do sobrenatural e do desejo místico da vida eterna. Sua ação reformadora, especialmente porque realizada em sua condição de mulher, encontrou contrastes evidentes com a Igreja hierárquica. O interessante é que, atualmente, as duas edições de *Caminho de Perfeição* conhecem edições ininterruptas e circulam sem as censuras realizadas naquele tempo. Sua reforma é enaltecida como ação profética e criativa na Igreja. Sua figura humana é admirada e estudada sob diferentes perspectivas.

Com estas características, a ação de Santa Teresa é um exemplo luminoso da renovação na Igreja e fonte de inspiração para a permanente reforma eclesial.

Renovação, reforma e purificação: o convite do Concílio Vaticano II

Após várias décadas marcadas pelos movimentos de reforma bíblica, litúrgica e ecumênica, a necessidade de conversão, renovação e reforma manifestou-se claramente no Concílio Vaticano II. O documento sobre a Igreja, *Lumen Gentium* (= LG), fala da *ecclesia semper purificanda*: "a

Igreja, reunindo em seu próprio seio os pecadores, ao mesmo tempo santa e sempre na necessidade de purificar-se, busca sem cessar a penitência e a renovação" (LG 8).

A ideia de renovação aparece em vários momentos do Concílio. Em seu estudo, A. Barreiro (2001, p. 118, nota 10) nos diz que a palavra *renovatio* aparece 39 vezes nos documentos, muitas delas no sentido de renovação da Igreja, e a palavra *renovare*, 24 vezes. E, além do texto mencionado antes, ressalta alguns outros:

> Andando, porém, através de tentações e tribulações, a Igreja é confortada pela força da graça de Deus prometida pelo Senhor, para que na fraqueza da carne não decaia da perfeita fidelidade, mas permaneça digna esposa de seu Senhor e, sob a ação do Espírito Santo, não deixe de renovar-se a si mesma, até que pela cruz chegue à luz que não conhece ocaso (LG 15);
> a Mãe Igreja (...) exorta seus filhos à purificação e à renovação, a fim de que brilhe mais claro o sinal de Cristo sobre a face da Igreja (LG 15);
> os católicos todos devem tender à perfeição cristã e, segundo a condição de cada qual, empenhar-se para que a Igreja, carregando em seu corpo a humildade e a mortificação de Jesus, de dia para dia, se purifique e se renove, até que Cristo a apresente a Si gloriosa, sem mancha e sem ruga (UR 4,6).[3]

As palavras *reformar* e *reforma* também aparecem no Concílio, embora com menos frequência que os termos *renovar* e *renovação*. Os dois textos mais importantes estão precisamente no Decreto *Unitatis Redintegratio* sobre o Ecumenismo:

---

[3] Além destes textos, são importantes também UR 3,5; 4; 6; LG 4; 48,3; GS 43,6; AG 35; GE 12; PO 12; OT 22.

A Igreja peregrina é chamada por Cristo a essa reforma perene da qual necessita perpetuamente como instituição humana e terrena (UR 6).[4]

> Enfim, todos examinam sua fidelidade à vontade de Cristo acerca da Igreja e, na medida do necessário, iniciam vigorosamente o trabalho de renovação e de reforma (UR 4,2).

Grandes reformas do Concílio Vaticano II

O grande teólogo católico do século XX, K. Rahner, observou como o Vaticano II poderia ser colocado em paralelo com o Concílio de Jerusalém (At 15). Para ele, o Vaticano II significou um novo começo, só comparável ao exigido pela inculturação da Igreja, nascida na Judeia, no mundo greco-romano.[5] Dessa vez, um começo de uma nova relação com a cultura moderna e científica, com os ateus, cristãos de outras confissões e membros das religiões em sua diversidade. Novo começo em nova linguagem, que se quis bíblico-narrativa, exortativa, deliberativa e argumentativa, e mesmo doxológica (THEOBALD, 2012). Com novo espírito: de diálogo, de abertura, de argumentação e não condenação, de conversão.

O Concílio não foi uma repetição de verdades dogmáticas definidas pelos Concílios anteriores; tampouco se dedicou a condenar os erros doutrinais. Quis repensar profundamente a forma de ser Igreja, por fidelidade ao Evangelho. Foi um *não* à monotonia, à repetição das mesmas coisas, a uma Igreja "morna" (Ap 3,16). E isso, precisamente, para permanecer fiel à doutrina viva, à grande Tradição, que não deve ser confundida com as pequenas tradições culturais.

João XXIII manifestou o seu desejo veemente de que o cristianismo voltasse a ser boa notícia para um mundo que já não era afetado pelo discurso da Igreja. Que o Evangelho fosse novidade sedutora no íntimo das

---

[4] Utilizamos a tradução de A. Barreiro.

[5] Cf. "A recepção do Concílio Vaticano II: entre o desencanto e a esperança". *Perspectiva Teológica* 37 (2005) 5-10. Editorial.

pessoas. Que a Igreja fosse servidora não apenas dos católicos, mas de toda a humanidade, e contribuísse com uma humanidade melhor.

Três impulsos do Concílio consideramos fundamentais: a recuperação da centralidade da Palavra de Deus na vida da Igreja; a mudança na visão de Igreja; a abertura ecumênica ao diálogo inter-religioso e às realidades do mundo.

A recuperação da centralidade da Palavra de Deus na vida da Igreja

A Palavra de Deus é recuperada na vida da Igreja, no sentido de se recuperar a soberania radical do Evangelho (RUIZ DE GOPEGUI, 2005). Mas Palavra, como mostra a *Dei Verbum*, é Palavra interpretada pela racionalidade humana, pela busca do sentido da Palavra, pela hermenêutica. Do contrário, o texto bíblico pode ser facilmente manipulado, como no caso do fundamentalismo. Como alerta J. Konings, no fundamentalismo, a leitura, "sob a aparência de fidelidade literal, alimenta interpretações subjetivistas e arbitrárias" (KONINGS, 2012, p. 244). Outro elemento fundamental é que a Palavra de Deus não é a materialidade da Bíblia, mas uma pessoa, Jesus Cristo. A leitura e interpretação da Bíblia se dão a partir de Jesus, confessado como o Cristo. Isto é, ele é o acontecer daquilo que significamos com o termo "Deus". Ele é a Palavra de Deus porque nele Deus se manifestou, falou e agiu. Ele é Palavra que aconteceu no existir humano. Tendo ressoado na criação (Sl 19[18]), nos profetas (Hb 1,1), ela ressoou definitivamente em Jesus (KONINGS, 2012, p. 239-240). O Concílio teve a coragem de mudar a mentalidade e a linguagem ao perceber que a dimensão de doutrina é importante, mas não é tudo. A verdade é a adesão a Jesus Cristo, e não uma série de proposições dogmáticas ou afirmações bíblicas sem o enraizamento na pessoa de Cristo.

A mudança na visão de Igreja

O Vaticano II supera a noção de Igreja como "sociedade perfeita", a partir de um processo de amadurecimento das discussões internas no próprio Concílio.[6] A "sociedade perfeita" é possuidora de todos os meios necessários para a realização de seu fim, sobrenatural, de salvar as almas; nada tem a aprender na história, não está subordinada a nada, nada deve ao Estado secular e laico; nela, a ênfase é posta na hierarquia, segundo uma estrutura piramidal. Ao contrário desta noção, o Concílio recupera o fundamento da Igreja, que é Deus. Por isso, só por isso, podemos ser um povo novo e renovado. A referência é sempre o mistério trinitário, por isso, a Igreja é serva sempre. É serva da Palavra, serva de Deus no mundo; é sinal, instrumento e sacramento da salvação que é Cristo (LG1).

A Igreja é concebida como uma comunhão de amor, possibilitada pela graça de Deus, na qual as pessoas se relacionam com Deus e com as demais pessoas. É Povo de Deus, no qual "o clero, os leigos e os religiosos pertencem à mesma comunidade de fé, esperança e amor; são fundamentalmente iguais" (RUIZ DE GOPEGUI, 2005, p. 13). Todo o Povo de Deus é responsável pela vida e pelo crescimento da Igreja, é povo santo e sacerdotal. O sacerdócio comum, existencial, é o principal, que faz da existência cristã "uma oferenda viva, santa, agradável a Deus, um culto espiritual" (Rm 12,1). O sacerdócio ministerial está a serviço do primeiro. É Povo chamado à santidade, pelo Batismo, em marcha, caminhando na história, para o futuro. Não tem morada permanente, ele caminha com a força do Espírito Santo e dos sacramentos.

A abertura ecumênica ao diálogo inter-religioso e às realidades do mundo

Com o Concílio, busca-se instaurar nova lógica e perspectiva diante do "diferente": não condenação, mas abertura e diálogo ecumênico e inter-religioso. A lógica da comunhão inclui o reconhecimento das outras

---

[6] O processo de aprovação do documento pode ser encontrado em KLOPPENBURG (1989, p. 36) e os esquemas que precederam a aprovação, em LOPES (2011).

comunidades cristãs em sua eclesialidade, pois o mistério de Cristo também está presente nelas. Todo um documento conciliar, a *Unitatis Redintegratio*, é dedicado à promoção do diálogo inter-religioso. A Igreja de Cristo não exclui aqueles a quem o próprio Espírito Santo uniu a Cristo.[7] Igualmente, o Concílio inseriu as grandes religiões do mundo e o necessário diálogo inter-religioso na forma de a Igreja ser. A grandiosa abertura da Declaração *Nostra Aetate* (cf. n. 1) lembrou a unidade de origem e de destino de toda a humanidade, radicada em Deus. Assim, estabeleceu forte fundamento dessa aproximação dialógica. A mudança de postura é substancial, de uma perspectiva exclusivista para uma postura de reconhecimento, de busca de unidade e de diálogo. Contrasta com a famosa expressão "fora da Igreja não há salvação", presente nos documentos eclesiásticos até meados do século XX. Do ponto de vista teológico, o Concílio Vaticano II apresenta-se otimista com relação à salvação dos não cristãos (LG 16; GS 22). E ainda pode ser acrescentada a defesa da liberdade religiosa (Declaração *Dignitates Humanae*), contra a qual a própria Igreja se colocara tão veementemente em épocas anteriores.

O Concílio significou uma notável mudança na relação entre a Igreja e as realidades sociais e culturais, que, durante muitos séculos, haviam sido desprezadas. O próprio Papa João XXIII havia percebido como o discurso da Igreja já não tinha mais significado para os seus contemporâneos, pois estava separado do mundo da vida. O Concílio é uma importante iniciativa para tornar a mensagem da Igreja significativa para o seu tempo. É a Constituição Pastoral *Gaudium et Spes* o documento conciliar que melhor revela esta nova relação entre a Igreja e o mundo, que inclui uma antropologia unitária e integrada: "É a pessoa humana que deve ser salva. É a sociedade humana que deve ser renovada. É, portanto, o homem considerado em sua unidade e totalidade, corpo e alma, coração e consciência, inteligência e vontade" (GS 4). Abre-se assim à sociedade humana com

---

[7] Cf. o recente comentário de WOLFF (2012) aos documentos conciliares dedicados ao diálogo ecumênico e inter-religioso e à liberdade religiosa.

todas as suas realidades: família e matrimônio, corporeidade, juventude, vida cotidiana, desenvolvimento humano e científico, cultura, política, trabalho etc.

Relacionado a esta atitude dialogal diante das sociedades e culturas, torna-se importante resgatar a atitude recorrente do Papa João Paulo II que, no pós-concílio, especialmente em suas viagens, reconheceu culpas históricas da Igreja Católica e pediu perdão. Em dezenas de seus discursos, conforme documenta Accattoli (1997), diante das mais diversas circunstâncias, emprega a expressão "eu peço perdão" ou outra semelhante. Como na passagem abaixo, em que, de volta da peregrinação ao continente latino-americano e caribenho, o Papa pede perdão aos indígenas e negros escravizados:

> A esses homens nós não cessamos de pedir "perdão". Esse pedido de perdão se dirige de modo especial aos primeiros habitantes da nova terra, aos indígenas e também a todos aqueles que como escravos foram deportados da África para fazerem os trabalhos pesados (PAPA JOÃO PAULO II, 1992, p. 224).

A explicação das necessidades de conversão torna-se importante ponto de partida para os diálogos, em todos os níveis, como o intra e intereclesial e da Igreja de Cristo com a sociedade. Há uma "purificação da memória" para reformas.

Renovação da Igreja latino-americana, uma recepção criativa e inculturada do Concílio

Não é difícil perceber a importância que a mentalidade integrada do Concílio exercerá nas Conferências Episcopais Latino-americanas, Medellín (1968), Puebla (1979), Santo Domingo (1992) e Aparecida (2007), embora com diferentes intensidades. *A opção preferencial pelos pobres,* solenemente proclamada em Puebla (P 1134-1165) e reafirmada nos documentos posteriores, como Aparecida (Ap 392), e a formação das *Comunidades*

Eclesiais de Base talvez sejam os principais frutos da preocupação com os contextos humanos, que o Concílio tão claramente manifestou. A síntese de Cleto Caliman a respeito da influência do Concílio sobre a Igreja no Brasil pode ser trazida neste espaço, pois reflete este movimento que é iniciado no Vaticano II, assimilado pelas Conferências dos Bispos do nosso continente e recebido criativamente ao longo do tempo. Segundo ele, a Igreja no Brasil desenvolveu uma

> acurada consciência de sua inserção dentro da sociedade brasileira, como servidora, a partir dos pobres. Ela se apresenta como Povo de Deus peregrino. Nele, fiéis e ministros se encontram na diversidade de carismas e ministérios em proveito da missão no mundo. Enfim, é uma Igreja que aprimora sua consciência a partir de sua originalidade, que a faz "local" como ponto de partida para a comunhão maior das Igrejas, como expressão da universalidade da vontade salvífica de Deus e da missão evangelizadora no mundo (CALIMAN, 2005, p. 248).

A reforma da Igreja em tempos do Papa Francisco

O Papa Francisco tem utilizado a expressão *Ecclesia semper reformanda* em ocasiões diversas, entre as quais trazemos duas. Referindo-se ao caráter fontal, e não pelagiano, da reforma da Igreja, dirá em seu discurso aos participantes do V Congresso da Igreja italiana:

> A reforma da Igreja – e a Igreja é *semper reformanda* – é alheia ao pelagianismo. Ela não se esgota em mais um plano para mudar as estruturas. Ao contrário, significa implantar-se e radicar-se em Cristo, deixando-se guiar pelo Espírito. Então, tudo será possível com gênio e criatividade.[8]

---

[8] PAPA FRANCISCO. Discurso no Encontro com os participantes do V Congresso da Igreja Italiana, em 10/11/15. Disponível em: <https://w2.vatican.va/content/francesco/pt/speeches/2015/november/documents/papa-francesco_20151110_firenze-convegno-chiesa-italiana.html>. Acesso em: 20 dez. 16.

Referindo-se à reforma da Cúria Romana, utilizou a expressão em seu Discurso de Felicitações de Natal: "A reforma prosseguirá com determinação, lucidez e ardor, porque *Ecclesia semper reformanda*".[9]

Em seu incansável desejo de reforma, podemos ver no Papa Francisco um filho do Concílio Vaticano II, talvez o primeiro Papa pós-conciliar a beber dessas fontes e deixar-se plasmar por elas. Sua Exortação Apostólica *Evangelii Gaudium*: a alegria do Evangelho – Sobre o anúncio do Evangelho no mundo atual (2013) convida os cristãos a abandonar corajosamente a autorreferencialidade da Igreja, tornando-a verdadeiramente Igreja "em saída" (EG 20), em serviço à humanidade e em diálogo operante com as periferias existenciais, em especial com o mundo dos pobres que lutam para sobreviver; serviço e diálogo são alimentados por uma espiritualidade que articula interioridade e abertura. Sua Encíclica *Laudato Si'*: sobre o cuidado da casa comum (2015) dirige-se não apenas aos cristãos, mas a todos os homens de boa vontade, e propõe uma tomada de posição em direção ao cuidado com a "casa comum", o planeta terra, e convoca todos a defender uma ecologia integral que articule as dimensões ambiental, econômica, social, da vida cotidiana, cultural e espiritual. Sua Exortação *Amoris Laetitia*: sobre o amor na família (2016) convida ao amor vivido em liberdade, responsabilidade e discernimento. Como toda reforma, as propostas de Francisco geram não poucas reações contrárias, mas alimentam grandes esperanças na Igreja de Jesus Cristo.

Entre outras reformas, o Papa Francisco pôs em curso uma reforma da Cúria. Se por um lado não é primeira vez que esta reforma acontece – há várias reformas registradas ao longo dos tempos –, a tarefa não fácil. Se a missão da Cúria é simples: "estar a serviço do bispo de Roma e assim servir aos católicos, aos outros cristãos e a toda a humanidade" (TANNER: 2013, p. 23), sua estrutura se complexificou ao ponto de Norman Tanner

---

[9] PAPA FRANCISCO. Discurso de Apresentação das Felicitações de Natal à Cúria Romana, em 21/12/15. Disponível em: <https://w2.vatican.va/content/francesco/pt/speeches/2015/december/documents/papa-francesco_20151221_curia-romana.html>. Acesso em: 20 jan. 17.

a chamar de "a burocracia de mais longa duração na história mundial" (TANNER, 2013, p. 23). A Cúria recebeu as críticas mais severas e proféticas do pontificado de Francisco. Em discurso, este apontou quinze "doenças curiais": o sentir-se "imortal", "imune" ou até mesmo "indispensável", pondo de lado os controles necessários e habituais; o "martalismo" (que vem de Marta), da excessiva operosidade; o "empedernimento" mental e espiritual, ou seja, daqueles que possuem um coração de pedra e são de "dura cerviz" (At 7,51-60); a planificação excessiva e o funcionalismo; a má coordenação; o "Alzheimer espiritual": ou seja, o esquecimento da "história da salvação", da história pessoal com o Senhor, do "primeiro amor" (Ap 2,4); a rivalidade e a vanglória; a esquizofrenia existencial, ou vida dupla; as bisbilhotices, murmurações e críticas; divinizar os chefes; a indiferença para com os outros; a cara fúnebre; acumular; os círculos fechados; o proveito mundano.[10]

Não é difícil perceber que estas doenças podem ser estendidas a outros grupos. O Documento 105 da CNBB (2016, p. 31, n. 48), sobre a ação dos cristãos leigos e leigas na Igreja e na sociedade, alertou claramente para estas "doenças" nos conselhos pastorais. Mas é possível ver nelas um programa de conversão de todo grupo eclesial.

Nesse sentido de conversão global, não apenas centrado na Cúria, torna-se interessante finalizarmos com o já referido discurso da apresentação das felicitações de Natal à Cúria Romana, do Papa Francisco em 2015, em que indicou um "catálogo das virtudes" para combater as "doenças". São elas: **M**issionariedade e pastoreação; **I**doneidade e sagacidade; E**S**piritualidade e humanidade; **E**xemplaridade e fidelidade; **R**acionalidade e amabilidade; **I**nocuidade e determinação; **C**aridade e verdade; **HO**nestidade e maturidade; **R**espeito e humildade; **D**adivosidade e atenção; **I**mpavidez e

---

[10] PAPA FRANCISCO. Discurso no Encontro com os Cardeais e colaboradores da Cúria Romana para a troca de bons votos de Natal, em 22/12/14. Disponível em: <http://w2. vatican.va/content/francesco/pt/speeches/2014/december/documents/papa-francesco_20141222_curia-romana.html>. Acesso em: 20 jan. 17.

prontidão; (e último) Fiabilidade e sobriedade. Mantivemos as letras em negrito, originais, que formam, em acróstico, a palavra Misericórdia.

Enfim, a necessidade de conversão, renovação e reforma permanentes na Igreja nos coloca, a todos e todas, em atitude de humildade diante do Evangelho, como servos e não donos desta Verdade que se fez carne em Jesus Cristo. Trata-se de um processo que nunca termina, até que Cristo se forme em nós (Gl 4,19).

Referências

ACCATTOLI, Luigi. *Quando o Papa pede perdão*: todos os *mea culpa* de João Paulo II. São Paulo: Paulinas, 1997.

A RECEPÇÃO do Concílio Vaticano II: entre o desencanto e a esperança. *Perspectiva Teológica* 37 (2005) 5-10. Editorial.

BARREIRO, Álvaro. *Igreja, povo santo e pecador*: estudo sobre a dimensão eclesial da fé cristã, a santidade e o pecado na Igreja, a crítica e a fidelidade à Igreja. 2. ed. São Paulo: Loyola, 2001.

CALIMAN, C. "A eclesiologia do Concílio Vaticano II e a Igreja no Brasil". In: GONÇALVES; BOMBONATTO (Org.). *Vaticano II*: análise e prospectivas. 2. ed. São Paulo: Paulinas, 2005.

CNBB. *Cristãos leigos e leigas na Igreja e na sociedade*. Brasília: CNBB, 2016. Documento 105, p. 31, n. 48.

KASPER, Walter. *A Igreja Católica*: essência, realidade, missão. São Leopoldo: UNISINOS, 2012.

KLOPPENBURG, Frei Boaventura. "Introdução geral aos documentos do Concílio". In: COMPÊNDIO DO VATICANO II. *Constituições, Decretos, Declarações*. Coord. Frei Frederico Vier. 20. ed. Petrópolis: Vozes, 1989.

KONINGS, Johan. "Interpretar a Bíblia aos cinquenta anos do Concílio Vaticano II." *Perspectiva Teológica* 44 (2012) 237-256.

LOPES, Geraldo. *Lumen Gentium*: texto e comentário. São Paulo: Paulinas, 2011.

PAPA FRANCISCO. *Apresentação das felicitações de Natal à Cúria Romana*, 21/12/15. Disponível em: <https://w2.vatican.va/content/francesco/pt/speeches/2015/december/documents/papa-francesco_20151221_curia-romana.html>. Acesso em: 20 jan. 17.

_____. Discurso no Encontro com os Cardeais e colaboradores da Cúria Romana para a troca de bons votos de Natal, em 22/12/14. Disponível em:<http://w2.vatican.va/content/francesco/pt/speeches/2014/december/documents/papa-francesco_20141222_curia-romana.html>. Acesso em: 20 jan. 17.

_____. Discurso no Encontro com os participantes do V Congresso da Igreja Italiana, em 10/11/15. Disponível em: <https://w2.vatican.va/content/francesco/pt/speeches/2015/november/documents/papa--francesco_20151110_firenze-convegno-chiesa-italiana.html>. Acesso em: 20/12/16.

PAPA JOÃO PAULO II. Audiência Geral em 21/10/92. In: ACCATTOLI, Luigi. *Quando o Papa pede perdão*: todos os *mea culpa* de João Paulo II. São Paulo: Paulinas, 1997.

PEDROSA-PÁDUA, Lúcia. "O significado eclesial do Vaticano II". CNLB. *Um olhar*, ano III, n. 3, p. 4-11, maio 2013.

_____. *Teresa de Ávila, mulher "eminentemente humana e toda de Deus"*. Disponível em: <http://www.ihuonline.unisinos.br/index.php?option=com_content&view=article&id=4661&secao=403>.

RUIZ DE GOPEGUI, Juan Antonio. "O Concílio Vaticano II quarenta anos depois." *Perspectiva Teológica* 37 (2005) 11-30.

TANNER, N. "Reforma da Cúria Romana ao longo da história". *Concilium* 353 (2013/5) 13-23.

TERESA DE JESUS. *Obras completas*. São Paulo: Carmelitas; Loyola, 1995.

THEOBALD, C. "O estilo pastoral do Vaticano II e sua recepção pós-conciliar: elaboração de uma criteriologia e alguns exemplos significativos". *Perspectiva Teológica* 123 (2012) 217-236.

VATICANO II. *Constituições, decretos, declarações.* Coord. Frei Frederico Vier. 20. ed. Petrópolis: Vozes, 1989.

WOLFF, E. *Unitatis Redintegratio, Dignitatis Humanae, Nostra Aetate*: textos e comentários. São Paulo: Paulinas, 2012.

RECEPÇÃO ECUMÊNICA
DE TEOLOGIAS

PARTE II

A RECEPÇÃO DA TEOLOGIA PROTESTANTE DE JÜRGEN MOLTMANN NO MEIO CATÓLICO

Cesar Kuzma*

Temos a intenção de trabalhar neste capítulo a descrição de alguns aspectos da recepção da teologia de Jürgen Moltmann no meio católico, em especial no ambiente europeu, onde ele está inserido, e na América Latina, onde estamos inseridos e de onde produzimos o nosso discurso e a nossa percepção sobre o autor, principalmente pela Teologia da Libertação, que foi espaço de grande diálogo e discussão. Entendemos que uma recepção não é simplesmente uma aplicação, mas um acolher, um discernir e um interpretar à luz da nova realidade em que se insere, dentro do contexto no qual o discurso se projeta. Para J. Moltmann, toda teologia é contextual e a sua reflexão implica o horizonte da fé de quem crê e reflete a partir daquilo que crê, nas circunstâncias e locais em que se vive. A teologia não pode ficar isenta da realidade que a cerca, ao contrário, deve endereçar o seu discurso junto aos dramas humanos e das muitas experiências de dor, de morte, de violência e dos últimos da história. É a ligação com a práxis do Cristo, ligada aos limites da história. Dessa maneira, iluminada pela experiência cristã que ilumina e transcende a cruz de Cristo, é que ela pode oferecer um caminho de esperança pautado na ressurreição, fonte de uma vida que se faz nova e que abre um vasto espaço de possibilidades e de realizações para o ser humano e para toda a criação. O novo sempre é um futuro aberto, um advento de Deus, que se antecipa na história e também

---

* *Cesar Kuzma* é líder leigo católico e doutor em Teologia pela Pontifícia Universidade Católica do Rio de Janeiro.

transcende a mesma. Movimentado pela esperança, esse futuro nos coloca ativos, ele nos atrai e nos inquieta numa fé que busca o encontro pleno e que anseia por vida, justiça e libertação.

Falar da recepção da teologia de J. Moltmann no meio católico é debruçar-se naquilo que ele influenciou, mas que também teve para ele um movimento de retorno, e também transformou o autor. Falando escatologicamente, é um movimento realizado no tempo e ele nunca se encerra, sempre se abre ao novo.

Jürgen Moltmann: um teólogo que avança para além da sua confessionalidade

J. Moltmann é um teólogo protestante da tradição reformada e sua abordagem reflexiva/provocativa ultrapassa as fronteiras de sua confessionalidade e oferece ao discurso teológico – atual e em geral – uma nova chave hermenêutica construída a partir da esperança. É por onde caminha o autor, desde a sua descoberta e experiência de fé até os dias de hoje. Em sua primeira obra de referência, *Teologia da Esperança*, de 1964, ele coloca a esperança como novo *logos* da teologia, uma esperança ativa que está orientada pelas promessas de Deus e sua relação com a história (MOLTMANN, 2005). Para ele, a esperança é mais do que esperar o que se deseja, mas sim é o ato de esperar aquilo que nos foi prometido na fé. A esperança nasce da recepção criativa da fé, que responde ao chamado do Deus que se revela e nos convida ao seguimento. Por essa razão, ela se faz valer numa relação intrínseca com a fé, como companheira inseparável, e nesta relação abre-se um diálogo com as novas e urgentes realidades do mundo, atingindo todo o ser humano e toda a trama da sociedade, numa categoria pública da teologia, e que, mesmo assim, mantém a sua originalidade. Isto é, mantém-se como discurso teológico, um discurso aberto, dinâmico, capaz de refletir a condição do cristianismo e provocá-lo a uma nova posição. Por isso acentuamos que a sua abordagem é reflexivo-provocativa.

A esperança cristã que nasce de sua teologia deve estar inserida no mundo para transformá-lo. Nunca deverá ser vista como uma fuga, mas como um enfrentamento; não apenas destinada ao céu, mas também à terra (KUZMA, 2014, p. 128). J. Moltmann traz uma noção de esperança que condiciona uma nova posição da escatologia e por ela um novo direcionar da teologia e da fé cristã. É o que ele afirma ao dizer que "o escatológico não é algo que se adiciona ao cristianismo, mas é simplesmente o meio em que se move a fé cristã, aquilo que dá o tom a tudo o que há nele, as cores da aurora de um novo dia esperado que tingem tudo o que existe" (MOLTMANN, 2005, p. 30). Diz também que o cristianismo tem sua essência e seu fim não em si mesmo; é mais do que isso, ele vive de alguma coisa e existe para alguma coisa, que alcança muito além dele. É necessário perguntar sempre a razão pela qual existe e o fim para o qual caminha (MOLTMANN, 2005, p. 404). É o que ele vai chamar de vocação do cristianismo na sociedade (MOLTMANN, 2005, p. 407), e esta vocação ultrapassa as fronteiras da confessionalidade do próprio cristianismo e supera as barreiras que dividem as nossas denominações. O que J. Moltmann propõe e o que ele descreve não apenas evoca algo novo para a sua tradição reformada, mas incide e encontra espaço nas demais denominações cristãs, que eram chamadas, naquela ocasião (década de 1960), a uma nova relação com a sociedade moderna e a uma nova caminhada com os avanços e conflitos oriundos do progresso, fatores que também encontram eco na Igreja Católica e que transparecem no Concílio Vaticano II, principalmente na Constituição *Gaudium et Spes* e, após o Concílio, na Encíclica *Populorum Progressio* de Paulo VI. Dois documentos católicos, aliás, que J. Moltmann sempre menciona ao tratar da esperança e da sua relação com os católicos.[1]

Foi essa atitude e novidade no discurso que fizeram com que a sua teologia avançasse para outros ambientes e atingisse outros pontos de reflexão.

---

[1] Ouvi isso dele, pessoalmente, mais de uma vez. A primeira vez foi em 2008, numa conversa reservada que aconteceu na UMESP, e em 2011, na sua visita a PUC-Rio. Esta relação também se faz presente em alguns de seus textos.

J. Moltmann descortina um novo tempo teológico, construído em uma visão escatológica da fé e que, pela percepção e antecipação do futuro de Deus, é sentida na história. O mundo é situado numa tensão, e essa tensão entre a realidade prometida e a realidade presente alimenta o agir cristão, e a esperança, além de virtude teologal, é traduzida por ação, uma ação concreta e coletiva na história. É o que encontramos na Teologia da Esperança, obra que ultrapassou os limites de si mesma e do autor, teve um destino próprio, sendo relida e reinterpretada, acolhida e recepcionada de maneira nova em cada destino, em cada situação. Ele chega a dizer em sua biografia que "também os livros têm o seu destino" (MOLTMANN, 2006, p. 104), em referência a uma frase latina do século III, e o destino que sua obra percorreu, levando o teólogo para além de si mesmo e da confessionalidade que professa. A esperança de J. Moltmann, certamente, esperança cristã, não apenas se projeta para o agir cristão na sociedade, como uma teologia privada, mas para o agir humano em vista de um mundo novo, numa teologia pública, capaz de antever a justiça e a paz para todos.

O retorno que essa noção de esperança traz a J. Moltmann também deve ser considerado. Uma esperança vista como ação, como força, que encontrou eco em várias partes do mundo e em muitas expressões teológicas, levou a questionamentos da sua base teológica produzida pela Teologia da Esperança. Ao enfatizar com mais força a ressurreição, ele recebeu críticas de não reproduzir uma esperança comprometida com as reais projeções da história, com o sofrimento dos últimos, com o compromisso evangélico com os pobres e com o despertar profético contra os poderes do mundo. Muito embora ele sempre argumente que a base do seu pensamento continua sendo a Teologia da Esperança (MOLTMANN, 2011, p. 17), ao ouvir e recepcionar as críticas, ele se abre a novas perspectivas e coloca a sua teologia sempre em diálogo, em pontos novos que pode acolher, e em outros que pode insistir e dialogar ainda mais. Em ambiente europeu o embate se dá mais em torno da transcendentalidade de sua proposta, sobretudo em críticas feitas por J. Ratzinger (RATZINGER, 1988); neste caso específico, numa crítica à Teologia Política que advém e que se aproxima da Teologia da Esperança.

A recepção da teologia protestante de Jürgen Moltmann no meio católico

Vale ressaltar, porém, que em outros momentos o próprio Ratzinger faz boas referências de J. Moltmann. Já em ambiente da América Latina, com a incipiente Teologia da Libertação, a discussão se envolve com a acusação de certo *entusiasmo* que se percebe na teologia de J. Moltmann (ALVES, 1971), levando a um confronto duro e agressivo, de início. J. Moltmann entra em diálogo e se abre a novas questões. Em sintonia com o nosso tema, diríamos que ele faz uma *recepção* das críticas e desenvolve um amadurecimento, uma abertura, sem perder o esforço das raízes de seu pensamento. Eis algo que nos surpreende no autor, com uma capacidade de sempre aprender e de sempre dialogar com novas realidades.

O resultado desse confronto com a Teologia da Libertação e com uma linha mais da Teologia Política na Europa vem em 1972, com a publicação da obra "O Deus crucificado", na qual ele muda a sua intenção. Mantém-se a intenção primeira de que o ressuscitado é o crucificado, mas ao invés de salientar *a ressurreição do crucificado*, volta o olhar agora para *a cruz do ressuscitado*. A *esperança* pelo seu futuro nos faz ver também a *memória* de sua morte (MOLTMANN, 2011, p. 21) e o ressuscitado-crucificado nos alerta para o compromisso do Reino, neste mundo e nesta história. Inspirado neste evento, ele nos interpela da seguinte maneira: "qual o sentido da lembrança do Crucificado de Deus em uma sociedade formalmente otimista, que passa por cima de tudo e todos?" (MOLTMANN, 2011, p. 20). É o que vai aproximá-lo da Teologia Política de J. B. Metz, teólogo católico, a fim de dar concretude à sua teologia, o que ele chama de "ações de esperança" (GIBELLINI, 2002, p. 304-306), e mais tarde, com os teólogos da libertação, do lado católico e protestante. O embate deu lugar a um novo caminho.

Destacamos também o seu diálogo com Ernst Bloch, contrapondo a Teologia da Esperança com a Princípio Esperança. O diálogo com outras culturas orientais e o seu animar com as novas expressões teológicas da práxis, como a Teologia Feminista, a Teologia Negra, a Ecoteologia etc.

Todavia, para se compreender o que J. Moltmann quer expressar por uma Teologia Pública, uma teologia que caminha para além de sua confessionalidade, faz-se necessário percorrer um caminho que foi próprio dele e pelo qual ele descobriu um despertar da esperança. A partir dela, decidiu seguir por uma estrada aberta e livre, na experiência de um Deus que o coloca num lugar espaçoso; maneira como ele descreve sua trajetória: *Weiter Raum* (MOLTMANN, 2006). Essa experiência o levou a compartilhar com os outros as novidades que sentia em si mesmo. O encontro com a esperança o fez perceber que a esperança nunca será solitária, mas uma força solidária, tendo sua origem no Deus revelado e que nos alimenta por suas promessas, nas quais sempre se faz presente; e pelo encontro com o Cristo, no qual a cruz nos mostra o seu lado solidário e a ressurreição nos oferece um tom novo, capaz de transformar tudo o que existe.

Em J. Moltmann, os dramas humanos e sociais vêm antes de um despertar de esperança e de uma experiência de fé. Para entendê-lo, profundamente, é obrigatório fazer com ele o questionamento do "arame farpado", de sua experiência de prisioneiro de guerra, onde no mais profundo de sua alma, no vazio de sua existência, ele percebe uma esperança que é força e dom, clama por Deus no abandono de sua história, o que o leva à esperança e também à fé (KUZMA, 2014, p. 79-96).

Jürgen Moltmann em meio à teologia católica: experiência, transcendência e libertação

J. Moltmann é um teólogo que possui uma grande aceitação no meio católico, principalmente pelo seu comportamento ecumênico diante dos teólogos católicos europeus e pelas constantes viagens para os demais continentes, em conferências e eventos em universidades católicas e em igrejas. Fato que não o impede, como teólogo protestante, de fazer críticas à Igreja Católica quando esta, no seu entender, não adere ao movimento ecumênico e/ou se afasta dos avanços do Concílio Vaticano II. Por exemplo, em 1993, ele escreveu um artigo na Revista *Concilium* – considerada a revista teológica mais importante do meio católico – em que faz duras críticas a uma publicação da Congregação para a Doutrina da Fé, de 1992. Segundo

J. Moltmann, ela não tratou com respeito as comunidades evangélicas e protestantes e agiu em contrariedade com o que já se tinha estabelecido no Concílio Vaticano II, quando trata da relação entre as igrejas cristãs (MOLTMANN, 1993, p. 161-163). Destacamos que ele é um colaborador importante da Revista *Concilium*, o que reforça ainda mais essa ligação com o meio católico.

Moltmann também valoriza muito a Constituição *Gaudium et Spes* e menciona que, algumas vezes, a Igreja Católica perde ao se afastar de seu conteúdo. Em várias de suas publicações encontramos referências a teólogos católicos e documentos eclesiais. Evidencia-se, também, em sua carreira teológica, uma aproximação com teólogos católicos no meio acadêmico, não só por consequência de pensamentos, mas também por amizade, estima e ambiente de trabalho.

Destacamos primeiramente o nome de J. B. Metz. Provavelmente, este é o teólogo católico de quem J. Moltmann mais se aproximou em suas reflexões, desde o momento em que adere à Teologia Política, compreendendo-a como alternativa para uma ação de sua Teologia da Esperança (GIBELLINI, 2002, p. 304). Isso se torna muito forte entre a década de 1960 a 1990, possibilitando um encontro com muitas reflexões, simpósios, publicações em muitas frentes e um amplo diálogo e debate com a sociedade. Nessa proximidade, J. Moltmann diz que a esperança cristã deve ser concebida numa esperança criativa, e essa criatividade deve ser projetada numa ética da esperança, que é originada pela fé (GIBELLINI, 2002, p. 305).

Também na relação com outros teólogos católicos, lembramos que sua última universidade, por exemplo, a Tübingen Universität, sustenta (como em várias universidades alemãs) uma faculdade católica de teologia e uma faculdade evangélica, onde professores e alunos podem comungar desse ambiente. Nessa universidade ele se encontrou com H. Küng, J. Ratzinger, entre outros. J. Ratzinger, em sua biografia, quando trata desse seu momento em Tübingen, diz que a chegada de J. Moltmann em Tübingen e a reflexão trazida sobre a Teologia da Esperança encantou a todos.

J. Moltmann faz questão de colocar esse comentário em sua biografia, no livro *Weiter Raum: Eine Lebensgeschichte* (MOLTMANN, 2006). No mesmo livro ele reproduz fotos e relatos de alguns eventos dessa natureza, sejam eles simpósios ou simplesmente festas de aniversário. Destacamos o encontro que teve com o Papa Paulo VI, durante audiência em março de 1972, e com o Papa João Paulo II, em 1982, durante Congresso Teológico Internacional de Pneumatologia (MOLTMANN, 2006, p. 126-127). Ele também argumenta que teve acesso à Encíclica *Spe Salvi*, sobre a Esperança Cristã, ainda como manuscrito, e que ofereceu ao Papa Bento XVI (seu ex-colega em Tübingen) algumas recomendações.[2]

Vale destacar que a grande contribuição de J. Moltmann para a teologia é com relação à escatologia. Não mais destinada à doutrina das coisas últimas, mas com uma reflexão nova a partir do Último, do *Éschaton*, do Cristo, quem em *prolepse*, numa antecipação escatológica, nos oferece o seu futuro e nos aponta o horizonte do seu Reino: que somos agraciados na fé (ele é promessa) e que respondemos numa caminhada de esperança (na missão). A escatologia deixa de ser *informativa* de um futuro a ser vislumbrado ou conquistado, uma espécie de alegoria religiosa sobrenatural, passando a ser *performativa*, no concreto da história, num advento que vem e nos provoca a um sentimento e compromisso de esperança.

J. Moltmann não deixa de responder às grandes perguntas humanas sobre a morte, a dor e o sofrimento, questões que tocam a individualidade; contudo, seu discurso escatológico insere a dimensão individual dentro de uma escatologia coletiva, projetando toda a sociedade a um *Novum* que se aproxima e nos convida à ação. Em se tratando de aspectos individuais da escatologia, é possível perceber diferenças de interpretação entre a doutrina católica e a vertente protestante de J. Moltmann, sobretudo com relação à ressurreição corporal, tempo intermediário, estado beatífico etc. (são próprias da natureza das igrejas e do que se avançou ou não – nas partes

---

[2] Sobre a relação entre J. Moltmann e J. Ratzinger, tive a oportunidade de perguntar isso a ele em 2008, em encontro na UMESP. Nessa ocasião, mencionou que recebeu a Encíclica como manuscrito e ofereceu ao Papa algumas observações.

– em pontos antropológicos); porém, em aspecto coletivo, as noções tendem a se aproximar, e é onde o diálogo parece mais frutuoso. Destacamos aqui a aproximação e a recepção do seu pensamento em J. Moingt, H. U. Balthazar, L. Boff, F. Piazza, E. Schillebeeckx, dentre outros. Em âmbito trinitário, que é um horizonte que J. Moltmann avança, principalmente quando trata do *pathos* divino (MOLTMANN, 2000), vemos um aproximar de sua reflexão com L. Ladaria, mas de modo descritivo e aceito por L. Ladaria (2005, p. 82-93), não tendo aqui argumentos maiores para dizer que há uma influência no pensar. Essa noção trinitária e a questão do *pathos* divino também recebe críticas de teólogos como A. T. Queiruga, por exemplo.

Desde os anos de 1990, é possível perceber uma aproximação com L. Boff, no que hoje se chama de ecoteologia. São publicações que convergem para um resgate da Doutrina da Criação e que chamam a atenção para a responsabilidade humana diante do compromisso com a vida e com a terra. L. Boff e J. Moltmann chegam a dizer que o sofrimento da terra deixa ainda mais grave o sofrimento dos pobres, todavia, reservando aqui a natureza e o contexto de cada discurso. Este é um tema atual e no qual ele tem gasto muito do seu discurso. Pode-se até dizer que há aqui uma nova nuance da Teologia Política, em vista de novas exigências e urgências atuais.

J. Moltmann possui também um importante diálogo com a Teologia da Libertação da América Latina. Nessa realidade, em especial no Brasil, a recepção da teologia de Moltmann no meio católico se percebe evidente. Já no início, mesmo com reservadas críticas, Gustavo Gutiérrez se utiliza da percepção teológica de J. Moltmann para evidenciar uma categoria escatológica na Teologia da Libertação (GUTIÉRREZ, 2000). O mesmo é feito por outros teólogos e uma aproximação entre as duas expressões chama a atenção para uma *esperança libertadora*, de que uma teologia que se quer da esperança é da libertação e uma teologia que se quer da libertação é da esperança (KUZMA, 2014, p. 200-203). É um diálogo que acontece no âmbito da teologia fundamental, do método, da eclesiologia e da cristologia. Mas são tratados que se articulam numa maneira nova de se fazer teologia. Nada está isolado, e tudo implica em uma atitude concreta na realidade, já que a fé cristã e o discurso sobre ela se veem fracos e são questionados diante da miséria, pobreza e morte. Que respostas dar a isso? Como falar de Deus num mundo de miseráveis? Como pensar um Deus que é Pai também desses que vivem em condição de não humanidade e são vítimas de um sistema agressivo, injusto e sem vida? A práxis do Cristo e a experiência de uma comunidade em êxodo (último capítulo da Teologia da Esperança) marcam essa trajetória e sobram referências ao autor nas obras da Teologia da Libertação.

Chamamos a atenção também para a recepção que é produzida por J. Sobrino, que, ao fazer um estudo da cristologia de J. Moltmann, reproduz a ótica do crucificado entre os crucificados da história, pessoas, homens e mulheres que possuem um rosto e uma história, vítimas de uma estrutura de morte, onde o pecado e o mal são estruturais. Para J. Sobrino, relendo J. Moltmann, optar pelo Cristo é optar pelos últimos, é se sentir como o Cristo na cruz, abandonado, e diante das incertezas da vida e da morte gritar: "Deus, onde estás?". Para J. Sobrino, relendo J. Moltmann, crer em Cristo é crer naquele que foi injustiçado pela história e em quem Deus fez a sua justiça. Esta é a chave para a esperança, diante desta releitura, e é onde se percebe um Deus solidário que não permite uma morte solitária, iluminando-a com vida e justiça (SOBRINO, 1985, p. 222-223). Eis a ressurreição!

É provável que J. Sobrino seja quem mais acolheu a intenção de J. Moltmann, mesmo que se perceba nele uma mudança de postura. De início, com uma cristologia muito ligada em J. Moltmann, depois, num caminhar próprio, aproximando-se mais de I. Ellacurría. Mas o motivo que nos leva a reproduzir este fato vem de um evento que une de modo definitivo J. Moltmann à causa dessa teologia e sua ligação mais estreita com o meio católico. No dia 16 de novembro de 1986, na Universidade Católica de El Salvador, foram assassinados de modo brutal seis padres jesuítas e duas mulheres que trabalhavam na casa, mãe e filha. A intenção era silenciar o reitor da Universidade, o Pe. I. Ellacurría. Um dos corpos, o do Pe. Ramon

Moreno, foi levado até o quarto de J. Sobrino, também alvo e que estava ausente naquele momento. Ao jogarem o corpo, um livro caiu da prateleira e se banhou no sangue do mártir. O livro era *El Dios crucificado*. Para J. Moltmann, este livro banhado em sangue se tornou o símbolo que o uniu de modo definitivo à causa do continente e à causa da Teologia da Libertação. Em 1992, ele e sua esposa fizeram uma peregrinação ao local, acompanhados por J. Sobrino (MOLTMANN, 2008, p. 18).

Novos tempos, novos horizontes, novas esperanças

Hoje, muitos teólogos católicos, de várias gerações, se veem envolvidos com os escritos de J. Moltmann e, de uma forma ou de outra, são marcados pela sua teologia. Uma teologia que ultrapassa os limites da confessionalidade, que se faz pública e política no agir, que interroga o mundo e que se agarra na força do ressuscitado-crucificado. Sempre há espaço para a esperança e ela não se esgota. A teologia católica bebeu muito dessa fonte e, mesmo tendo limites entre o que pode nos separar, a essência é guardada e a liberdade é construída numa relação de amor, que tudo pode e que tudo supera.

Somos gratos a J. Moltmann e acolhemos com bom grado aquilo que ele nos ofereceu e ainda oferece. Que a nossa teologia seja serviço e que ela se oriente sempre para a construção de um mundo com Deus e em Deus. Na esperança. Sempre!

Referências

ALVES, Rubem. *Teologia della speranza umana*. Brescia: Queriniana, 1971.

GIBELLINI, Rosino. *A teologia do século XX*. 2. ed. São Paulo: Loyola, 2002.

GUTIÉRREZ, Gustavo. *Teologia da Libertação*. Perspectivas. São Paulo: Loyola, 2000.

KUZMA, Cesar. *O futuro de Deus na missão da esperança*: uma aproximação escatológica. São Paulo: Paulinas, 2014.

LADARIA, Luis F. *O Deus vivo e verdadeiro*: o mistério da Trindade. São Paulo: Loyola, 2005.

MOLTMANN, Jürgen. "A Igreja como communio". *Concilium*, Petrópolis/RJ, n. 245, p. 161-163, 1993/1.

_____. *O Deus crucificado*: a cruz de Cristo como base e crítica da teologia cristã. Santo André/SP: Academia Cristã, 2011.

_____. *Teologia da Esperança*: estudo sobre os fundamentos e as consequências de uma escatologia cristã. 3. ed. São Paulo: Theológica/Loyola, 2005.

_____. *Trindade e Reino de Deus*: uma contribuição para a teologia. Petrópolis, RJ: Vozes, 2000.

_____. *Vida, esperança e justiça*: um testamento para a América Latina. São Bernardo do Campo, SP: Editeo, 2008.

_____. *Weiter Raum*. Eine Lebensgeschichte. München: Gütersloher Verlagshaus, 2006.

RATZINGER, Joseph. *Eschatology*: Death and Eternal Life. 2. ed. Washington/DC: The Catholic University of America Press, 1988.

SOBRINO, J. *Jesus na América Latina*: o seu significado para a fé e a cristologia. São Paulo: Loyola, 1985.

A RECEPÇÃO DA TEOLOGIA CATÓLICA
DE KARL RAHNER NO CONTEXTO PROTESTANTE

Natanael Gabriel da Silva[*]

Preliminares

Para refletir sobre a recepção do teólogo católico Karl Rahner no contexto protestante, talvez fosse mais correto pensar em teologia protestante no plural. Caso assim fosse, o diálogo teria que ser lato, sem recorte. Tal tarefa também poderia sugerir mais uma pesquisa histórica, o que implicaria uma triagem da forma como o teólogo católico Karl Rahner teria sido recebido na teologia protestante. Não é o caso deste nosso texto. A reflexão terá uma natureza de diálogo e não caminhará a trilha da pluralidade protestante.

Por mais difícil que possa parecer, será necessário aqui buscar um singular e traçar algum parâmetro que identifique a teologia protestante, como protestante, e a católica, como católica. Ou seja, este trabalho limita-se em tentar vislumbrar o elo singular, e o consequente diálogo, entre um possível fundamento instrumental que fez eclodir o movimento chamado genericamente de protestante, sob a perspectiva de sua elaboração histórica e teológica, com o método teológico concebido por Rahner, a "antropologia-transcendental" e os resultados (quase) singularmente protestantes deste método.

---

[*] *Natanael Gabriel da Silva* é pastor batista e doutor em Ciências da Religião pela Universidade Metodista de São Paulo.

O ponto de partida

A teologia protestante é vasta, equívoca, e pode abranger, a depender da leitura, uma costura de recortes e quadros que não são necessariamente justapostos, ou alinhados como se formassem um painel. Tais remendos (quando há) se dão até mesmo como contraditórios, irreconciliáveis, sobrepostos, e em algum momento torna-se difícil até mesmo elaborar um diálogo interno em pontos de aproximação. Nem sequer seriam contradições dialéticas e emergem mais na condição de estranhamento e distanciamento.

Desse modo, não cabe aqui a reafirmação histórica dos eventos que marcaram o protestantismo, suas contradições nascentes e os variados caminhos. Vale mencionar apenas a sua, talvez, tradicional bifurcação, tendo por um lado o discurso positivista e sistematizador conceitual, originário particularmente do clericalismo estadunidense, em oposição aos precursores da reflexão antropológica, por meio da reafirmação da liberdade e do valor da individualidade humana, na confirmação quase sem fronteiras do desdobramento protestante e que ficou genericamente identificada com a teologia liberal. A primeira faria a teologia se dar como prisioneira dos sistemas e confissões. A segunda libertaria a teologia do racionalismo sistemático (dogmático) e conceitual, centrado na esfera do poder, como apontaria Harnack, mas seria uma teologia, talvez impropriamente compreendida, como relacionada ao imaginário burguês, provavelmente em face de seu discurso idealista e distanciamento dos dramas e embates da realidade humana.

Pensar em Rahner e o protestantismo é problematizar todos esses caminhos. Há em sua teologia uma reafirmação da hierarquia católica, e isto o colocaria dogmaticamente ao encontro do fundamentalismo protestante. Há também um discurso de natureza liberal, a depender do conceito do que poderia ser uma teologia liberal, justamente em decorrência da matriz antropológica do sistema *rahneriano*. Ainda, e para não fixar uma perspectiva puramente idealista e desvinculada dos dramas humanos, na mesma crítica do enxerto burguês à teologia liberal protestante, Rahner teria instrumentalizado a teologia latino-americana, sítio das contradições e injustiças sociais, oferecendo a base antropológica como possibilidade teológica e hermenêutica para a fundamentação da Teologia Latino-Americana da Libertação. Aqui seria ele o elaborador da plataforma que permitiu à Teologia da Libertação ser teologia, cujos resultados seriam a conscientização dos oprimidos e marginalizados sobre a condição alienadora em que se encontravam, ou se encontram. Desse modo, seu possível idealismo seria afastado pela interferência histórica e resistência em favor dos oprimidos. Por fim e para que o seu pensamento não se tornasse alvo exclusivo e limitado do intramundano, por conta dessa entrada até involuntária nas discussões puramente libertárias e revolucionárias de uma teologia de resistência, o próprio Rahner estabeleceria seu caminho antropológico ao encontro, ou ao desfrutar, da presença do Mistério Absoluto, por meio da profundidade humana, permitindo que idealismo e antropologia se encontrassem novamente no âmago existencial e subjetivo da mística. Nesse caso, seria por demais interessante estudar as possibilidades da contribuição de Rahner à multifacetada mística pós-moderna, que se manifesta em expressões religiosas onde não há fronteiras de credos ou conceitos, mas apenas e tão somente busca da experiência com o inefável.

Há de se fazer uma escolha. Apetece-me laborar sobre Rahner e seu encontro, em termos de resultados, com a teologia liberal. Talvez por uma razão não muito simples: a de que a teologia liberal seria uma singularidade que daria identidade radical ao protestantismo. Escolhido o recorte, primeiro há de se pensar numa tentativa de situar, mesmo que precariamente, o debate e o conceito de uma teologia liberal protestante. Num segundo momento, estabelecer linhas hermenêuticas que possam fundamentar o método de Rahner, a "antropologia-transcendental" e nele a presença do imaginário protestante. Finalmente, uma retomada do trânsito entre o seu método e o que ele mesmo chamou de "cristão anônimo", e o diálogo deste com o discurso liberal.

A teologia liberal em busca de um conceito

A teologia liberal talvez seja mais que seis personagens à procura de um autor, como em Pirandello. Provavelmente se deve a Schweitzer, na obra *Geschichte der Leben-Jesu-Forschung* (A busca do Jesus Histórico) (2005), a dependência quase necessária da anotação de que uma teologia liberal deve ser pensada a partir de um cristianismo que nega, ou substancialmente diminui, o seu próprio logos, o Cristo ao desvinculá-lo da historicidade de Jesus. Schweitzer fez um estudo histórico-crítico do questionamento sobre essa historicidade, de Reimarus a Wrede, e incluiu um capítulo específico sobre as leituras das teologias liberais no tratamento do problema histórico de Jesus, ou, mais precisamente, do Jesus histórico. Por liberal, no texto de Schweitzer, pode-se entender como sendo "teologias avulsas", isto é, aquelas que foram elaboradas de forma independente, sem o anteparo de um controle por meio de uma declaração comunitária, sistemática ou dogmática.

O texto de Schweitzer não conceitua a teologia liberal como aquela que nega a historicidade de Jesus, mas apresenta uma pesquisa de como uma teologia surgida na liberdade de expressão da razão humana construiu seus métodos que dessem suporte a tal negação, particularmente a partir da radicalização racionalista que acabou por incidir na suspeição, primeiramente, dos milagres e por fim na separação entre o Jesus Histórico e o Cristo da fé. Ao abrir a sua pesquisa com uma longa apresentação do "Problema", Schweitzer afirma, provavelmente no todo do seu interesse: "Não há realmente um padrão comum pelo qual se possa julgar as obras com que temos de lidar" (SCHWEITZER, 2005, p. 20). O racionalismo, no caminhar de sua pesquisa, eclodiria inevitavelmente no discurso liberal e sua liberdade radical. Liberdade no pensar, imaginar e questionar, principalmente, a tradição e os escritos, por meio de uma hermenêutica que iria privilegiar a suspeição entre Jesus e o Cristo. A conclusão a que chega Schweitzer é que, pelo método de Schleiermacher, e o próprio reconhecera isso, não seria possível elaborar uma vida de Jesus no sentido biográfico,

A recepção da teologia católica de Karl Rahner no contexto protestante   **139**

mas sim uma vida de Cristo (SCHWEITZER, 2005, p. 90), mesmo que o título da obra de Schleiermacher, *Das Leben Jesu*, publicada postumamente, apontasse o contrário. Quando Schweitzer mencionou isso, reafirmou que Jesus, como pessoa histórica, se encontrava definitivamente perdido em Schleiermacher e o que restara fora apenas o Cristo da fé, como personagem criada pela proclamação da Igreja primitiva.

Não pretendemos caminhar numa análise da obra de Schweitzer, senão pontuar a necessária relação que faz entre o discurso liberal e a negação da historicidade de Jesus Cristo, como se a última afirmação fosse consequência necessária da primeira. O esforço para a quebra desse círculo já estava sendo feito por Harnack, seis anos antes da publicação da obra de Schweitzer. Contudo, o fato de Schleiermacher e Strauss, seu contemporâneo, cada qual a seu modo, não legitimarem o esforço de uma elaboração histórica sobre a vida de Jesus, não significava que toda teologia liberal deveria ser condenada e marcada por essa dúvida. A negação da historicidade de Jesus, a que foi sentenciada a teologia liberal, acabou por dar a ela a condição de não possuir legitimidade como discurso cristão, exatamente por se dar como vazia do Jesus histórico. Este argumento tem sido reiteradamente utilizado como forma de depreciação e desinteresse de um estudo sério sobre a teologia liberal e sua imensa contribuição para a teologia, e até como instrumento para a leitura do pensar religioso na pós-modernidade. Esta, marcada pela busca da liberdade profunda e libertação do ser humano, em contraponto aos sistemas limitadores e conceituais, tem na teologia liberal um anteparo, filosófico e histórico, ainda a ser devidamente problematizado.

O caso é que, uma teologia elaborada sem a tutela de uma dogmática/sistemática, ou da tradição e sua hermenêutica instrumental de cabresto, a serviço dos dogmas e declarações eclesiásticas formais, tem a liberdade de indagar e questionar a fé cristã a partir de todo e qualquer ponto de vista e entendimento, mesmo que tal entendimento ameace o fundamento oficial do cristianismo. Um discurso cristão, seja protestante, seja católico, sem a historicidade de Jesus, é semelhante à crise da intermitência da morte em

Saramago: sem a morte, o discurso do cristianismo se torna vazio, perde-se a ressurreição e, por conseguinte, a própria eternidade.

Entretanto, o método hermenêutico liberal já estava posto em Schleiermacher, pois se tratava de um aprofundamento da Reforma Protestante, ou seja: a expressão plena da liberdade. É claro, ele não estava sozinho. Com outras palavras, o Cristo poderia ser libertado da cristologia. Harnack faria um bom proveito disso: reafirmaria a historicidade do Cristo e, ao mesmo tempo, negaria a cristologia.

Ademais, em prol do contexto do discurso, essa liberdade plena, no âmbito da teologia, precisa também ser lida em diálogo com os discursos liberais de seu tempo, de forma exemplar na sua elaboração política e/ou econômica. O Liberalismo Político é encontrado em John Locke, que no breve capítulo IV de seu *Ensayo sobre el gobierno civil* (1941) coloca a questão da liberdade como dimensão absoluta de preservação do ser humano. Para ele o ser humano não nascia submetido às ideias inatas ou de origem divina como necessárias e impostas. Este era o discurso que justificava e sustentava o absolutismo. O Liberalismo Econômico, por outro, ou mesmo lado, pode ser problematizado a partir de Adam Smith, que, em *A riqueza das nações* (1996), apontou o espaço e a ação que o Estado deveria ocupar na construção de uma sociedade livre. Em primeiro lugar, Smith concebeu ao Estado uma obrigação de não fazer: o soberano deveria abster-se de tentar controlar a liberdade presente nas relações de produção, consumo e preço. Depois, o fazer: o Estado deveria propiciar o necessário para a otimização produtiva. Smith defende assim a liberdade *in* natura, para que o ser humano, imbuído do respeito às leis da justiça, pudesse livremente, e ao seu próprio modo, por meio do trabalho ou do capital, disputar no mercado o espaço a ser ocupado e determinar, por conta própria, suas ações (SMITH, 1996, p. 169).

O liberalismo em Locke propõe a limitação do poder político. O liberalismo em Smith, limitação do controle econômico pelo Estado. Já o liberalismo na teologia procura limitar o controle do religioso, ou da teologia, por meio de qualquer hermenêutica que submeta o pensamento sob domínio, notoriamente expresso nas doutrinas, dogmas e tradições. A teologia liberal é antes de tudo liberdade. Quem controla a teologia, por meio da interpretação ou da dogmática/sistemática, controla o pensamento e a pessoa. No caso do cristianismo, quem controla a cristologia, controla o imaginário religioso, e Cristo não é, necessariamente, o que diz a cristologia. A cristologia é uma redução do Cristo e instrumento de exercício do poder religioso, exclusão ou segregação, mas quando emerge toma conta do debate e o Cristo é por ela substituído.

Harnack se apropriou disso e em sua obra *Das Wesen des Christentums* (O que é Cristianismo) (2009), resultado das conferências proferidas em Berlim, 1899/1900. Ele não tratou acidentalmente da cristologia, mas fez da crítica a esta um dos temas centrais de suas preleções. Harnack, ao perguntar "O que é o cristianismo?", respondeu que tal pergunta seria observada pela perspectiva histórica, instrumentalizada por esta mesma ciência e pela experiência da vida (HARNACK, 2009, p. 26).

Num sentido lato, o texto de Harnack aponta que a essência (*Wesen*) do cristianismo é a pessoalidade histórica do Cristo. E essência aqui (*Wesen*), no contexto do pensamento, via fenomenologia de Husserl e seus desdobramentos, significava a pergunta pelo logos não apenas descrito em categorias, mas o que tornava essencialmente o cristianismo, cristianismo. Sob o aspecto histórico, apenas o Cristo. Para Harnack, o salto do Cristo para a cristologia causara o abismo e aprisionamento do humano na perda da liberdade, uma vez que é pela cristologia que os credos confessionais espalham o medo e o terror. Há uma mudança de foco: o debate migra do Cristo para a cristologia. Diz Harnack: "Por causa da 'cristologia', as doutrinas religiosas transformaram-se em horrorosas armas e espalharam medo e intimidação por toda parte. Tal atitude continua até hoje: a cristologia é tratada como se fosse a única questão do Evangelho e gera fanatismos que perduram" (HARNACK, 2009, p. 81).

Pode-se dizer que, neste ponto, o ser humano por meio da liberdade, singularidade, individualidade e livre interpretação radicaliza o protestantismo em rompimento ao próprio protestantismo clerical e seus enunciados de controle. Teologia liberal seria, portanto, nesta perspectiva, o exercício pleno da liberdade, radicalmente antropológica, na qual todos são incluídos e se dão como legítimos portadores, conforme a consciência individual, mesmo que esta se dê pelo caminho até mesmo da negação, da possibilidade de laborar sobre os mistérios da religião e da fé. A liberdade faz a inclusão, e a inclusão se faz pela liberdade.

Karl Rahner e a teologia liberal

Pois bem, precisamos agora pensar em Rahner e o diálogo (quase) liberal de sua teologia. Trata-se, é claro, de uma hipótese orientadora para a reflexão. Em princípio, essa aproximação pode ser equivocada, pois a possibilidade de se pensar em uma teologia liberal no âmbito da teologia católica é quase insustentável. Comblin, após um breve relato de recuperação histórica sobre a teologia liberal católica, na primeira metade do século XIX, conclui: "Na Igreja Católica um liberalismo teológico consequente não era compatível com a ortodoxia, por conseguinte com a pertença à Igreja" (COMBLIN, 1985, p. 32). Desse modo, pelo fato de Rahner sempre ter-se mantido fiel à tradição católica, poderia não haver sentido em estabelecer parâmetros tão precisos de elaboração de uma agenda de diálogo de seu método com uma teologia liberal, principalmente protestante. Contudo, a teologia existencial, como herança da sistematização das estruturas do ser por meio da pergunta ontológica, da qual Rahner é herdeiro, dialogou com a tentativa de pelo menos uma nova leitura da metafísica e o aproximou do discurso protestante. Os questionamentos por meio da filosofia da vida e do debate existencial no início do século passado, e que elevava o indivíduo à condição de gestor legítimo do discurso, religioso no caso de Rahner, formam indícios suficientes de valorização da participação do antropológico, principalmente quando este supera em sentido e grau as sedimentadas elaborações conceituais e categoriais concebidas pela tradição e escola.

Este será o nosso caminho. Contudo, primeiro será necessário compreendermos, mesmo que precariamente, as bases fundamentais do método de Rahner, a "antropologia-transcendental", para depois esboçar o traço e possível diálogo entre esta e a teologia liberal.

A pergunta ontológica

Rahner, como Paul Tillich, tem os seus métodos desenvolvidos a partir de uma pergunta. Esta pergunta não está abrigada na consciência humana como algo que o ser humano pode pensar, refletir, buscar e escolher a opção mais adequada para uma resposta. É uma pergunta que faz parte do humano, como ser, e está presente neste ser humano, em Rahner, como espírito-no-mundo. Diferentemente de Freud, por exemplo, que acreditava poder resgatar os mitos e símbolos da profundidade humana, tanto Rahner como Tillich concebem a pergunta como sendo ontológica, isto é: o seu conteúdo é apenas uma busca, e a resposta não pode ser incorporada, esgotada ou satisfazer plenamente a pergunta. Trata-se de um respondendo.

O ser humano pergunta, individualmente e desde sempre. Ele não começa a perguntar depois, e nunca deixa de perguntar. A pergunta em Rahner é o lúmen que faz o ser humano necessariamente abrir-se ao e pelo Mistério Absoluto. E Mistério Absoluto, em Rahner, não poderá ser encontrado e decifrado. Trata-se da direção da pergunta como anseio e ânimo. Anseio e ânimo não são palavras próprias, porque tanto uma como outra podem, de certo modo, ser elaboradas a partir da consciência humana. A pergunta ontológica não é consciente. Contudo, tais palavras, anseio e ânimo, podem estabelecer o rastro do que seria a pergunta nas condições de existência, a partir da qual o ser humano, como ser, pergunta pelo sentido, ou seja, pergunta pelo Aonde. O ser humano pergunta, mesmo. E há um ponto de partida desta pergunta, a que Rahner chama de Donde, e há um ponto de destino da pergunta, o

Aonde. Trata-se de um movimento e o mesmo Mistério Absoluto causa o Donde, ponto de partida e também está, não estando, no final como Aonde.

A pergunta causa o movimento que tem um sentido e direção. Contudo, esse movimento precisa estar assentado, pertencer ou acontecer no humano, como espírito-no-mundo. A essa possibilidade ontológica do ser humano se deslocar em movimento, por meio da "compreensão" do fenômeno, Rahner chama de "antropologia-transcendental", ou "existencial-sobrenatural".

O método de Rahner é complexo. O leitor interessado poderá obter mais detalhes em trabalhos específicos, como a tese que defendi na Universidade Metodista de São Paulo (SILVA, 2007). O importante aqui, para fins do nosso debate, é apontar que Rahner fez a propositura da inclusão de uma raiz antropológica como legítima para a elaboração de uma teologia. Mais que isso, uma profundidade antropológica que não poderia ser limitada pela vontade humana, nem obstada, alterada ou respondida. O ser humano não é livre, no sentido de poder estabelecer escolhas, mas sua liberdade está imersa na sua autodeterminação e vocação existencial de pertencimento e inclusão. Daí, para Rahner (1964, p. 53-54), limitar o domínio da escola e hierarquia da Igreja sobre a Graça seria apenas um passo. A graça de Deus pode ser objeto de estudo da escola, mas esta não pode impedir que aquela também aconteça sobre os que têm outra religião (RAHNER, 1975, p. 147).

Um enorme passo. Ao centrar a antropologia como fundante da teologia, Rahner estabelecia o vínculo que recuperava a concepção religiosa independente da racionalidade conceitual do dogma. A dimensão humana e racional da teologia protestante, presente na Reforma, receberia em Rahner o avanço rumo a um racionalismo ontológico, presente no início do século XX, tanto na filosofia quanto no discurso protestante, como no caso de Tillich.

O importante é mostrar que em Rahner o dogma acontece depois da pergunta ontológica pelo Mistério Absoluto, por conseguinte não é determinante, nem o mais importante. Quando o dogma é formulado, a pergunta sobre o Mistério Absoluto já foi dada ao humano antes mesmo de estar consciente disso, e esta pergunta não pode ser controlada pela Igreja. Para Rahner o ser humano, quando elabora ou reflete sobre as questões fundamentais da fé cristã, isto é, quando dá vida ao dogma, já está no campo do conceitual e categórico. A teologia, com outras palavras, pertence primeiramente ao humano, secundariamente ao dogma. Antes deste há uma pergunta sem conceito, de "conteúdo único", que é o próprio Mistério Absoluto, e o ser humano se desloca para tentar encontrá-lo ou o rumo que leva para ele. Contudo, o pertencimento ao Mistério Absoluto já é dado desde quando da pergunta. Encontrar o Mistério Absoluto não é uma expressão adequada, porque faz do encontrado um ser compreendido e limitado, o que não é o caso. O encontrar é dado na experiência "existencial-sobrenatural". Rahner chama a esta possibilidade do Mistério Absoluto dar-se como pergunta ao ser antecipadamente de *autocomunicação* de Deus. Diz Rahner: "A autocomunicação de Deus significa, portanto, que a realidade comunicada é realmente Deus em seu próprio ser, e desta forma é comunicação que tem por mira conhecer e possuir a Deus na visão imediata do seu amor" (RAHNER, 1989, p. 147).

Desse modo, a presença do Mistério Absoluto ao se dar antes de qualquer elaboração sobre o seu "conteúdo" faz um "resgate" deste antes do conceito, do mesmo modo como no final do século passado e início do seguinte fizera Harnack em relação ao Cristo, ou Nietzsche à filosofia aristotélico-platônica, ou Heidegger a Kant, da razão para o ser, ou Freud, do consciente ao inconsciente, e Tillich e sua razão profunda, "lugar" dos indecifráveis mitos e símbolos. Todos dialogaram em perspectivas hermenêuticas próximas e estiveram às voltas com o que estaria antes do sentido ou do conceitual. O ser, ou essência, é "anterior" ao que pode ser pensado sobre qualquer conceitual e seu conteúdo. Nesse caso, o diálogo de Rahner já se dá como aberto à teologia da cultura presente na filosofia daquele período, final do século XIX, início do século XX. Há uma essência que está para além do conceito e se dá como "descontrole", metaforicamente mediada por forças apolíneo-dionisíacas (Nietzsche), ou como pergunta pelo sentido do ser (Heidegger), ou como busca e fundamento para a solução dos dramas existenciais (Freud), ou lócus da pergunta pela vida sem ambiguidade (Tillich). Um descontrole porque se dá na individualidade que não pertence ao humano controlar, delimitar ou dominar, mas nele emerge como algo cujos conceitos não têm força ou domínio, que não pode ser subjugado pelo conceitual, no caso de Rahner pelo dogma, até porque é dado antes dele. O descontrole pertence ao ser humano em sua essencialidade e a força que o movimenta não é apolínea e/ou dionisíaca, mas tem a origem exclusiva no Mistério Absoluto. Também no Mistério está o sentido da existência, não para a morte, e a vida não está no âmbito da ambiguidade, porque o sentido é também único (SILVA, 2007).

O ensaio existencial foi pontuado aqui como sinalização quanto ao fundamento antropológico do método de Rahner, para que seja possível compreender melhor a que "antropológico" se refere. Não se trata apenas do discurso humanista e racionalista da Reforma Protestante, e que permitira o eclodir da radicalização da liberdade pela teologia liberal, mas, por outro caminho, também torna a antropologia a matriz do discurso, mesmo que o ser humano em Rahner possa ser compreendido como "espírito-no-mundo".

Então, se não há um "controle" sobre o Mistério Absoluto, na pergunta que pertence ao ser, o ser também não pode ser "responsabilizado" pela resposta, e o conceito de liberdade como escolha e do ser se autodeterminar deixa de fazer sentido. Mas há que haver um resultado, ou uma resposta, que também não pode ser controlado. Sob o aspecto do Mistério Absoluto, o resultado é o próprio Mistério, encontrado sem a mediação da tradição ou do dogma, e na experiência humana. Tal resultado necessário e único da experiência sobrenatural não abre espaço para uma opção: o ser humano será, e terá que ser, em qualquer situação, um "cristão anônimo". Numa linguagem simples: todos somos cristãos antes de tomarmos qualquer conhecimento ou de tomarmos alguma decisão. Isso vale dizer que os rituais de pertencimento, o dogma e a hierarquia, não podem permitir ou obstar, incluir ou excluir, dar vida ou eliminar, libertar ou sentenciar à condenação, congregar ou segregar qualquer ser humano que, em sua busca ontológica, a qual emerge nas condições de existência, já se encontra antecipadamente diante da pergunta pelo Mistério Absoluto. E isto não é exclusividade católica, nem cristã. O ser humano, independentemente da cultura ou credo, pergunta pelo e pertence ao Mistério Absoluto, daí a expressão "cristão anônimo".

Ao iniciarmos uma entrada no entendimento do que Rahner teria elaborado sobre o conceito "cristão-anônimo", é necessário pontuar o debate pela literalidade da expressão. Esta, quando entendida literalmente, pode parecer uma reserva e domínio do cristianismo, implicando a exclusão de qualquer outra religião ou confissão, num radicalismo que, antecipadamente, já eliminaria qualquer diálogo. A expressão, "cristão anônimo", observada sem o entendimento do método de Rahner, a "antropologia transcendental", pode conduzir quase inevitavelmente a esta interpretação. Porém, é necessário compreender com mais profundidade o contexto existencial da propositura do método de Rahner. Primeiro, em razão de Deus ser o Mistério como Absoluto, isto é, este pode ser delimitado ou contido em qualquer expressão confessional. Com outras palavras, Deus não pode ser tido como cristão, ou muçulmano, porque o Mistério é Absoluto e não pode ser compreendido, é apenas o partir e o chegar da pergunta, isto é, trata-se do sentido do ser. Em segundo lugar é preciso compreender o lugar hermenêutico de Rahner, tanto quanto aos avanços que seu sistema propõe na limitação e clausura por meio do dogma como dos limites da hierarquia católica e da escola quanto à impossibilidade destas subordinarem ao conceitual a pergunta ontológica pelo Mistério Absoluto. Por fim, é também preciso levar em conta o universo significativo a partir do qual Rahner elaborou o seu método. Rahner é católico. Seu vocabulário e imaginário são católicos e faz teologia a partir de uma perspectiva católica. Como todo crítico e profeta de seu universo, Rahner entendeu que as novas leituras da teologia ante os novos debates da filosofia deveriam ser feitas a partir de dentro do lugar do próprio discurso. Fosse outro o caminho, não dialogaria com a própria confissão.

Desse modo, a interpretação da expressão "cristão anônimo" não deve ser reducionista, mas o que deve ser nela observado é a dimensão universalista. Assim, o que poderia parecer exclusão, pode ser inclusão. Por esta perspectiva, e se for possível superar a resistência à literalidade em prol do diálogo, não será difícil conceber o método de Rahner como uma abertura de pertencimento universal, do ser humano ao Santo, como sagrado. Trata-se de pertencimento anterior aos conceitos, doutrinas e dogmas. A autoridade eclesiástica, e seu controle hermenêutico quanto ao essencial, é excluída, nos moldes e aspirações de uma teologia liberal. Não há autoridade a declarar o certo ou o errado no sentido ontológico. Tal poder limitado desarticula os instrumentos para a inclusão ou exclusão. Estas expressões, inclusão e exclusão, são próprias de um sistema que tem a pretensão de controlar o modo correto de se crer e exerce o poder sobre o imaginário religioso, ou assim o pretende, e independentemente de qualquer religião ou credo. São expressões que criam o gueto e fundam uma reserva de domínio. Pode-se dizer que, em termos de resultados, a teologia liberal e a "antropologia transcendental" acabam por se encontrar. Há um não conceitual, em superação e anterior ao controle dogmatista, que universaliza a experiência religiosa na singularidade do humano.

É claro que o conceito de liberdade em Rahner não é o mesmo que o da teologia liberal. Na teologia protestante, o ideário é o da liberdade colocada desde o início, a tal ponto de criar o estado de rompimento com o sagrado, para depois o ser humano iniciar a jornada antropológica mediante a construção de pontes. O ser humano, no protestantismo, necessita iniciar o seu movimento na direção do encontro com o "divino" sem uma pergunta de resposta necessária. Razão pela qual Tillich e seu enigmático conceito do ser, ameaçado pelo não ser, mas que o abraça, elabora a sua teologia nas condições ameaçadoras da existência. Para Tillich o ser precisa de coragem. Ser e não ser se encontram, o primeiro ameaçado pelo segundo, e deste encontro dá-se o início, pela dialética, à "explosão" inicial em direção ao estado de inocência, ou da vida sem ambiguidade. Assim o ser inicia a sua busca de sentido. Só que é um iniciar "solitário", porque antes do ser e do não ser, no discurso protestante, não há nada.

Rahner não parte da liberdade, nesse sentido, nem do isolamento do ser, e a impulsão não é dada pelo próprio ser, mas pelo Mistério Absoluto. Rahner elabora a sua teologia a partir da totalidade metafísica, quando o Mistério Absoluto é o "antes" e o "depois", e nisto a sua herança católica, da universalidade metafísica, é inegável.

Todavia, se as liberdades, de uma e outra teologia, não são paralelas, a libertação o poderia ser em face dos resultados. De qualquer forma, nos dois casos, seja a cristologia da teologia liberal proposta por Harnack, seja o dogma no seu sentido mais amplo quanto ao método de Rahner, podem ser vistos como elementos que, em princípio e nos dois sistemas, teriam assumido uma condição secundária diante do debate histórico e ontológico, e o resultado é a superação das barreiras confessionais e abertura ao diálogo. Há, nos dois casos, uma redução do poder e um "pertencimento" não mediado, com fundamento na antropologia. Ou seja, há uma secularização e uma teologia da cultura que concebem ao humano a supremacia da individualidade, mesmo que seja por meio de uma liberdade já contida e derivada, como no método de Rahner, ou de uma liberdade que se reencontra com a essência do cristianismo (SILVA, 2007).

Notas inconclusas

Neste caso, talvez a pergunta sobre a importância da liberdade poderia ser bastante interessante. Esta, possivelmente, distanciaria as hermenêuticas da teologia liberal e da teologia rahneriana. Talvez ainda esta pergunta pudesse ser problematizada se, num dado momento, teologia liberal e "antropologia transcendental" não fossem apenas uma forma diferente de subjugar o ser humano a uma condição não conceitual, a que ambas tentam superar, ou ainda se de fato a aproximação não seria apenas sob a ótica da perspectiva de superação do controle clerical em sua origem.

Diante de tantas dúvidas e possibilidades, por agora basta pensarmos que pode haver em Rahner, bem como na teologia protestante, particularmente na chamada teologia liberal, a partir de Harnack, um foco antropológico de significativo interesse e divergências que acaba por ser abrigado no seio de hermenêuticas próprias. Em Rahner, a antropologia não permite a superação completa do ser humano em liberdade, mas sinaliza a possibilidade de um vir a ser. Nele, o domínio dogmático é limitado, mas a liberdade só pode ser compreendida como pertencente à totalidade metafísica. Por outro lado, na teologia liberal ou "avulsa", a liberdade e a independência não são aspirações, mas se dão como intrínsecas ao método, porém não respondem adequadamente ao modo do sujeito hermenêutico se dar como um intérprete a partir da relação direta com a pessoalidade do sagrado, sem que o seja por meio de uma teologia da cultura sistematizada, ou até mesmo dos escritos, presentes como formadores dessa mesma cultura religiosa, a mostrar que a liberdade, afinal, nunca será completa. O ser humano será sempre um intérprete e elaborador de uma teologia culturalmente derivada.

Pelo sim, pelo não, a contribuição de Rahner é inegável na reafirmação antropológica, individualidade e racionalidade, mesmo que ontológica. Gestada na busca por profundidade e essencialidade, tornou-se uma referência para o diálogo e o "nivelamento" existencial a partir do qual todos somos dados igualmente em estado de inclusão e pertencimento. Essa universalização secularizada à moda protestante não poderia ser concebida por meio da teologia liberal, embora fosse este um dos seus princípios, por mostrar-se determinante desde a origem, ou seja, para uma teologia protestante, uma liberdade incluída não é liberdade. Rahner traz a igualdade pela inclusão, e a teologia liberal traz a igualdade pela libertação, e ambas se encontram no inconceitual, para além do domínio absoluto das afirmações de fé.

Referências

COMBLIM, José. *Teologia da libertação, teologia neoconservadora e teologia liberal.* Petrópolis: Vozes, 1985.

HARNACK, Adolf. *O que é cristianismo?* São Paulo: Reflexão, 2009.

LOCKE, John. *Ensaio sobre el gobierno civil.* México: Fondo de Cultura Economica, 1941.

RAHNER, Karl. *Curso fundamental da fé.* 2. ed. São Paulo: Paulus, 1989.

_____. Die Christentum und die nichtcrhristlichen Religionen. In: *Schriften zu Theologie V.* Einsiedeln: Benziger Verlag, 1958-1975.

_____. *Missão e graça*: pastoral em pleno século XX. Petrópolis: Vozes, 1964.

SCHWEITZER, Albert. *A busca do Jesus histórico.* São Paulo: Novo Século, 2005.

SILVA, Natanael Gabriel da. *"Antropologia transcendental" e "correlação"*: Karl Rahner e Paul Tillich em diálogo – Uma leitura interconfessional de métodos teológicos a partir da ontologia existencial de Martin Heidegger. 2007. 288f. Tese (Doutorado em Ciências da Religião) – Universidade Metodista de São Paulo.

SMITH, Adam. *A riqueza das nações.* São Paulo: Nova Cultural, 1996. v. I e II.

A TEOLOGIA PROTESTANTE DE MILTON SCHWANTES E O ECUMENISMO

Tereza Cavalcanti*

Conheci o teólogo protestante Milton Schwantes num encontro de "Teologia na perspectiva da mulher" no final dos anos 1980. Aquele homem sozinho no meio de umas 50 mulheres teólogas, filósofas, sociólogas, pastoras, religiosas, agentes de pastoral... E ele não parecia intimidar-se. Sentado na parte de trás, observava. No intervalo, dirigiu-se ao centro da sala, onde foram colocados livros, revistas e todo tipo de publicações. Tomava cada uma e anotava em um caderno a referência. Mesmo os folhetos mais simples, artesanais, ele registrava. Nenhum podia lhe escapar.

Mais tarde soube que ele estava dirigindo a famosa *Bibliografia Bíblica Latino-americana*. Uma iniciativa fundamental para a produção bíblica e teológica na América Latina.

Não havia nenhuma discriminação em seu trabalho sobre a origem dos escritos. Não importava a Igreja, se a procedência era da Universidade, dos cursos livres de Teologia, das paróquias, das comunidades, das escolas dominicais, ou de qualquer outra origem. Tudo era registrado, para que mais tarde tivéssemos a possibilidade de pesquisar o que estava sendo produzido na área bíblica durante aqueles anos. Uma obra de fôlego. E plenamente ecumênica.

Tempos depois pude descobrir a envergadura daquele biblista incansável, exigente no método de pesquisa e na análise dos textos.

---

* *Tereza Cavalcanti* é líder leiga católica e doutora em Teologia pela Pontifícia Universidade Católica do Rio de Janeiro.

Mas a presença de Milton naquele encontro me leva a falar primeiro do seu ecumenismo, não em relação ao diálogo entre igrejas, mas em relação ao diálogo com mulheres, e de modo especial mulheres teólogas e biblistas.

Ecumenismo em relação às mulheres

Milton abriu seus ouvidos e seu entendimento à leitura bíblica feminista e tornou-se parceiro das mulheres na leitura e interpretação da Sagrada Escritura. É o que expressa em seu comentário aos seis primeiros capítulos do Êxodo, quando escreve, a propósito da história das parteiras do Egito e das mulheres em torno do nascimento de Moisés (Ex 1,15-22 + 2,1-10):

Quem terá feito tão sábia memória? (...) A desobediência das parteiras tem seguimento na das mães em 2,1-10. São dois sinais de rebeldia, que se complementam. Em nível de redação, os mesmos grupos estarão por detrás de ambos. *Hão de ser mulheres*. Afinal, os homens não estão aí, a não ser o "rei"/faraó e "um homem da casa de Levi". Ambas as cenas estão estruturadas ao redor de parteiras e mães. *São contos celebrados por mulheres*. Há que considerar também que um conto como o nosso em 1,15-22 e como 2,1-10 *tem um caráter paradigmático. Repete-se de modo similar em outras culturas*, por exemplo nas mesopotâmicas. Não narram só o que é único, mas falam do que é típico e, neste sentido, mítico.

Penso que se pode dizer algo ainda mais específico. Estas mulheres das cenas estão situadas junto a recém-nascidos, a bebês, em especial a meninos. Este há de ter sido o lugar originário destes nossos dois contos: a luta de mães por seus bebês. Aí se fez e cultivou a memória das sábias mães que, em circunstâncias de radical perseguição, souberam traçar seu caminho exemplar em prol da vida de meninos.

Não é, pois, acaso que o conto das parteiras – bem como o das mães no cap. 2 – seja, também hoje, tão benquisto pelas mães e mulheres. Em comunidades da América Latina, surgiram muitas leituras destes nossos textos. As anotações de acima são aprendizes e devedoras destas releituras latino-americanas e caribenhas. Aqui as estou repetindo, ficando, certamente bem aquém da criatividade daquelas (SCHWANTES, 2016, p. 34-35, grifo meu).

Milton incentivou o estudo bíblico pelas mulheres e orientou-as em suas teses, inclusive as que utilizaram a hermenêutica feminista. Fez-se irmão e companheiro.

Ecumenismo entre Igrejas

Desde os anos 1960, no Brasil e na América Latina, cristãos de diferentes Igrejas se uniram diante do desafio das questões sociais. Por parte da Igreja Católica, com a qual eu tenho vínculos como teóloga leiga, o Concílio Vaticano II abriu novas perspectivas para o ecumenismo. Na abordagem da Bíblia, os católicos puderam se libertar da visão fundamentalista e apologética, dando passagem à contribuição das ciências (história, filosofia, sociologia, linguística...) na abordagem das Escrituras. Autores protestantes começaram a ser lidos e respeitados, o que proporcionou o diálogo e o debate ecumênico.

Schwantes entrou nesse filão e foi em frente. Vez ou outra se queixava de que seus companheiros católicos não eram tão rigorosos na análise bíblica. Ou que aqui e ali faziam "harmonizações" para tornar o texto bíblico menos radical, mais pastoral, correndo o risco do moralismo. Muitas vezes convidado para bancas de tese, mantinha-se ao mesmo tempo crítico e "amoroso".

Milton veio a assessorar Comunidades Eclesiais de Base, sendo chamado por bispos católicos e congregações religiosas para palestras, simpósios, encontros e assessorias, inclusive nas áreas mais remotas do Brasil.

Certa vez ele esteve na diocese de Crateús, Ceará, cujo bispo, D. Antonio Fragoso, o enviou a comunidades do sertão nordestino, acessíveis apenas por caminhões tipo "pau de arara". Dormiu na rede, como os nordestinos, e acordou de madrugada, com os porcos passando por baixo de sua rede. E ouviu o povo pobre falar da Bíblia, e encantou-se. Fez amizade com D. Fragoso a quem admirava, entre outras coisas, por ser um bispo que "gostava de novela" – gostava da vida. Pois, dizia Milton, a vida é ecumênica! Mas a pobreza também é ecumênica – gostava de lembrar.

Espantei-me ao ver Milton, numa palestra para a Conferência dos Religiosos do Brasil (CRB),[1] simplesmente dizer que foi a Igreja Católica que trouxe a Bíblia para as mãos do povo. Referia-se à renovação trazida pelo Vaticano II, quando houve todo um movimento de "leitura popular da Bíblia", no qual se destaca a figura de Frei Carlos Mesters, além de muitos outros biblistas de várias Igrejas. Assim foi criado o Centro Ecumênico de Estudos Bíblicos (CEBI), do qual Milton participou ativamente. Conservava-se identificado com as Igrejas da Reforma quando se tratava de abordar a Bíblia e ao mesmo tempo se dizia mais católico do que muitos católicos porque, enquanto luterano, conhecia muito bem Santo Agostinho e os Padres da Igreja.

O pecado ecumênico

Para Milton, o coração da Palavra de Deus é a Profecia. Ora, a Profecia denuncia basicamente duas coisas: a injustiça e a idolatria. Mas, na vida real, quem produz exploração/opressão (injustiça) e mentira/ilusão (idolatria) é o Estado. O Estado, seja ele nacional ou internacional, foi o grande objeto da crítica profética, porque ele está sempre a serviço dos ricos e poderosos. O Estado protege os donos do capital e os latifundiários. Ora, os profetas defenderam as mulheres, crianças e homens empobrecidos e denunciaram o Estado como matriz da opressão. O Estado é uma armação política, orgânica, dos poderosos contra a população, assim pensava Milton.

Mas as Igrejas ainda não descobriram essa realidade implacável. Para nosso autor, o melhor que o Estado brasileiro produziu em 500 anos foi "besteirol" e exploração. E nós, Igrejas, fomos e somos amigas e colaboradoras do Estado. Aqui estamos ecumenicamente juntas, num pecado ecumênico, sem dar-nos conta de que o Estado trabalha contra a vida, no sentido contrário da profecia.

---

[1] O título da palestra era "A força criadora e libertadora da Palavra". Tratava-se de um Simpósio Bíblico promovido pela CRB, em que Milton falou logo após a palestra de Elsa Tamez sobre o mesmo tema. Ambas as falas foram gravadas em vídeo pela Rede Rua (www. rederua.org.br).

Isto não significa que devemos ser omissos em relação à política. A política é necessária, mas o Reino de Deus é que é nosso foco verdadeiro, nosso norte a não perder de vista.

Por denunciarem o Estado, os profetas foram martirizados e Cristo foi crucificado. E esse é o lugar da profecia. Esse deve ser o nosso lugar: junto à cruz do Profeta Jesus.

Ecumenismo inter-religioso e planetário

Se a vida é ecumênica, nada do que é humano deve ser excluído do banquete da natureza. O Reino de Deus, para Schwantes, se assemelha a uma imensa eucaristia, onde todas as gentes de todas as raças e origens, de todas as culturas, línguas e religiões, desfrutam juntas das maravilhas da Criação. Que todos possam comer, se amar, dançar e cantar – eis o Reino de Deus.

A eucaristia é a comunhão dos santos, isto é, uma grande mesa, uma enorme janta de pratos simples, mas que matam a fome que o sistema produz. A mesa para a qual todos são chamados, crentes e não crentes, como no tempo de Paulo, quando os mais ricos tinham que esperar os mais pobres para comerem todos juntos. Os cristãos eram organizadores de mesa!

Nesse sentido, Milton sugere que o primeiro teólogo latino-americano foi Pero Vaz de Camiña, que, em sua carta ao rei de Portugal, descreveu a primeira missa rezada no Brasil e o encontro dos portugueses com os índios. Nesse documento que foi considerado a carta de fundação do Brasil, Camiña diz que a missa já havia começado quando chegaram os índios nus e se juntaram aos portugueses. E eles acompanharam a missa, e cantaram com naturalidade. Mais tarde, os marujos portugueses vieram se juntar aos índios na praia e dançaram, pularam, cada um mostrando aos outros o que sabia fazer, de piruetas e brincadeiras. Uma festa do encontro entre civilizações.

Milton observa que Camiña escreve na carta que ali só havia homens, mas isso era uma "mentirinha", porque certas coisas não devem ser ditas aos reis... Diz ainda que não seria necessário enviar missionários para converter os índios, pois eles já viviam o Evangelho, já viviam em Jesus. Mas se o rei quisesse enviar missionários, que viessem para conviver com os índios em comunhão. Milton se admira de ver nesse leigo, recém-saído da Idade Média, um verdadeiro intérprete do cristianismo. Pois o que aconteceu ali naquele encontro foi um autêntico acontecimento ecumênico.

O ecumenismo da dispersão

Termino esta contribuição com uma mensagem que enviei por *e-mail* ao Milton, falando sobre a experiência que tive num encontro latino-americano de CEBs em 2008. Creio que ela revela sinais bem concretos, diretos e nas entrelinhas, dos desafios teológicos e pastorais que temos pela frente. Eis a mensagem:

Caro Milton,
Lembrei-me muito de você num encontro latino-americano e caribenho de CEBs que aconteceu recentemente em Santa Cruz de la Sierra, Bolívia. É que logo na nossa chegada ao local de alojamento, as conversas entre o povo foram sobre a diversidade dos alimentos e os costumes no modo de servi-los. Por exemplo, o que nós chamamos de banana, na Bolívia e outros países chamam de plátanos. Banana, para eles, só as que são comidas cozidas.
O pessoal que veio do Panamá disse que estava espantado porque tínhamos água normalmente, o que lá é raro. Sentiram-se num hotel 5 estrelas, apesar de estarmos em quartos de 2 por 3 metros, com 3 pessoas dividindo beliches.
Na celebração inicial, foi uma explosão de cores, com a indumentária indígena variadíssima e belíssima, somada às bandeiras de cada país e aos painéis com os símbolos das comunidades. O som dos cânticos ritmados e a alegria estampada nos rostos nos fazia sentirmos como num pequeno paraíso.
Em seguida, veio a exposição da situação de cada região e país, enriquecida pelos depoimentos dos delegados, sempre trazendo a luta pela sobrevivência e contra as grandes mineradoras estrangeiras, os

grandes projetos de hidrelétricas e de agronegócio, com suas desastrosas consequências sociais, ecológicas etc.

Juntando tudo aquilo na minha cabeça, quando me pediram para participar de um painel de "iluminação teológica", me veio muito clara a sua contribuição sobre o texto do Gn 11,1-9, onde a torre de Babel é interrompida pela *dispersão*. A dispersão foi, como você muito bem observou, a solução da luta de resistência contra o império. Juntei essa sua ideia com uma frase que o Téo (meu marido) ouviu de um banqueiro: "quem cria diversidade cultural são os pobres. Os ricos não criam diversidade".

Então a minha palavra no painel foi essa: eu vi naquela imensa diversidade das culturas dos pobres a melhor forma de resistência contra um império que impõe uma única língua, um único modelo de vida, um único pensamento: o império é a reprodução indefinida do MESMO. Não tolera a diversidade. Você pode ir visitar um shopping center em qualquer país do mundo, é tudo igual. Mesmas marcas, mesmas comidas, mesmos cheiros, mesmas roupas...

Então a saída está na recusa de reproduzirmos o mesmo! Mantenhamos nossa diversidade, que dela virá o outro mundo possível, que aliás já está aí!

Algumas pessoas vieram após o painel me perguntar de onde eu tirei essa interpretação de Babel (especialmente os teólogos homens fazem esse tipo de perguntas às teólogas mulheres) e eu tive um grande prazer em me referir a você!

Bem, eu queria apenas partilhar com você essa experiência e te agradecer por sua constante "iluminação" em meu trabalho!

Um grande abraço pra você e pra sua esposa Rosi. E muito obrigada por ser quem você é!

Tereza

Referências

SCHWANTES, Milton. *Chamados à liberdade*: comentário bíblico a Êxodo 1–6. São Leopoldo: Oikos 2016.

A TEOLOGIA CATÓLICA DE JOSÉ COMBLIN NO CONTEXTO PROTESTANTE LATINO-AMERICANO

Alonso S. Gonçalves*

José Comblin (1923-2011) é um dos autores que mais contribuiu para a *teologia latino-americana*. Sacerdote católico belga, escolheu o Brasil, mais precisamente o Nordeste, para viver, desenvolvendo uma *teologia* que adjetivou como *da enxada*. Com sensibilidade teológica, espiritual e social, sua produção abrangeu diversas áreas da teologia, abordando temas variados com perspicácia e comprometimento com os mais pobres. Destacamos aqui a sua sensibilidade pastoral como participante dos dilemas e desafios da cidade e a tarefa missionária que refletiu e empregou. Aqui priorizamos a *teologia da missão* como um recorte na sua reflexão teológica, procurando fazer uma leitura da percepção missionária presente no *protestantismo latino-americano*.

A prática missionária da Igreja: modelo e crise

O projeto missionário estadunidense no Brasil, como também, com algumas nuanças, na América Latina, se configurou a partir da salvação das *almas*, com uma religiosidade puritana e pietista e uma teologia fundamentalista (LONGUINI NETO, 2015, p. 37). Essa conjunção fomentou uma prática missionária que, consensualmente, favoreceu "programas imperialistas etnocêntricos que conduziram à aniquilação de culturas autóctones. A *missão* e a colonização eram projetos interdependentes"

---

* *Alonso S. Gonçalves* é pastor batista e doutorando em Ciências da Religião pela Universidade Metodista de São Paulo.

(NASCIMENTO, 2015, p. 28). Esse modelo missionário se esgota com as mudanças que ocorreram no mundo como, para usar a expressão de Thomas Kuhn, a mudança de *paradigmas*, tema que perpassa a obra de David J. Bosch, *Missão transformadora*.

Mesmo com a *crise* de sentido, esse modelo é reivindicado por uma parcela significativa do campo religioso *protestante*. Como a característica desse modelo a ser superado se dá a partir de uma abordagem evangelística, que tem como programa *principal* a doutrinação como trans*missão* de conteúdo, ou seja, apenas repassando conceitos sem a preocupação, efetivamente, com os apelos do contexto do indivíduo, o alvo da *evangelização* ainda se constitui como *modelo* para igrejas e agências missionárias (NASCIMENTO, 2015, p. 40).

O modelo missionário que não atentar para as recentes mudanças e desafios da contemporaneidade, não dará conta de uma sociedade em constante mutação cultural, algo inimaginável em décadas anteriores. Um tempo marcado, com variáveis dependendo do teórico, pela descrença nas instituições, uma vez que tentam aprisionar o espírito humano em suas regras e tradições; pela busca por novidades, sejam elas exóticas, físicas ou espirituais. Contrariando os *profetas* que apostavam no seu *fim*, a religião continua indo muito bem, obrigada. Segue sendo parte fundamental do discurso político-ideológico e, de maneira perceptível, ocupando uma importante fatia do sistema de *mercado*.

Além disso, *um* modelo missionário precisa ser capaz de fazer uma leitura realista do individualismo exagerado que segue sendo *cultuado* por uma sociedade que tem no hedonismo narcisista um elemento identitário. Somando a esse quadro, há o pessimismo diante da *história*, uma *sensação* de que as coisas não vão melhorar, e que o mundo está ficando pior. Para corroborar, o tão sonhado *progresso* não se constitui para *tod@s*, principalmente quando a condição humana é mediada pelo acesso ao *consumo* e seu sistema econômico, e a tão aclamada *globalização*, como mecanismo de união entre as nações em seus diversos aspectos, mas principalmente o *econômico*, segue marginalizando milhões de pessoas em benefício de um pequeno grupo que detém os meios de produção, concentrando enormes fortunas, tendo no *lucro* seu maior objetivo.

A *teologia da missão* em José Comblin

Para Comblin o *Reino de Deus* é o principal motivo da *missão*: "o objeto da *missão* é o anúncio da chegada do *Reino de Deus*" (COMBLIN, 2010, p. 4). O *Reino de Deus*, tomado como razão primeira da *missão*, se constitui no *serviço*, ou seja, "o *Reino de Deus* é uma nova sociedade em que as relações entre os seres humanos sejam o *serviço*" (COMBLIN, 2010, p. 5). Um serviço que se manifesta entre os *pobres*, tendo o amor e a esperança como dimensões para a *ação* em direção ao *outro*. Por outro lado, *Reino de Deus* na teologia protestante colecionou alguns equívocos, quando o colocou à margem da vivência e reflexão da Igreja. Não por acaso, por muito tempo – sendo ainda possível essa concepção –, houve uma compreensão de que *Reino de Deus* era o mesmo que *expansão* denominacional. *Reino de Deus* passou a ser *sinônimo* de abrir templos e, assim, levar o nome da Igreja era o mesmo que expandir o *Reino de Deus*, como se o *Reino de Deus* fosse uma conquista territorial. Onde não houvesse uma determinada denominação, era preciso ter, do contrário o *Reino de Deus* não havia chegado naquela localidade. Agregado a isso está o sistema escatológico identificado com o *pré-milenismo*, que tem como uma das suas principais características a ideia de que, voltando, Cristo irá, definitivamente, instaurar o *Reino de Deus* de acordo com Apocalipse 21, se referindo ao *milênio*.

O *Reino de Deus*, no entendimento de Comblin, não se constitui em *expansão*, mas sim em *ação* na direção dos menos favorecidos. Assim, "o *Reino de Deus* começa em realizações pequenas, pequenas comunidades, pequenas transformações" (COMBLIN, 2010, p. 6). Dessa forma, ele se manifesta nas *cidades* onde convivem pessoas de diferentes posições sociais e econômicas, e a *Igreja*, como mediadora do *Reino de Deus*, é convocada a *encarnar* a *missão* de Jesus. O *converter-se* ao *Reino de Deus* se dá na passagem do *pecado* para a *justiça*, entendendo *pecado* como tudo aquilo que destrói a *vida* (COMBLIN, 2010, p. 7). Nesse sentido, os desafios para a Igreja que compreendeu a sua *missão* fundamentada no *Reino de Deus* se avolumam, principalmente quando se envolve na conjuntura social das *cidades*, porque, "de acordo com o Evangelho, o encontro com Deus realiza-se no encontro com o homem, de modo particular no encontro com o outro, com o pobre, com o marginalizado, com o rejeitado. O que Jesus ensina é o encontro com Deus pelo agir concreto, pelo amor que é serviço" (COMBLIN, 1996, p. 15). O encontro com o *outro* acontece no diálogo capaz de gerar uma *prática* libertadora. Uma *teologia da missão* que tem no *Reino de Deus* a sua força, não concebe um absenteísmo diante das forças desagregadoras da vida. O *império* da morte tem como base o atual sistema econômico e, contra ele, as marcas do *Reino de Deus* precisam prevalecer. É nesse sentido que uma *teologia da missão* não pode ser *ad intra*, apenas para as igrejas; antes, precisa ser aberta ao mundo. Mas isso só será possível quando houver uma reflexão teológica engajada e uma *práxis* missionária relevante por parte das Igrejas. O "reconhecimento de que Deus se revelou em Jesus e no seu anúncio do *Reino de Deus*, implica a luta pela defesa da vida dos pobres e dos marginalizados" (SUNG, 2012, p. 169). Enquanto as Igrejas estiverem preocupadas com suas estruturas físicas e quantidade de membros apenas, a *missão* idealizada por Jesus perde seu sentido ainda mais, uma vez que a memória do Cristo preservada no Novo Testamento não tem mais sentido para essas Igrejas.

Comblin, em seu livro *Teologia da missão* (Vozes, 1980), faz uma abordagem bíblica e teológica da *missão*, chamando atenção para os desafios que a tarefa missionária impõe. Para essa tarefa, o Espírito Santo – tema que Comblin mais se dedicou na sua trajetória teológica –, que desde o princípio no Novo Testamento está ligado à *missão*, exerce importante papel na tarefa missionária dos cristãos, principalmente intervindo "para obrigar a Igreja a sair das suas fronteiras para o mundo exterior", ou seja, "o Espírito espera a Igreja fora de si mesma" (COMBLIN, 1980, p. 71). Uma Igreja que olha para si mesma e não entende a sua vocação de estar para além de suas fronteiras, de acordo com Comblin, equivoca-se quanto à verdadeira natureza do *Evangelho*. Havendo uma clara intensão de expansão denominacional, suprimindo a proclamação do *Reino de Deus* como condição primeira, se caracteriza como um retrocesso na *missão* dada por Jesus – "a *missão* não é, antes de tudo, uma expansão da Igreja, e sim um processo de busca da origem, de volta à realidade, processo que a Igreja não pode realizar ficando fechada em si mesma" (COMBLIN, 1980, p. 72).

A teologia de José Comblin em *diálogo* com a teologia evangélica latino-americana

O *protestantismo latino-americano*, de modo geral, e particularmente no Brasil, tem uma faceta identificada com *missão*. A configuração desse *protestantismo* na América Latina se dá com "uma invasão estrangeira e traz marcas do sectarismo e do individualismo que o caracterizam". O resultado disso foi uma "inculturação que nada tem a ver com nossa origem e formação histórica" (MÍGUEZ BONINO, 2003, p. 9). A herança desse *protestantismo* se dá na *evangelização* empregada pelos missionários estadunidenses, quando introduzem sua cultura, adotando um discurso civilizador. Desse modo, a *evangelização* se constitui a partir de parâmetros *etnocêntricos*, com forte conotação imperialista. Como consequência disso, a *teologia* que alimenta a caminhada das comunidades, fruto do *protestantismo de missão*, tem referências externas e importadas, com uma, ainda, dependência do Norte. Essa teologia exógena deixou seu legado, perceptível na agenda pastoral das Igrejas, bem como na reflexão teológica dos seminários.

A fim de *reparar* essa sequência, o protestantismo *evangelical* latino-americano produziu o que ficou conhecido como *missão integral*. Teve seu início embrionário no Congresso Mundial de Evangelização em Lausanne, Suíça (1974), no qual deu origem ao *Pacto de Lausanne*, cujo relator foi John Stott (1921-2011). O *Pacto de Lausanne* foi o combustível necessário para o que se tornaria a *teologia da missão integral* no continente latino-americano. Para que essa compreensão teológica lograsse êxito, "era necessário que as forças missionárias estrangeiras, principalmente norte-americanas, reconhecessem a existência de uma Igreja evangélica latino-americana, que se organizava e teologizava diferentemente delas" (SANCHES, 2009, p. 59). É aqui que alguns teólogos latino-americanos se sobressaem, como, para citar alguns, Orlando Costas, Samuel Escobar e René Padilla. A tarefa deles se deu em formularem uma *teologia* que levasse em consideração os desafios e as necessidades da América Latina. Nesse sentido, a *teologia da missão integral* fez uma pergunta crucial: como tornar a *missão* relevante para o contexto social? A consequência da resposta a essa pergunta foi uma profícua e renovada reflexão teológica latino-americana e, ainda que levemente, um afastamento da teologia norte-americana (GONDIM, 2010, p. 61).

Assim como Comblin, que dedicou tempo refletindo e denunciando o sistema capitalista, a *teologia da missão integral* também se preocupou em enfrentar o mesmo problema, ou seja, o que fazer diante do avanço do capitalismo neoliberal desumano? Comblin, quando faz uma análise do *neoliberalismo*, conclui que o mesmo encontrou "na América Latina um terreno acolhedor [...] devido às características da história latino-americana, à sua cultura e à sua estrutura social". O "sucesso", segundo ele, se deu porque o "*neoliberalismo* foi recebido aqui num mundo dependente não somente economicamente, mas também e talvez, sobretudo, culturalmente" (COMBLIN, 2000, p. 52). Não sem razão que uma das críticas mais contundentes ao sistema desagregador vem de René Padilla, que, ainda em Lausanne (Suíça), questiona o imperialismo norte-americano, propondo, entre outras coisas, a rejeição de um cristianismo que carregasse consigo o famoso *slogan "american way of life"*. Uma das questões levantadas por Padilla se dava em "como os cristãos poderão se unir na *missão* quando muitos deles (especialmente no Ocidente) adotam um estilo de vida ostentoso, enquanto a grande maioria deles (especialmente nos países subdesenvolvidos) está incapacitada para satisfazer as necessidades básicas?" (PADILLA, 1992, p. 145).

Nesse sentido, a *teologia da missão integral* olhou para o *Reino de Deus* e seus valores, procurando implantá-los na realidade latino-americana, com uma *práxis* que desse conta de um "Evangelho todo, para o homem todo". Agora, a *evangelização* tinha uma postura profética e comprometida com este tempo, forjando mudanças e transformações. Nasce aí um anseio por uma teologia *autóctone*, alimentando a esperança de teólog@s latino-american@s, que a partir disso olham para a realidade da América Latina de maneira propositiva e engajada, não somente preocupados com uma *teologia* doutrinal e enrijecida na sua forma pré-fabricada. Perguntaram-se: "até quando a agenda das Igrejas, movimentos e instituições norte-atlânticas irão determinar a nossa agenda pastoral, missional e teológica?" (ZABATIERO, 2011, p. 13). E a resposta veio com uma intensa reflexão, priorizando os valores do *Reino de Deus* como presença na sociedade, tendo como critério a prática de Jesus, apresentada nos *evangelhos*. Uma nova percepção cristológica possibilitou uma *teologia da missão*, trazendo perspectivas para a caminhada da Igreja na América Latina – "já que o *Reino* foi inaugurado por Jesus Cristo, não é possível entender corretamente a *missão* da Igreja independentemente da presença do *Reino*" (PADILLA, 1992, p. 202). Quando Padilla escreve sobre o Cristo na América Latina, lamenta os equívocos e, por que não dizer, *desvios* da teologia missionária quanto à prática de Jesus. Voltar para a *humanidade* de Jesus fez uma diferença teológica considerável, principalmente quando os principais problemas latino-americanos estão em pauta.[1] Coloca-se em destaque a obra de Jesus de Nazaré, bem como seus ensinamentos e gestos. Comblin, nesse sentido, dirá que a *memória* de Jesus é dada à Igreja, por Jesus ter prometido que permaneceria para sempre com os seus discípulos; por isso os discípulos lembram dele e, assim, "Jesus está unido à sua Igreja que é o seu povo, e a cada um dos seus membros. Os discípulos não podem esquecer dessa presença" (COMBLIN, 2010, p. 7). Não se esquece dessa *presença* quando se vivencia o *Reino de Deus*, um tema imprescindível na *teologia*

---

[1] Desenvolvo esse tema no livro *Cristologia protestante na América Latina*: uma nova perspectiva para a reflexão e o diálogo sobre Jesus. São Paulo: Arte Editorial, 2011.

da missão de Comblin, como também na *teologia da missão integral,* ainda que haja pequenas divergências, quando pensamos em termos ecumênicos.

Quando a *teologia da missão integral* colocou os olhos no Jesus dos *evangelhos,* a dimensão do *Reino de Deus* se mostrou inescapável à tarefa teológica e missionária. Estava-se diante de uma realidade tão profunda que outra coisa não seria possível, senão perseguir. O *Evangelho* do *Reino* provocara mudanças e produzira conversões, como a do teólogo Orlando Costas, que chega a admitir que, depois de uma imersão na cultura latino--americana, se deu conta do *Cristo* da América morena (CALDAS, 2007, p. 35-36). A *conversão* de Costas, termo que para ele passa a ser *metodológico* em sua teologia, acontece no plano cultural – "redescobri minha identidade porto-riquenha e afirmei minha herança cultural latino-americana. Assim, comecei a questionar a hegemonia política dos EUA na América Latina e iniciei uma ruptura consciente com a cultura anglo-saxã" (CALDAS, 2007, p. 35). A partir disso, Costas contribuirá significativamente para a reflexão teológica latino-americana, sendo que um dos temas principais de sua teo-logia é o *Reino de Deus* e, assim como Comblin, o *serviço* – "o *Reino* que o *Evangelho* anuncia envolve uma comunidade de submissos que obedecem aos seus preceitos e engajam-se em seu *serviço*" (CALDAS, 2007, p. 113). A *conversão* se dá em uma "*ruptura* com a sociedade e um novo compro-misso com ela" (COSTAS, 2014, p. 184). Rompe com forças contrárias ao *Reino de Deus* e, concomitantemente, faz o processo de *abertura* para a sociedade e seus dilemas. Assim, para Costas (2014, p. 184), "a sociedade se torna penúltima em sua escala de valores, mas recebe a mais alta priori-dade na vocação cristã. Livres de seu poder absorvente, os crentes podem se entregar completamente ao seu *serviço*".

Na mesma direção que Padilla e Costas está o pensamento do teólogo Samuel Escobar. O *trio* segue sendo os principais *teóricos* da *teologia da missão integral* na América Latina. Todos envolvidos com a realidade eclesial e procurando desenvolver uma *teologia* que responda aos desafios que o contexto social impõe. Escobar procura agregar a reflexão teológica com a *prática* da *missão* e, para isso, alinha *teologia* e *evangelização* – "a teologia estuda a fé; a evangelização é o processo pelo qual ela é comunicada. A teologia reflete criticamente sobre a prática de fé da Igreja; a evangelização impede que a fé se torne a prática de um grupo social exclusivo" (ESCOBAR, 2015, p. 85).

Na sua *teologia da missão*, Escobar coloca o *seguimento* de Jesus – tema refletido teologicamente na América Latina – como central para a sua reflexão missiológica. Acolhendo as reflexões cristológicas de Leonardo Boff e Jon Sobrino – quando ambos contribuem significativamente para uma cristologia latino-americana comprometida com o seu contexto, realçando o *seguimento* de Jesus na caminhada da Igreja –, Escobar ressalta ainda a contribuição cristológica do missionário estadunidense John A. Mackay, quando este chama a atenção para um *Cristo* desumanizado na América Latina (ESCOBAR, 2015, p. 96). Aqui, no seu entender, Mackay aponta para os problemas, ainda vigentes, de uma Igreja que olhou para um Cristo *celeste*, descomprometido com a realidade da *terra*. O que se viu foi uma espécie de *docetismo* que, segundo Antônio Gouvêa Mendonça, a cristologia protestante se apegou, demasiadamente, na *divindade* de Jesus, transcendendo, dessa forma, todas as suas ações, quer em ensino, quer em gestos. O que se propagou foi um *Cristo* distante que aguarda o momento de *intervir* no mundo com o estabelecimento do *milênio* (MENDONÇA, 2008, p. 123). O foco, estritamente, na *divindade* de Jesus, ainda segundo Escobar (2015, p. 101), tornou-se em obstáculo para *um* modelo de *missão* centrado no *seguimento* de Jesus. Na mesma direção, Comblin (2004, p. 7) nos lembra de que "o *caminho* foi, com certeza, um dos primeiros nomes que os cristãos deram à sua nova vida de convertidos a Jesus. Para eles a vida nova era um caminho novo, e o que Jesus lhes pedia era que o seguissem nesse *caminho*". Ocorre que esse *caminho* foi "esquecido" por uma parcela significativa da Igreja e a tarefa missionária se configurou em *outra* coisa, não mais centrada no *seguimento* de Jesus. Uma Igreja centrada nas suas receitas e estruturas, dependente da *mídia*, como se esta fosse a *única* porta de entrada do *Evangelho* na vida das pessoas, o que, comprovadamente, se configura ineficaz, por alimentar um tipo de evangelho *fast-food*.

Superar e resistir: prospectivas quanto à *missão*

A *teologia da missão integral* encontrou resistência de setores *conservadores* da Igreja evangélica latino-americana. Ricardo Gondim traça um mapa desse processo no livro *Missão integral: em busca de uma identidade evangélica*. Nesse trabalho acadêmico, o autor elenca, dentre outros, o *conservadorismo* evangélico – que se constitui herdeiro de primeira hora de uma teologia *pragmática* norte-americana –, como fator determinante para o *enfraquecimento* da *teologia da missão integral* – "os impedimentos dogmáticos, resquícios do fundamentalismo que alicerçou o *movimento evangélico*, conflitaram com os anseios dos evangelicais latino-americanos" (GONDIM, 2010, p. 75). Os *anseios* dos evangelicais passavam por uma nova concepção de *missão*, de *pastoreio* e de *teologia*. As necessidades contemporâneas exigiam (e exigem) uma reflexão engajada e uma *práxis* atenta aos problemas que cercam as pessoas nas grandes cidades, principalmente os mais pobres. Um *protestantismo* que se configurou a partir da *classe média*, priorizando a *elite* social e educando os filhos dos ricos, indubitavelmente teria dificuldades em assimilar um *evangelho* beligerante. Um *evangelho* que amaciasse as discrepâncias sociais e econômicas existentes entre as pessoas teria dificuldades em acolher, prontamente, os desafios de uma *missão* que focasse na *integralidade* do ser humano e suas necessidades, que as grandes cidades insistem em sortear aos menos favorecidos.

A contribuição de Comblin, a partir desse contexto, se dá com uma *teologia da missão* que fornece condições para ler a realidade das cidades e contribuir para amenizar as suas mazelas. Não por acaso que o autor se preocupou com a *pastoral urbana*. Mas, para que isso seja possível, seria necessário começar pelo entendimento quanto ao papel do *pastor* na Igreja *evangélica*. No caso do *protestantismo de missão*, o ideal de *pastor* é entendido a partir do *evangelismo conversionista*, que apela muito mais para a conversão individual e não, necessariamente, para a transformação social. O *pastor*, com algumas exceções, é o evangelista que "ganha almas" para Jesus. Além disso, o *pastor* é o guardião do sistema denominacional, onde sua figura é central para o bom desempenho das funções eclesiásticas. Não se desenvolve uma *pastoral* a ponto de se comprometer com o contexto. É uma pastoral voltada para o templo, para o reduto dos membros que consomem do *pastor* sua capacidade intelectual, suas habilidades, talentos, dons e energia. As igrejas que compõem o chamado *protestantismo histórico* têm sérias dificuldades quanto à compreensão do pastoreio, quando entendido fora do indivíduo, ou seja, do *pastor*. De alguma maneira há uma excessiva preocupação com o *sujeito* pastor, como suas qualificações morais, oratória, credenciais teológicas e espiritualidade, mas não é mais concebível, neste tempo, uma *pastoral* preocupada unicamente com a manutenção de seus membros e programas" (KOHL; BARRO, 2006, p. 105). A *missão* necessita ser uma *pastoral urbana* que tenha como modelo o pastoreio de Jesus. Com sua pastoral, Jesus não propôs uma nova religião, mas o *Reino de Deus*. A ação pastoral de Jesus olhava para as pessoas e nunca para as estruturas como o luxuoso templo de Jerusalém. O modelo pastoral de Jesus impõe à comunidade de discípulos uma *práxis* que não olhe apenas, ou tão somente, para a Igreja, mas sim para as cidades. O pastoreio de Jesus envolve a sua pessoalidade. Ele se doava ao outro nas suas necessidades espirituais e materiais. Jesus vivia entre o povo. Comia e bebia com gente menosprezada. Ele se assentava com publicanos e compartilhava com eles o pão. Ele vivia na companhia do povo e sua caminhada foi pelos vilarejos e cidades. Ele não ficou enclausurado em uma sinagoga, mas viveu a experiência do *Abbá* de forma intensa, procurando mostrar o rosto humano de Deus àquela gente. O modelo *pastoral* de Jesus é baseado em uma *práxis* que integrava o ser humano à sua terra, aos seus direitos e ao seu Deus. Esse deve ser o modelo *pastoral* perseguido pela Igreja que quer ser relevante na sociedade. Por isso, a convocação para *resistir* ao sistema desagregador e *superar* teologias que apequenam o ser humano e se constituem inócuas diante dos problemas que afetam um número ainda considerável de marginalizados.

Esse é o desafio, não somente mas principalmente, das *Igrejas evangélicas* que carregam em sua trajetória uma concepção eclesiocêntrica de pastorear, uma vez que na tradição protestante o sujeito do pastoreio é o ministro ordenado, e não, necessariamente, os cristãos. Falta ainda fomentação de um entendimento de que todos são convocad@s por Jesus para o desempenho da missão *pastoral*, não sendo, portanto, a missão de apenas um indivíduo, ou seja, do pastor da Igreja, mas de tod@s!

A mensagem do *Reino de Deus* é integral, não paliativa. Viver na cidade e viabilizar a presença da Igreja nela é um desafio, entendendo seu contexto, apontando soluções *pastorais*, alimentando uma *teologia da missão* capaz de concretizar ações que sejam sinais do *Reino de Deus*.

Referências

CALDAS, Carlos. *Orlando Costas*: sua contribuição na história da teologia latino-americana. São Paulo: Vida, 2007.

COMBLIN, José. *O caminho*: ensaio sobre o seguimento de Jesus. São Paulo: Paulus, 2004.

_____. *O neoliberalismo*: ideologia dominante na virada do século. Petrópolis: Vozes, 2000.

_____. *Teologia da missão*. Disponível em: <www.missiologia.org.br/cms/ckfinder/userfiles/files/4nucleo.pdf>. Acesso em: 15 abr. 2010.

_____. *Teologia da missão*. Petrópolis: Vozes, 1980.

_____. *Viver na cidade*: pistas para a pastoral urbana. 2. ed. São Paulo: Paulus, 1996.

COSTAS, Orlando E. *Proclamar libertação*: uma teologia de evangelização contextual. São Paulo: Garimpo, 2014.

ESCOBAR, Samuel. *Viver em tempo de missão*. São Paulo: Garimpo, 2015.

GONDIM, Ricardo. *Missão integral*: em busca de uma identidade evangélica. São Paulo: Fonte Editorial, 2010.

KOHL, Manfred W.; BARRO, Antônio Carlos. O papel do pastor na transformação da sociedade. In: KOHL, Manfred W.; BARRO,

Antônio Carlos (Org.). *Ministério pastoral transformador*. Londrina: Descoberta, 2006. p. 105-121.

LONGUINI NETO, Luiz. A missão como serva da liberdade e da esperança. In: LELLIS, Nelson (Org.). *Cristianismo e pós-modernidade*: missão, salvação e diálogo inter-religioso. São Paulo: Fonte Editorial, 2015. p. 35-48.

MENDONÇA, Antônio Gouvêa. *Protestantes, pentecostais & ecumênicos*: o campo religioso e seus personagens. 2. ed. São Bernardo do Campo: UMESP, 2008.

MÍGUEZ BONINO, José. *Rostos do protestantismo latino-americano*. São Leopoldo: Sinodal, 2003.

NASCIMENTO, Analzira. *Evangelização ou colonização?* O risco de fazer missão sem se importar com o outro. Viçosa: Ultimato, 2015.

PADILLA, René. *Missão integral*: ensaios sobre o Reino e a Igreja. São Paulo: FTL-B & Temática Publicações, 1992.

SANCHES, Regina Fernandes. *Teologia da missão integral*: história e método da teologia evangélica latino-americana. São Paulo: Reflexão, 2009.

SUNG, Jung Mo. Tarefas inacabadas das gerações, o Reino de Deus e o novo império. In: HOORNAERT, Eduardo (Org.). *Novos desafios para o cristianismo*: a contribuição de José Comblin. São Paulo: Paulus, 2012. p. 139-171.

ZABATIERO, Júlio. *Para uma teologia pública*. São Paulo: Fonte Editorial, 2011.

O DIÁLOGO CATÓLICO-LUTERANO
VISTO POR UM TEÓLOGO CATÓLICO

Elias Wolff*

Passos da história

O diálogo católico-luterano internacional

Os contatos entre a Federação Luterana Mundial e a Igreja Católica Romana iniciaram-se com a participação de observadores luteranos no Concílio Vaticano II (1962-1965). Daí surgiu o grupo de trabalho católico-romano/evangélico-luterano que, entre os anos 1965 e 1966, dialogou sobre dois temas: as controvérsias teológicas tradicionais, sobre o tema geral "o Evangelho e a Igreja"; e questões relativas ao matrimônio misto (Comissão Internacional Católico-Luterana – CICL, 1994, p. 551). Desse diálogo resultou o *Relatório de Estrasburgo* (CICL, 1994, p. 831-837), elencando alguns temas que podem ser objeto de diálogo, como a Palavra de Deus, a presença de Cristo na Igreja, a pneumatologia, a justificação e a santificação, renovação e reforma, questões pastorais, entre outros. Propõe-se o início do diálogo teológico oficial entre as duas tradições eclesiais e o intercâmbio regular de observadores, com uma metodologia de aproximação autenticamente ecumênica, na qual se respeite a prioridade da oração e o arrependimento das culpas contra a unidade (CICL, 1994, p. 833).

A partir de então, o diálogo realizado até o momento tem 5 fases:

---

* *Elias Wolff* é sacerdote católico e doutor em Teologia pela Pontifícia Universidade Gregoriana, Itália.

O diálogo católico-luterano visto por um teólogo católico

1) Em 1967, foi criada a comissão de estudos católica-romana/luterana. Desse estudo resultaram dois importantes documentos: *O Evangelho e a Igreja* (*Relatório de Malta*) (1972), colocando as diferenças confessionais à luz das recentes aquisições bíblico-teológicas e da história da Igreja, e no horizonte das novas perspectivas abertas pelo Concílio Vaticano II. O documento reflete a relação do Evangelho com a Tradição, o mundo, o ministério e a unidade da Igreja, neste ponto tratando especificamente do primado do papa e da intercomunhão (CICL, 1972, nn. 66-75). Traz dois apêndices mostrando uma profunda comunhão na fé entre as duas Igrejas que impulsiona o diálogo sobre as questões ainda controvertidas (CICL, 1994, p. 585-587). O segundo documento é a *Declaração sobre Hospitalidade Eucarística* (1973), mostrando a necessidade de passos oficiais das Igrejas para a intercomunhão (CICL, 1973, nn. 3-6), explicitando as convergências na doutrina sobre a Ceia do Senhor/Eucaristia que já possibilitam a prática da hospitalidade entre as duas Igrejas (CICL, 1973, nn. 29-34).

2) Em 1973, inicia-se uma segunda fase do diálogo católico-luterano. Após a publicação do *Relatório de Malta*, formou-se uma nova comissão, mais internacional do que a primeira e com maior representação das autoridades eclesiásticas e pastoralistas das duas Igrejas. Em Genebra (1973) e Roma (1974), buscou-se uma análise das relações entre católicos e luteranos em vários países e continentes. Foram analisadas algumas reações ao Relatório de Malta, e fixados objetivos do novo diálogo. Decidiu-se por continuar o estudo conjunto sobre eucaristia, ministério episcopal e os caminhos rumo à comunhão (CICL, 1994, p. 552). Essa fase publicou importantes documentos: *A Ceia do Senhor* (1974), mostrando como a ceia/eucaristia é compreendida e vivida nas comunidades católicas e luteranas. É explicitado o que é "testemunho comum", sobre a eucaristia (CICL, 1978, nn. 6-45), e as "responsabilidades comuns" para serem trabalhadas nas comunidades, a fim de se alcançar a comunhão eucarística (CICL, 1978, nn. 46-76). Os anexos trabalham a presença de Cristo na eucaristia; a relação entre a eucaristia, a palavra e o anúncio; e as questões

relativas à eficácia dos sacramentos, o *sola fide* e o *ex opere operato*; a missa pelos mortos; e a eucaristia como convite comunitário e a participação dos pecadores (CICL, 1994, p. 624-653).

O segundo importante documento dessa fase do diálogo é *Caminhos rumo à comunhão* (1980), mostrando que para continuar no caminho é necessário ter clareza sobre o fim que se quer atingir (CICL, 1980, nn. 4-7), os meios (a palavra, o sacramento, o serviço) (CICL, nn. 14-23) e os passos concretos rumo à unidade (CICL, 1980, nn. 53-96). Esse documento dá continuidade ao estudo de temas não aprofundados no Relatório de Malta, o qual dizia: "ocorre percorrer a via das aproximações graduais, na qual são possíveis diversos estágios" (CICL, 1980, n. 73). Ainda nessa fase foi publicada a Declaração *Todos sob o mesmo Cristo* (1980b), pela ocasião dos 450 anos da Confissão de Augsburgo (1530). Apresentam-se aqui as discussões, ocorridas entre os anos 1977 e 1980, sobre a possibilidade que da parte católica se reconheça a Confissão de Augsburgo como expressão autêntica da fé cristã comum (CICL, 1980b, n. 11). A Declaração apresenta as sintonias presentes na primeira parte desse documento (CICL 1980b, n. 12-17) e passos para consensos sobre a doutrina apresentada na segunda parte do mesmo (CICL, 1980b, nn. 20-26).

Entretanto, nessa fase dialogava-se também sobre os ministérios. Após três reuniões (Sigtuna, 1978; Augsburg, 1980; Flórida, 1981), publicou-se a declaração *O ministério pastoral na Igreja* (1981). Esse documento distingue-se dos outros por vários aspectos, como a linguagem mais técnica que pastoral, explicitando a compreensão sobre "o ministério ordenado na Igreja" (CICL, 1981, nn. 16-39), as suas "diversas realizações" nas igrejas (CICL, 1981, nn. 40-73) e perspectivas para o "recíproco reconhecimento dos ministérios" (CICL, 1981, nn. 74-86). O documento mostra que os problemas mais controvertidos são relativos à sacramentalidade da ordenação (CICL, 1981, nn. 32-39), à sucessão apostólica (CICL, 1981, nn.59-66) e ao poder magisterial (CICL, 1981, nn. 50-58). É importante observar que o documento busca superar o modo polêmico com o qual se compreendem

O diálogo católico-luterano visto por um teólogo católico

os ministérios, realçando o que é uma herança comum na doutrina e na prática ministerial de cada Igreja, sem desconsiderar as diferenças.

Pela ocasião dos 500 anos do nascimento de Lutero, a Comissão publicou a declaração comum *Martinho Lutero, testemunha de Jesus Cristo* (1983). Aqui, são reexaminadas as propostas dos reformadores à luz dos novos conhecimentos históricos e da evolução das duas Igrejas. O documento conclui que

> Enquanto testemunha do Evangelho, Lutero proclamou a mensagem bíblica do juízo e da graça de Deus, do escândalo e potência da cruz, da perdição dos seres humanos e da ação salvífica de Deus ... nos endereça além da própria pessoa para confrontar-nos todos inequivocamente com o conforto e as exigências do Evangelho por ele testemunhado (CICL, 1983, n.12).

Por isso, "Os apelos de Lutero à Reforma da Igreja, isto é, à penitência, são ainda válidos para nós. Ele nos exorta a reescutarmos o Evangelho, a reconhecer a nossa infidelidade ao Evangelho e a testemunhar de maneira autêntica" (CICL, 1983, n. 6).

Essa rica fase do diálogo publicou, ainda, o documento *A unidade diante de nós. Modelos, formas, fases da união entre as Igrejas* (1984). Esse documento busca ser claro sobre a natureza da unidade da Igreja, entendida sobretudo como comunhão (CICL, 1984, n. 5-7) e apresenta modelos de união "parcial" (CICL, 1984, nn. 8-12) e de união "completa" (CICL, 1984, nn. 13-35). A unidade da Igreja não significa absorção ou retorno, e também não descarta uma união estrutural, que se dá pelo reconhecimento da única fé na via sacramental e no serviço (CICL, 1984, nn. 79-102).

3) Entre os anos 1986 e 1993, acontece a terceira fase do diálogo internacional católico-luterano, tratando da doutrina da justificação. Nas conclusões ainda da primeira fase, já se evidenciava certo consenso sobre a justificação, a Escritura e a Tradição. Esse consenso foi o que possibilitou a publicação dos documentos da segunda fase, acima considerados.

A terceira fase concluiu com o documento *Igreja e justificação* (1993), tendo como chave o significado da Igreja à luz da sacramentalidade e da justificação, considerando que a justificação provém do anúncio e da acolhida do Evangelho.

4) O tema da justificação continuou a ser estudado na quarta fase, iniciada em 1994, e concluída com a publicação da *Declaração conjunta sobre a doutrina da justificação por graça e fé*, em 1999. Esta Declaração é o principal resultado do diálogo até agora realizado entre as duas Igrejas. Ela propõe um "consenso em verdades básicas" (CICL, 1999, nn. 6.14) sobre o núcleo central do Evangelho, a salvação unicamente por graça e fé em Jesus Cristo (CICL, 1999, n. 15). Apresenta a solução para as controvérsias doutrinais sobre a doutrina da justificação, como uma base bíblica comum (CICL, 1999, nn. 8-12), o princípio *sola fides* (CICL, 1999, nn. 26-27), a cooperação com a graça salvífica (CICL, 1999, nn.20-21), a compreensão de mérito pelas obras praticadas (CICL, 1999, nn. 38-39), o *simul iustus et peccator* (CICL, 1999, nn. 29-30). Cancelam-se as mútuas acusações de heresias considerando a fé comum na justificação em Cristo como a pedra angular do diálogo católico-luterano atual. Questões que permanecem não são conflitivas, mas complementárias, no sentido de que não comprometem o acordo de base (CICL, 1999, nn. 40-41).

Esta quarta fase foi um período de continuidade do diálogo com o aprofundamento do sentido bíblico da justificação; a tradução da mensagem da justificação na linguagem atual e as questões eclesiológicas a ela ligadas; a ampliação do consenso diferenciado a outras Igrejas ligadas à Reforma. Um dos momentos mais significativos nessa continuidade foi a consulta sobre *Unidade da fé. A Declaração conjunta sobre a justificação num contexto ecumênico mais amplo* (realizada em Columbus, Ohio, EUA, em 2001). Esta consulta buscou expandir o consenso sobre a doutrina da justificação para outras Igrejas, sobretudo aos metodistas e reformados. O Concílio Metodista Mundial adotou a Declaração conjunta sobre a doutrina da justificação em 2006.

Ainda nesta quarta fase, o diálogo internacional católico-luterano publicou o documento *A apostolicidade da Igreja* (2006), abrindo novas perspectivas para a eclesiologia ecumênica. O documento da comissão trata de três principais elementos: 1) o caráter apostólico da Igreja em continuidade com sua fundação original; 2) a apostolicidade do ministério ordenado; 3) e o significado que isso tem para manter a fé e o ensino na verdade que os apóstolos comunicaram de uma vez por todas às igrejas.

Em 2009, iniciou-se a quinta e atual fase do diálogo, que teve como resultado maior a publicação do documento *Do conflito à comunhão* (2014). Trata-se da proposta de uma comemoração conjunta católico-luterana dos 500 anos da Reforma em 2017. O documento visa a um entendimento comum da história da Reforma, uma análise dos seus argumentos teológicos e o seu desenvolvimento nas duas Igrejas, identificando as convergências alcançadas no diálogo e as diferenças ainda persistentes (CICL, 2015, p. 8). Para isso, assinala a importância dos atuais estudos sobre a pessoa de Martinho Lutero (CICL, 2015, nn. 16-23), sobre a Reforma (CICL, 2015, nn. 36-90) e destaca temas da teologia luterana à luz do atual diálogo católico-luterano (CICL, 91-218). O que se espera é alcançar uma compreensão comum da Reforma que possibilite avançar no diálogo sobre a herança comum e o que há de divergências a serem superadas para a comunhão na fé.

A centralidade eclesiológica no diálogo

No encontro anual que a Comissão realizou em Smidstrup Strand, Dinamarca, em setembro de 2001, discutiu-se o tema da *Doutrina eclesial e sua permanência na verdade*. Os principais capítulos são dedicados à doutrina cristã e à fé apostólica no desenvolvimento da Igreja primitiva e medieval, ao cânon das Escrituras, à Tradição na perspectiva luterana, à compreensão do magistério na teologia católica, de Trento ao Vaticano II, bem como ao ministério eclesial da doutrina apostólica na perspectiva luterana. Sobre esses temas foi preparada uma declaração comum sobre o estado da questão, refletindo sobre o apostolado, o ministério e a doutrina da Igreja, buscando responder à questão: *quais são as coisas que podemos afirmar juntos, e sobre quais questões estamos ainda divididos?* A ideia é elaborar um documento que mostre que, após o tema da justificação, o diálogo trata dos *temas centrais da Igreja e do Ministério.* Espera-se que o resultado desse diálogo possibilite afrontar o tema da *comunhão eucarística.*

Outro importante documento de estudos, *Communio Sanctorum – A Igreja como Comunhão dos Santos*, tratando da recepção da doutrina da justificação, foi elaborado na Alemanha (Paderborn-Frankfurt) em 2000. Assumindo a confissão comum da "comunhão dos santos", colheu-se a ocasião do "consenso diferenciado" sobre a doutrina da justificação para tratar, em perspectiva bíblica e eclesiológica, sobre a relação entre a comunhão em Deus e comunhão na Igreja, a relação entre a palavra de Deus e o magistério eclesial e o testemunho de todo o povo de Deus.

O diálogo católico-luterano no Brasil

O diálogo católico-luterano internacional fortalece as relações entre as duas Igrejas também no Brasil. Aqui, esse diálogo tem origem nos encontros de professores de teologia da Igreja Evangélica de Confissão Luterana no Brasil (IECLB) e a Igreja Católica a partir de 1957, quando foi criado o Grupo Ecumênico de Reflexão Teológica – GERT (WOLFF, 2002, p. 101-103).[1] Desse diálogo foi criada a Comissão Nacional Católica-Lutera, em 1974. A primeira atividade dessa Comissão foi traduzir e publicar o Relatório de Malta.[2] Foi significativo para o seu fortalecimento a participação, ainda em 1974, no Seminário Ecumênico Internacional realizado no Rio de Janeiro, de 10 a 18 de setembro, promovido pelo Centro Ecumênico

---

[1] Estes encontros aconteceram no Sul do Brasil, com a participação dos membros das Faculdades de Teologia do Rio Grande do Sul, Faculdade Evangélica e Faculdade Católica Cristo Rei. Por vezes acontecia também a participação de membros do Seminário de Viamão. Com o fechamento da Faculdade de Teologia Cristo Rei, passou a fazer parte dos colóquios o Instituto de Teologia e Ciências Religiosas da PUC de Porto Alegre. Os temas dos encontros referiam-se a questões dogmáticas, pastorais e sociais. Cf. HORTAL, Jesus. "25 Anos de Diálogo Católico-Luterano no Brasil", in *Estudos Teológico,* 22 (1982) 264-170.

[2] Publicado em CNBB, *Comunicado Mensal,* n. 249 (1973) 753-778.

de Pesquisas, de Estrasburgo, em colaboração com a IECLB.[3] Entre as conclusões do Seminário, destacou-se o valor da presença de observadores de ambas as Igrejas nas suas Assembleias e Concílios Gerais, a presença de delegados luteranos nas reuniões da Presidência e da Comissão Episcopal Pastoral da CNBB, e de católicos nas reuniões do Conselho Diretor da IECLB. Foram encaminhadas propostas para que a IECLB se afiliasse à Coordenadoria Ecumênica de Serviço (criada em 1973), e que houvesse maior intercâmbio de publicação sobre ecumenismo nos periódicos das respectivas Igrejas.

Uma conclusão do Seminário que merece particular atenção diz respeito ao "ecumenismo de base". Os participantes do Seminário percebiam que "o ecumenismo não pode ficar restrito à ação dos órgãos de direção" das igrejas, sendo necessário "promover a ação conjunta em nível de comunidades de base" (CNBB, 1974, p. 897), sugerindo para isso: 1) optar por alguma ação social comum para as duas igrejas; 2) intensificar a promoção da união nas bases e na oração (desaconselha-se a intercomunhão); 3) intensificar a consciência sobre o que já existe de comum na fé cristã; 4) intensificar as relações de padres e pastores; 5) criar nas comunidades de base espaços de laboratório e de vivência ecumênicas (CNBB, 1974, p. 897-898).

A importância dessas conclusões está, sobretudo, na busca de ação conjunta entre as duas Igrejas e a não concentração do ecumenismo nas hierarquias. Esse seria o caminho para desenvolver nos cristãos a consciência de uma Igreja aberta ao diálogo e ao reconhecimento da mesma fé nos cristãos de outra Igreja.

De 11 a 15 de julho de 1977, foi realizado em São Leopoldo/RS, no Colégio Cristo Rei, outro seminário com o tema *Testemunho comum e vivência ecumênica*. Esse Seminário refletiu a caminhada do diálogo bilateral no Brasil, os aspectos práticos do ecumenismo no Brasil, a espiritualidade

---

[3] O material trabalhado nesse Seminário encontra-se em CNBB, *Comunicado Mensal*, n. 265 (1974) 896-899.

ecumênica, priorizando a importância do culto, dos sacramentos, em particular da eucaristia, como meios de vivência ecumênica, os matrimônios mistos na pastoral e no Código de Direito Canônico, e a vivência ecumênica na vida pública.[4]

Percebe-se que as temáticas têm perspectiva teológico-pastoral, mostrando, assim, um dos aspectos centrais do ecumenismo no Brasil. A reflexão teórica tem sentido se induz ao testemunho prático da fé, e vice-versa. Ressalta-se no conteúdo das reflexões a sinceridade pela busca de compreensão dos elementos que dificultam a unidade cristã, e das vias da aproximação das igrejas. Preocupados com a formação da consciência ecumênica nos agentes de pastorais de suas igrejas, foi sugerido encontros de estudantes de teologia das faculdades luterana e católica, e a realização de encontros entre padres e pastores, prevendo, além do planejamento pastoral comum, também a possibilidade de estes habitarem juntos onde as condições permitirem.

As relações ecumênicas foram se intensificando: em 1978, a Comissão Nacional dedicou-se ao estudo e tradução do documento internacional *A Ceia do Senhor*;[5] em 1980 traduziu a declaração *Todos juntos sob o mesmo Cristo*;[6] neste mesmo ano, nos dias 11-15/02, as duas Igrejas realizaram em São Paulo o Primeiro Encontro Ecumênico de Pastoral Indigenista do Cone Sul;[7] e outro seminário foi realizado no ano seguinte, na cidade de Rio do Sul, SC, com destaque para a sessão pública na qual os católicos apresentaram sua Igreja para os luteranos e estes apresentaram a sua para os católicos;

---

[4] O Seminário contou com a participação de 34 pessoas, e todos os temas foram desenvolvidos com a participação de conferencistas das duas Igrejas. Significativo foi também o intercâmbio de documentos produzidos pelas duas Igrejas, mostrando assim um interesse pelo mútuo conhecimento das atividades e a busca de afinidade na reflexão e na ação: "Segunda Carta ao Povo de Deus", da Comunidade de Taizé; um projeto de "Catecumenato Permanente", da IECLB, e "Exigências Cristãs de uma Ordem Política", da CNBB.

[5] Traduzido e publicado em CNBB, *Comunicado Mensal*, n. 308 (1978), 512-538.

[6] Ver a íntegra do texto em: <http://www.luteranos.com.br/conteudo/todos-sob-um-mesmo-cristo>.

[7] O relatório desse Encontro encontra-se em CNBB, *Comunicado Mensal*, n. 330 (1980), 314-315.

O diálogo católico-luterano visto por um teólogo católico

em 1985, as duas Igrejas realizaram o seminário sobre o Documento de Lima, *Batismo, Eucaristia, Ministério*, publicado por Fé e Constituição em 1982;[8] em 1998, realizou-se o seminário sobre *Hospitalidade eucarística*;[9] em 1998, aconteceu o estudo do documento da Comissão Internacional Católica-Luterana, em preparação da Declaração sobre a justificação por graça e fé;[10] em 2000, realizou-se o seminário sobre os ministérios.[11] Uma série de outros eventos aconteceu, como Encontros de bispos católicos e pastores sinodais, o último destes realizado em São Leopoldo no ano de 2015, para estudos sobre o tema *Tradição e sucessão apostólica.*[12]

O que se conclui dessas intensas atividades da Comissão Nacional é a seriedade do compromisso em aprofundar a convicção ecumênica das tradições católica e luterana no Brasil, acompanhando de perto as discussões sobre temas essenciais para a unidade cristã. Esse compromisso é um dos maiores impulsionadores do ecumenismo no Brasil, como mostra a atuação dessas duas Igrejas nas organizações ecumênicas existentes no país, inclusive como membros fundadores, tal como a Coordenadoria Ecumênica de Serviços (1973) e o Conselho Nacional de Igrejas Cristãs do Brasil (1982). Assim, o diálogo bilateral amplia-se e é fortalecido pelo diálogo multilateral, tratando de questões teológicas, pastorais e sociais que dizem respeito à unidade da Igreja e a construção de uma sociedade justa e solidária.

---

[8] Ver a íntegra do texto em: <http://www.luteranos.com.br/textos/batismo-eucaristia-ministerio-convergencia-da-fe-7>.

[9] Ver a íntegra do texto em: <http://www.luteranos.com.br/conteudo/hospitalidade-eucaristica-1>.

[10] Os estudos desse Seminário, e o *Parecer* encaminhado à Comissão Mista Internacional Católica-Romana/Evangélica Luterana, foram publicados no livro *Doutrina da Justificação por Graça e Fé*, CEBI/CONIC/EDIPUCRS, 1998.

[11] Ver a íntegra do texto em: <http://www.luteranos.com.br/conteudo/os-ministerios-1>.

[12] Ver a Declaração final do seminário em: <http://www.luteranos.com.br/conteudo/seminario-sobre-tradicao-e-sucessao-apostolica>.

A nova qualidade das relações e os novos problemas

Há um importante desenvolvimento do diálogo católico-luterano, em que se constatam mudanças significativas nas duas Igrejas e uma nova situação nas relações entre elas, sobretudo após a Declaração comum sobre a Doutrina da Justificação. Esse documento gerou expectativas, mas também frustrações para quem esperava que ele levaria diretamente à partilha eucarística. Mas o consenso alcançado sobre a justificação não anula as diferenças eclesiológicas sobre temas-chave para comunhão eucarística, como os ministérios na Igreja, particularmente o episcopado e a sucessão apostólica.

O diálogo católico-luterano encontra-se hoje numa situação intermediária entre os resultados já obtidos e os objetivos futuros. A comunhão plena está no futuro. Por isso, o compromisso ecumênico não é o de abolir cada tensão, mas de transformar as contraposições em afirmações complementares, de modo que as tensões se tornem construtivas. Trata-se de encontrar um grau de consenso substancial que permita resolver as diferenças geradoras de divisão entre as Igrejas. Esse período de transição precisa ser vivido por aquilo que já é comum entre as Igrejas, manifestando a comunhão já existente, mesmo se ainda incompleta.

Isso significa que tal período deve ser preenchido pela vida das Igrejas. Como propõe Walter Kasper, ao "ecumenismo do amor" (melhoria das relações) e ao "ecumenismo da verdade" (progressos no plano teológico), deve-se acrescentar o "ecumenismo da vida".[13] As divergências entre as Igrejas não nasceram apenas das discussões, mas também do modo como elas viviam na relação de uma para com a outra – no sentido de alienação e estranheza. É, portanto, necessário que se chegue a uma aproximação na vida e na oração, mesmo aceitando, dolorosamente, a incompletude da

---

[13] KASPER, Walter. "Situazione e visione del movimento ecumenico". Il Regno Attualità, 4/2002, p. 132. Disponível em: <http://www.ilregno.it/attualita/2002/4/walter-kasper-situazione-e-visione-del-movimento-ecumenico>. Acesso em: 10 set. 2016.

O diálogo católico-luterano visto por um teólogo católico

comunhão e a impossibilidade de uma comunhão eucarística. O papa João Paulo II entendia que, na busca da unidade,

> O caminho permanece longo e difícil; mas o Senhor não nos pede para medirmos a dificuldade em termos humanos. Agradecemos a ajuda que Deus nos deu para chegarmos até onde estamos. Que isso possa inspirar-nos coragem, e levar-nos a tirar do vocabulário ecumênico palavras como crise, atraso, lentidão, imobilismo, compromisso![14]

Balanço da caminhada

Serve para um balanço da caminhada do diálogo católico-luterano o que o papa João Paulo II reconheceu acerca do movimento ecumênico como um todo: que em nossos tempos "a ação em prol da unidade dos cristãos assumiu proporções tão amplas e se estendeu a um âmbito tão vasto" como nunca antes visto (*Ut unum sint*, n. 41). E os "frutos do diálogo" estão aparecendo: a fraternidade reencontrada pelo reconhecimento do único Batismo e pela exigência que Deus seja glorificado na sua obra; a solidariedade no serviço à humanidade; convergências na Palavra de Deus e no culto divino; o apreço mútuo dos bens nas diferentes tradições eclesiais; o reconhecimento de que "aquilo que une é mais forte do que o que divide" (*Ut unum sint*, nn. 20.41-49).

Esses frutos permitem elencar outros aspectos de crescimento nas relações católico-luteranas: a) nas relações dos dirigentes das Igrejas, existe a localização de pontos de encontro e mútua procura de avizinhamento e diálogo; b) no nível teológico-doutrinal, chegou-se a importantes convergências e consensos sobre vários elementos da fé cristã e eclesial; c) nas comunidades dos fiéis, cresce o convívio entre cristãos de diferentes confissões, vencendo-se preconceitos e hostilidades; d) no campo pastoral, a

---

[14] JOÃO PAULO II. Saudação ao Cardeal Walter Kasper, na Assembleia Plenária do Pontifício Conselho para a Promoção da Unidade dos Cristãos (novembro/2001). In: *Acta Apostólicae Sedis*, vol. XCIV (2002/1) 131.

cooperação ecumênica é realidade em muitos ambientes; e) cresce a sensibilidade ecumênica na espiritualidade.

Mas há muito que caminhar ainda para se chegar à unidade almejada. E os sinais de recuo também são visíveis. Verifica-se em comunidades católicas e luteranas pouca disponibilidade ao diálogo, sobretudo onde se manifestam alguns movimentos eclesiais, principalmente com expressão pentecostal; ante o contexto religioso plural, constata-se a tendência a um recentramento identitário das Igrejas; além disso, por vezes tensões internas tendem a fragilizar as convicções de diálogo, tanto ecumênico quanto inter-religioso. Nesse contexto, emergem documentos eclesiásticos que por vezes causam tensões no engajamento ecumênico das Igrejas. Nem sempre tais documentos contemplam os progressos já alcançados pelos trabalhos das comissões de diálogo compostas de Igrejas. O tom e o estilo de alguns fazem ressurgir o espírito de polêmica e animosidades que pareciam superadas entre as comunidades cristãs.

Em função disso, em alguns ambientes os fiéis sentem-se obrigados a caminhar ecumenicamente de um jeito próprio, por vezes se distanciando das orientações oficiais. E as estruturas eclesiais tendem a voltar-se para si mesmas, sentindo-se ameaçadas pelo dinamismo das iniciativas ecumênicas populares. Mesmo que as lideranças ainda mostrem-se, no ideal, convictas em seus princípios ecumênicos, o mesmo nem sempre verifica-se na prática. A consequência é que as convicções ecumênicas apresentadas nos documentos e nos pronunciamentos oficiais não se articulam com a vida concreta das comunidades dos fiéis.

Assim, em alguns ambientes eclesiásticos sente-se um desencontro entre ecumenismo e Igreja, como se fossem realidades separadas ou que se tocam apenas superficialmente. Talvez isso diga respeito mais à Igreja Católica do que à Luterana, efetivamente mais engajada nas organizações ecumênicas nacionais e internacionais. O engajamento ecumênico dos luteranos pode servir como estímulo às comunidades católicas no Brasil, para superar uma espécie de setorização do compromisso ecumênico, quase exclusivo aos ambientes oficialmente vinculados às relações intereclesiais e não na comunidade eclesial como um todo; ou carências na inserção estrutural das propostas ecumênicas, bem como a escassez de recursos humanos e materiais destinados ao trabalho ecumênico. Fundamental para vencer tais desafios é o investimento num processo de formação teológica e pastoral que priorize o diálogo como o jeito de ser e de agir da Igreja.

Acresce-se a esses desafios a realidade social de divisão e a pluralidade do campo religioso, sobretudo com a ascensão do pentecostalismo. Neste ambiente religioso plural, o diálogo ecumênico, bem como o inter-religioso, sente-se ameaçado por tendências proselitistas, fundamentalistas e conservadoras; pela perda de sentido da pertença eclesial; pela privatização da prática de fé dos cristãos; pelo trânsito religioso de uma confissão para outra em busca de uma experiência religiosa satisfatória; pelo hibridismo dos símbolos religiosos.

Enfim, o *status quaestionis* da divisão entre católicos e luteranos configura-se atualmente em 6 principais horizontes: 1) *Na teologia*, as igrejas estão divididas na interpretação dos elementos que constituem a natureza e o conteúdo da fé cristã, como a doutrina dos sacramentos, a natureza da Igreja, os ministérios, a relação entre Bíblia e Tradição, entre outros; 2) *Nas estruturas eclesiásticas*, católicos e luteranos divergem tanto sobre os elementos estruturais da Igreja quanto sobre a compreensão teológica que se tem deles; 3) *Na espiritualidade*, a compreensão da fé e a vida eclesial são alimentadas por espiritualidades diferentes no interior de cada tradição eclesial. Esse fato – que poderia ser apenas manifestação da diversidade da atuação do Espírito – num contexto de divisão manifesta tensões e distanciamentos de uma tradição eclesial em relação a outra; 4) *Na pastoral*, as divergências nos tópicos acima leva católicos e luteranos a não conseguirem realizar projetos de cooperação na missão, opondo-se tanto no conteúdo quanto no método da missão; 5) *Na ética*, as Igrejas estão divididas em questões éticas e nos costumes, como as questões de gênero, a sexualidade, as experiências científicas com genes humanos; 6) *Em questões sociopolíticas*, católicos e luteranos têm realizado uma linda caminhada conjunta, sobretudo nos anos 1970-1980. Mesmo assim, e sobretudo na atualidade, não se verifica consenso na compreensão da sociedade e no modo de situar-se nos conflitos que nela ocorrem.

Por onde ir? Não existem receitas prontas para a superação desses desafios. Mas as duas Igrejas estão dispostas a seguir em frente com suas convicções ecumênicas. A história do diálogo já realizado as aproximou fortemente e as integrou em organismos ecumênicos que sustentam essas convicções. Para progredirem no diálogo, as Igrejas precisam libertar-se, com pobreza evangélica, de cada superestrutura autoritária e de poder, sentando-se à mesa em igualdade de condições, como atitude de profecia ecumênica. Em termos práticos, isso implica o fortalecimento das iniciativas ecumênicas em algumas principais direções: *no cotidiano dos fiéis*, onde já existe uma prática espontânea de aproximação na vida do povo cristão, sobretudo nos meios onde se promove a dignidade humana, a justiça e a paz; *nas iniciativas institucionais*, como os setores de ecumenismo internos às Igrejas, a presença nas organizações ecumênicas, a ação das comissões nacional e internacional de diálogo; *na formação ecumênica* das comunidades, principalmente dos seus agentes, desenvolvendo tanto a teologia quanto a espiritualidade ecumênica.

Isso possibilita intensificar os esforços ecumênicos das Igrejas católica e luterana em várias direções, estreitando o diálogo entre as lideranças eclesiásticas e os organismos ecumênicos, entre o caminho teológico-doutrinal e o pastoral, entre a busca da unidade na fé e os esforços pelo bem comum na sociedade e a defesa da vida no planeta. Os documentos normativos dessas Igrejas orientam para isso, favorecendo renovação e revigoramento da participação no movimento ecumênico. Para isso é preciso abertura e sensibilidade para as importantes mudanças que se produzem no âmbito das Igrejas e do movimento ecumênico no século XXI. Exige-se, ainda, que as Igrejas e os organismos a elas vinculados realizem um esforço decidido por explicitar as convicções teológicas que fundamentam o compromisso ecumênico. Há uma prática a ser definida que seja simultaneamente eclesial e ecumênica, criando, assim, uma visão ecumênica como princípio de vida, radicada na vivência comunitária da fé. Afinal,

Nós, católicos e luteranos, começamos a caminhar juntos pelo caminho da reconciliação. Agora, no contexto da comemoração comum da Reforma de 1517, temos uma nova oportunidade para acolher um percurso comum, que se foi configurando ao longo dos últimos cinquenta anos no diálogo ecumênico entre a *Federação Luterana Mundial* e a Igreja Católica. Não podemos resignar-nos com a divisão e o distanciamento que a separação gerou entre nós. Temos a possibilidade de reparar um momento crucial da nossa história, superando controvérsias e mal-entendidos que impediram frequentemente de nos compreendermos uns aos outros.[15]

Referências

COMISSÃO INTERNACIONAL CATÓLICA LUTERANA (CICL). *Do conflito à comunhão*: comemoração conjunta católico-luterana da Reforma em 2017. Brasília: Edições CNBB, 2015.

_____. *Doutrina da Justificação por Graça e Fé*. São Paulo: Paulinas, 1999.

_____. "La cena del Signore". *Enchiridion Oecumenicum*. Bolonha: EDB, 1994. p. 589-653. v. 1.

_____. "L'unità davani a noi". *Enchiridion Oecumenicum*. Bolonha: EDB, 1994. v. 1, p. 752-830.

_____. "Martin Lutero testimone di Gesù Cristo". *Enchiridion Oecumenicum*. Bolonha: EDB, 1994. v. 1, p. 743-751.

_____. "Ospitalità eucarística". *Enchiridion Oecumenicum*. Bolonha: EDB, 1994. v. 1, p. 838-853.

_____. "Rapporto di Strasburgo". *Enchiridion Oecumenicum*. Bolonha: EDB, 1994. v. 1, p. 831-837.

_____. "Vie verso la comunione". *Enchiridion Oecumenicum*. Bolonha: EDB, 1994. v. 1, p. 654-692.

---

[15] PAPA FRANCISCO, Discurso na Catedral de Lund, em 31/10/2016. Disponível em: <http://www.ihu.unisinos.br/561842-a-experiencia-espiritual-de-martinho-lutero-nos-interpela--e-nos-recorda-que-nao-podemos-fazer-nada-sem-deus>. Acesso em: 04 nov. 2016.

CONFERÊNCIA NACIONAL DOS BISPOS DO BRASIL (CNBB). *Comunicado Mensal*, n. 249 (1973) 753-778.

_____. *Comunicado Mensal*, n. 265 (1974) 896-899.

_____. *Comunicado Mensal*, n. 308 (1978) 512-538.

_____. *Comunicado Mensal*, n. 330 (1980) 314-315.

COMISSÃO NACIONAL CATÓLICA-LUTERANA. *Desafio às Igrejas*. São Leopoldo: Sinodal; São Paulo: Loyola, 1976.

_____. *Seminário sobre Doutrina da Justificação por Graça e Fé*. Porto Alegre: CEBI/EDIPUCRS, 1998.

_____. *Seminário sobre hospitalidade eucarística*. Disponível em <http://www.luteranos.com.br/conteudo/hospitalidade-eucaristica-1>. Acesso em: 04 nov. 2016.

HORTAL, Jesus. "25 Anos de Dialogo Católico-Luterano no Brasil". *Estudos Teológicos*, n. 22, p. 264-170, 1982.

JOÃO PAULO II. Carta Encíclica *Ut Unum Sint*. São Paulo: Paulinas, 1995.

_____. Saudação ao Cardeal Walter Kasper, na Assembleia Plenária do Pontifício Conselho Para a Promoção da Unidade dos Cristãos (novembro/2001). In: *Acta Apostólicae Sedis*, vol. XCIV (2002/1) 128-131.

PAPA FRANCISCO, Discurso na Catedral de Lund, em 31/10/2016. Disponível em: <http://www.ihu.unisinos.br/561842-a-experiencia-espiritual-de-martinho-lutero-nos-interpela-e-nos-recorda-que-nao-podemos-fazer-nada-sem-deus>. Acesso em: 04 nov. 2016.

KASPER, Walter. "Situazione e visione del movimento ecumenico". *Il Regno Attualità*, 4/2002, p. 132. Disponível em: <http://www.ilregno.it/attualita/2002/4/walter-kasper-situazione-e-visione-del-movimento-ecumenico>. Acesso em: 10 set. 2016.

WOLFF, Elias. *Caminhos do ecumenismo no Brasil*. São Paulo: Paulus, 2002.

TRADIÇÃO APOSTÓLICA
NO DIÁLOGO CATÓLICO-LUTERANO:
UMA PERSPECTIVA EVANGÉLICO-LUTERANA*

Rudolf von Sinner**

Introdução

Ao nos depararmos com os 500 anos do início da Reforma Protestante, quando Martinho Lutero pregou as suas 95 teses contra as indulgências à porta da Igreja do Castelo em Wittenberg, cabe refletir sobre controvérsias teológicas que surgiram no decorrer da Reforma e que mostram diferenças de fundo na concepção da fé e da doutrina. Entrementes, muitas dessas diferenças perderam sua força de outrora e precisam de uma nova avaliação. Uma delas é a questão da tradição apostólica, quanto à norma que deve reger a fé cristã ao longo dos tempos, em conexão com o Evangelho de Jesus Cristo conforme testemunhado pelos seus seguidores, os apóstolos. Esta questão se põe para todas as tradições cristãs, conquanto suas respostas à questão possam diferir. O que segue quer contribuir para um diálogo crítico e construtivo e insere-se num diálogo católico romano/ evangélico luterano, conforme promovido por uma comissão bilateral de diálogo estabelecida no Brasil. Assim, primeiro tentarei explicitar uma

---

* Este texto foi, originalmente, apresentado durante o Seminário bilateral católico romano/evangélico luterano sobre "Sucessão apostólica e tradição apostólica", em novembro de 2004, e revisado para publicação primeiro na revista *Reflexão* 41 (2), dez. 2016, p. 139-153. Utilizado aqui mediante permissão da revista, com leve adaptação.

** *Rudolf von Sinner* é pastor luterano e doutor em Teologia pela Universidade de Basileia, Suíça.

compreensão luterana da tradição apostólica e sua continuidade, seguida por uma abordagem do princípio escriturístico. Para explicitar o desafio contemporâneo, apresentarei dois breves estudos de caso: a introdução do ministério ordenado feminino e a Declaração conjunta sobre a doutrina da justificação, firmada em 1999. Finalizarei com algumas reflexões para um diálogo continuado no futuro.

O problema e tentativas de sua resolução

O problema da tradição em sua relação com a escritura não surgiu por si mesmo, mas a partir de divergências específicas. Como é sabido, o momento despertador da Reforma foi a crítica de Lutero às indulgências. No entanto, ao combatê-las, introduziu algo mais fundamental: o uso da escritura como crítica contra o magistério eclesial e a soberania papal.[1] Até então, as três instâncias de escritura, tradição e magistério tinham sido entendidas como uma unidade, a tal ponto que a noção da *traditio* pouco ocorria até a Reforma, e pouca reflexão se dedicava a ela (cf. EBELING, 1963, p. 95s.). Embora não inédito – pessoas como Valdes, Francisco de Assis, Ockham, Wyclif e Hus já reivindicaram reformas a partir da escritura –, é com Lutero que o princípio escriturístico toma maior fôlego e começa a dividir a Igreja ocidental. Não fora este o propósito, mas a consequência talvez inevitável do princípio escriturístico na sua função crítica. Na Dieta de Worms, em 1521, Lutero famosamente expressou este princípio ao rejeitar a exigida retratação:

> A não ser que seja convencido pelo testemunho da Escritura ou por argumentos evidentes (pois não acredito nem no papa nem nos concílios exclusivamente, visto que está claro que os mesmos erraram

---

[1] Os debatedores de Roma contra Lutero, Tetzel, Eck, Prierias e Cajetan logo descobriram esta implicação fundamental. Ao destacar o poder absoluto do papa e exigir a submissão de Lutero, firmaram nele a crescente convicção da necessidade do princípio *sola scriptura* contra esse poder que se cria "acima do concílio, acima da Escritura e acima de toda a Igreja" (LUTERO, Martin, Acta Augustana. WA 2,8,10s., apud KIRCHNER, Hubert. *Wort Gottes, Schrift und Tradition*. Göttingen: Vandenhoeck & Ruprecht, 1998. p. 26).

Tradição apostólica no diálogo católico-luterano

> muitas vezes e se contradisseram a si mesmos) – a minha convicção vem das Escrituras a que me reporto, e minha consciência está presa à Palavra de Deus –, nada consigo nem quero retratar, porque é difícil, maléfico e perigoso agir contra a consciência. Deus que me ajude, amém (LUTERO, 1984, p. 148s).

Nos tempos mais recentes, momentos despertadores da controvérsia foram os dogmas marianos de 1854 e de 1950, decisões unilaterais do magistério papal não aceitas pelas outras Igrejas (cf. MEYER, 1974, p. 193s.). Por outro lado, a inovação ocorrida em consideráveis setores do protestantismo, anglicanismo e no vétero-catolicismo, a partir do século XIX, ou seja, o ministério ordenado feminino, vem sendo contestada por católicos romanos e ortodoxos, mas também por setores das próprias Igrejas citadas. Cerne do debate, além da força dos costumes culturais (também conhecidas como "tradições"), é a leitura correta da escritura e o peso atribuído à tradição. Portanto, são problemas concretos da dogmática material e da prática eclesiástica que fazem surgir o problema do critério ou dos critérios. É também a questão da autoridade. Quem decide, afinal, sobre a verdade evangélica – a escritura, a tradição, o magistério eclesiástico, o *sensus fidelium*, a academia? Cada fiel por si ou um conjunto dessas instâncias? Onde é que o Espírito Santo desenvolve seu trabalho? A lembrança da célebre palavra de Jesus a Nicodemus: "O vento [*pneuma*] sopra onde quer, e tu ouves a sua voz, mas não sabes nem de onde vem, nem para onde vai. Assim acontece com todo aquele que nasceu do Espírito [*ek tou pneumatos*]" (Jo 3,8), não é de muita ajuda para resolver o problema, mas nos ensina humildade e cautela na identificação da atuação do Espírito. No mesmo Evangelho de João, Jesus inspira confiança ao afirmar que "o Paráclito, o Espírito Santo que o Pai enviará em meu nome, vos ensinará todas as coisas e vos fará recordar tudo o que eu vos disse" (Jo 14,26).

Os anos 1950 e 1960 viram um intenso debate sobre a relação entre escritura e tradição, tanto do lado católico romano quanto do lado protestante (CONGAR, 1967; CULLMANN, 1954). O Concílio Vaticano II, na sua constituição *Dei Verbum* (1965), não chegou a superar totalmente a ambiguidade presente desde o Concílio de Trento, que é de uma possível justaposição de escritura e tradição como duas fontes distintas (KÜNG, 1999, p. 69-71; LIBÂNIO, 2003, p. 124s). De qualquer forma, confirmou a indissolúvel tríade, afirmando que a

> Sagrada Tradição, a Sagrada Escritura e o Magistério da Igreja estão de tal maneira entrelaçados e unidos que um não tem consistência sem os outros, e que juntos, cada qual a seu modo, sob a ação do mesmo Espírito Santo, contribuem eficazmente para a salvação das almas.[2]

No mesmo período, em 1963, a Comissão de Fé e Ordem do Conselho Mundial de Igrejas tentou aliviar o problema pela introdução de uma distinção entre Tradição, tradição e tradições. Afirmou-se que

> Pela Tradição, que é o próprio Evangelho, transmitido de geração em geração pela Igreja, o próprio Cristo se encontra na vida da Igreja. Por tradição se entende o processo de tradição. O termo "tradições" é usado para indicar não só a diversidade de formas de expressão, como também tradições confessionais, como, por exemplo, a tradição Luterana ou da Reforma... (*apud* CONSELHO MUNDIAL DE IGREJAS et al., 2000, p. 15).

Usa-se ainda "tradição/tradições" num sentido amplo, ao falar de "tradições culturais". A ênfase está, evidentemente, na Tradição sendo o próprio Evangelho, o próprio Cristo e, portanto, de modo algum uma segunda fonte da revelação.

Parece que se chegou a um consenso bastante amplo sobre a questão, concordando, a princípio, com que o processo de tradição precisa ser

---

[2] *Dei Verbum* 10. Os textos do Concílio Vaticano II são citados segundo VIER, Frederico O.F.M. (Coord. Geral). *Compêndio do Vaticano II*: constituições, decretos, declarações [1968]. 29. ed. Petrópolis: Vozes, 2000. Cf. a abordagem crítica do que chama de "fraco compromisso" por KÜNG, 1999, p. 69s. O *Catecismo da Igreja Católica*, 2000, n. 74-100, mantém a ambiguidade, baseando-se, principalmente, em *Dei Verbum*.

compreendido numa visão "holística", bem como sendo, essencialmente, a "tradição interpretativa da Escritura".[3] Isto significa que o princípio de *sola scriptura* não seria compreendido num sentido literalista nem estático, mas como se referindo à *viva vox evangelii*, que continua sendo ouvida até hoje pela força do Espírito Santo. Ao mesmo tempo, a tradição não seria uma segunda fonte da revelação, à parte da escritura, mas a tradição *da* revelação à qual a escritura é testemunha.[4] Não por último, é preciso ressaltar a fundamental importância deste processo interpretativo dar--se na comunhão da Igreja que funciona como *comunidade hermenêutica* (HOUTEPEN, 1990, pp. 279-296; CMI et al., 2000).

Seria o problema resolvido, então? Por um lado, houve uma considerá-vel aproximação ecumênica. Por outro lado, a compreensão concreta da convergência alcançada, em especial, o papel da Igreja e do seu magistério, continua como profunda divergência, impedindo um avanço significativo na comunhão ecumênica. O Papa João Paulo II nomeou, na sua Encíclica *Ut unum sint* (1995), o tema como o primeiro entre cinco que precisam ser resolvidos para realizar a unidade visível da Igreja.[5] O CMI, por sua vez, vem retomando a temática a partir da V Conferência Mundial de Fé e Ordem (Santiago de Compostela, 1993) e dedicou a maior parte de um novo estudo sobre a chamada *hermenêutica ecumênica* ao problema, sem,

---

[3] MEYER, 1974, p. 194; cf. KIRCHNER, 1998, p. 152; cf. LIBÂNIO, 2003, p. 121: "A ma-neira como a letra da Escritura permanece 'espírito', 'vida', está em ser transmitida, lida, interpretada, experimentada dentro da Tradição da Igreja. Estabelece-se assim uma relação única entre ambas, de modo que se supera definitivamente uma divisão que dominou as relações entre católicos e protestantes".

[4] O caráter da escritura como testemunho da revelação é apresentado como solução ecu-mênica por KÜNG, 1999, p. 75-77. Para os autores patrísticos, conforme WARE, 2002, p. 1143-1148, p. 1144, tradição significara "simplesmente a forma pela qual a escritura é inter-pretada e vivida por sucessivas gerações por dentro da Igreja".

[5] JOÃO PAULO II, 1995, n. 79: "Já desde agora é possível individuar os argumentos que ocor-re aprofundar para se alcançar um verdadeiro consenso de fé: 1) as relações entre Sagrada Escritura, suprema autoridade em matéria de fé e a Sagrada Tradição, indispensável inter-pretação da Palavra de Deus". Nota-se que o Papa afirma a suprema autoridade da Escritura e entende Tradição como interpretação e não como fonte à parte.

contudo, mostrar um avanço significativo nesta temática.[6] Uma consulta sobre chaves hermenêuticas confessionais (Estrasburgo, 2002), tema já mencionado em Montreal, mostrou que o desafio contextual é, pelo menos, tão urgente quanto o confessional, e que não há como identificar, nitidamente, chaves hermenêuticas únicas a uma e não à outra confissão, embora haja, evidentemente, diferentes ênfases.[7] Parece que não há como resolver o problema genericamente, mas apenas o testando em casos específicos.

A tradição apostólica e sua continuidade

"A tradição cristã é sempre e essencialmente *ab Apostolis traditio*", disse Ireneu (MEYER, 1974, p. 188). Os apóstolos foram os testemunhos diretos da vida, morte e ressurreição de Jesus, o Cristo; portanto, têm um privilégio de originalidade sobre qualquer outro testemunho. Conforme Harding Meyer, a

> "apostolicidade" é o critério por excelência para [garantir] o caráter cristão da fé, proclamação, vida e doutrina. Portanto, o problema da tradição ou transmissão [*Traditions – oder Überlieferungsproblem*] é, largamente, idêntico com a questão da apostolicidade (MEYER, 1974, p. 188.).

---

[6] CMI; FÉ E CONSTITUIÇÃO; CONIC, 2000, n. 14-37. A meu ver, o maior avanço, não por último para a teologia no continente sul-americano, está no menor capítulo do documento, que versa sobre "um Evangelho em muitos contextos", n. 38-48; cf. SINNER, 2003, p. 9-33 e 331-340; id., 2007, p. 89-118.

[7] Diante do desafio pastoral de confeccionar uma prédica, exercício virtual que fizemos num grupo de discussão na Consulta da Comissão de Fé e Constituição do Conselho Mundial de Igrejas em Estrasburgo, no ano de 2002, mostrou-se uma semelhança surpreendentemente ampla nas referências e métodos às quais se recorre, sem, contudo, facilitar o processo de identificar divergências e convergências, pois não fora possível traduzir este consenso "pastoral" em posições nitidamente confessionais e/ou contextuais. Outra consulta, realizada em Viena no ano de 2004, ao tentar explorar tais convergências e divergências referentes a "símbolos, ritos e práticas", principalmente no âmbito litúrgico, mostrou mais claramente ainda a perplexidade que perpassa as posições confessionais e contextuais.

A Igreja primitiva, constituída pelos apóstolos movidos pelo Espírito Santo, já demonstrava considerável diversidade, o que se reflete no processo de escrever, compor, e escolher os textos que farão parte do cânon, processo definitivamente encerrado em meados do século IV.[8] Conforme disse o biblista protestante de Heidelberg, Gerd Theissen, certamente com um sorriso no rosto: "já no protocristianismo, o modo de agir dos cristãos era muito protestante. Onde dois ou três estavam reunidos, eles constituíam uma minoria desviante" (THEISSEN, 2004, p. 87). Tornou-se famosa a constatação de Ernst Käsemann de que "o cânon neotestamentário como tal não fundamenta a unidade da Igreja. Pelo contrário, fundamenta como tal, isto é, em sua apresentação factual, acessível ao historiador, a multiplicidade das confissões".[9]

Como avaliar o processo de constituição do cânon? A posição católico-romana mantém que é preciso uma instância externa à escritura para garantir a autoridade desta, e aponta para o processo da constituição do cânon, que se deu na Igreja.[10] A posição luterana é que a própria escritura contém o critério de sua apostolicidade e, portanto, sua canonicidade. Reconhece, isto sim, que a escritura faz parte de um processo de tradição,

---

[8] Pela 39ª carta pascal de Atanásio (367), que lista, em definitivo, os 27 escritos do NT.

[9] KÄSEMANN, Ernst. "Begründet der neutestamentliche Kanon die Einheit der Kirche? (1951)" (p. 214-223). In: *Exegetische Versuche und Besinnungen*. Göttingen: Vandenhoeck & Ruprecht, 1960, v. 1, p. 221, trad. apud BRAKEMEIER, 1997, p. 212. KÄSEMANN, 1984, p. 90, conclui que "é necessário definir o que significa Evangelho de Jesus Cristo, para identificar o cerne do cânon e o caminho da solidariedade ecumênica que nele se aponta". Afirma ainda que "uma herança 'apostólica' no sentido estrito só nos tenha sido legada por Paulo e seus discípulos, ainda que encoberta por pseudoepígrafes" (ibid., p. 80. Cf. ainda DUNN, 2009).

[10] Assim, por exemplo, Karl Rahner, que estava disposto a aceitar o *sola scriptura* também por parte da teologia católica romana, desde que se entenda que "exista um testemunho autêntico e uma interpretação da Sagrada Escritura pela palavra viva da Igreja e de sua autoridade magistral, e que esse testemunho da Escritura em si e sua interpretação autêntica não podem ser substituídos pela própria escritura" (RAHNER, 1965, p. 121-138, à p. 132, tradução minha). O problema, portanto, não estaria numa suposta insuficiência da escritura quanto a seu conteúdo, mas na autoridade atribuída a ela e sua interpretação autêntica que caberia apenas à Igreja. Sobre Rahner e a tradição numa perspectiva luterana, veja ALTMANN, 1974.

sendo precedida pelo testemunho oral e escrito ao longo de várias décadas. O método histórico-crítico, aliás, hoje uma ferramenta exegética ecumênica como poucas outras, demonstrou isto claramente. Consequentemente, o problema de escritura e tradição não é bem a questão de uma fonte oral e outra escrita, mas de um processo que fixou o testemunho da revelação por escrito. É difícil imaginar por que conteúdos fundamentais da tradição oral não teriam sido escritos, mas transmitidos apenas oralmente e acessíveis através da sucessão apostólica pessoal.[11]

Não é a letra que é decisiva, mas o conteúdo, conforme afirmou Lutero: "O que não ensina Cristo, ainda não é apostólico, mesmo que São Pedro ou Paulo o ensinem. Por outro lado, o que prega Cristo seria apostólico, mesmo que fosse feito por Judas, Anás, Pilatos e Herodes" (LUTERO, 2003, p. 154.). Com base neste princípio, Lutero inclusive criticou escritos bíblicos e julgou, por exemplo, a carta de Tiago como não sendo apostólica, pois promoveria apenas a lei e não o Cristo.[12] Segundo a compreensão luterana, é precisamente este o "cânon no cânon", ou seja, o princípio hermenêutico fundamental: o que promove o Cristo. É este princípio que regeu e rege o processo da canonização e a posterior interpretação, sob influência do Espírito Santo. É esta Boa-Nova (*euanggelion*) que autentica o cânon, e não é preciso ter uma instância externa para atribuir-lhe sua autoridade. É a partir deste princípio que se pode dizer que a escritura é *sui ipsius interpres*.

É importante ressaltar que a Confissão de Augsburgo (CA) insiste na continuidade da Igreja, da qual as Igrejas oriundas da Reforma de Lutero se compreendem como pertencentes: "Ensina-se também que sempre haverá e permanecerá uma única santa Igreja cristã, que é a congregação de todos os crentes, entre os quais o Evangelho é pregado puramente e os santos

---

[11] RAHNER, 1965, p. 135, afirmou que não seria possível encontrar, nos primeiros três séculos, em outras fontes materiais o que faltaria na escritura; portanto, a suposição de uma fonte oral não facilitaria de modo algum a fundamentação de algo que carece de embasamento bíblico.

[12] Um julgamento passível à revisão, conforme mostra, por exemplo, ALTMANN, 1994, p. 112.

sacramentos são administrados de acordo com o Evangelho" (CA VII, *A Confissão de Augsburgo*, 2005, p. 13). Além do Evangelho e dos sacramentos do Batismo e da Santa Ceia, é subentendido também o ministério ordenado para garantir sua reta pregação e administração (MEYER, 2003, p. 170-189). As "tradições", sempre usadas no plural, são entendidas como "ordenações eclesiásticas estabelecidas por homens" (CA XV).[13] Não são simplesmente rechaçadas. Bem ao contrário, "se ensina observar aquelas que possam ser observadas sem pecado e contribuam para a paz e a boa ordem na Igreja, como, por exemplo, certos dias santos, festas e coisas semelhantes". O problema surge, porém, quando são entendidas como necessárias para a salvação:

> Ensina-se... que todas as ordenanças e tradições feitas pelo homem com o propósito de por elas reconciliar-se a Deus e merecer a graça são contrárias ao Evangelho e à doutrina da fé em Cristo. Razão por que votos monásticos e outras tradições concernentes à distinção de alimentos, dias, etc., pelas quais se pensa merecer graça e satisfazer por pecados, são inúteis e contrários ao Evangelho.[14]

A reforma luterana não tem efetuado uma total ruptura com as tradições. Nos capítulos XXI a XXVIII da CA percebe-se um tratamento positivo das tradições, porém com modificações. Os santos, por exemplo, devem ser lembrados para o fortalecimento da fé e como exemplos de boas obras; porém, sendo que haja um só mediador entre Deus e os homens, Jesus Cristo (1Tm 2,5), não devem ser invocados ou procurados para auxílio (CA XXI). Ao falar da comunhão sob ambas as espécies (CA XXII) e do matrimônio dos sacerdotes (CA XXIII), a CA refere-se também à tradição eclesiástica, embora estes argumentos sirvam apenas para reforçar o

---

[13] Para o uso da palavra nos escritos confessionais luteranos, vide WENZ, 2004, p. 9-28; aqui p. 10-14.

[14] Ainda CA XV, *A Confissão de Augsburgo*, 2005, p. 16; cf. também CA XXVI, ibid., p. 33-36, sobre a "distinção de comidas", que, entre outros, rejeita a ideia do jejum como "satisfação pelos pecados", citada por Tomás de AQUINO como uma das suas finalidades, ST II,2, q. 147 art. 1, apud *Livro de Concórdia*, 1997, p. 48s, n. 134.

argumento escriturístico. Nisto, conforme Wolf-Dieter Hauschild, "a práxis protestante reclama para si sua correspondência com a tradição eclesiástica mais velha contra a novidade católico-romana" (HAUSCHILD, 1992, p. 222).

Aqui como em outros momentos da história, percebe-se que a Reforma, no intuito de garantir o reto caminho para o futuro, volta às origens. De modo especial, a religião cristã é herdeira do judaísmo na sua caminhada entre "memória e esperança", na formulação de Dietrich Ritschl, sendo que o *Christus praesens* garante que esta caminhada possa ser compreendida como acompanhada por Deus (RITSCHL, 1967, p. 17-77). Assim, o testemunho dos apóstolos, firmado na escritura, continua vivo na grande corrente da tradição, na qual caminhamos rumo ao *eschaton*. A apostolicidade olha para trás, para o testemunho dos apóstolos, mas também para frente, inserindo-se na missão dos apóstolos da qual a Igreja faz parte. A tradição, apostólica neste duplo direcionamento, é um constante processo, com crescimento e desenvolvimento ao confrontar a mensagem do mesmo Evangelho com os novos tempos e localidades.[15] Dentro das nossas tradições confessionais, temos elementos que nos orientam na caminhada e dão coerência a ela, em especial os credos e os escritos confessionais (cf. ALTMANN, 2004; WACHHOLZ, 2004).

O princípio escriturístico da Reforma

Retomamos agora o princípio escriturístico da Reforma que norteia toda sua teologia. É importante lembrar que o Cristo, o *logos* encarnado, é a Palavra viva de Deus.[16] É dele que os apóstolos ouviram o que constitui a *viva vox evangelii*. O testemunho deles deu origem aos escritos do Novo Testamento. O Evangelho nele contido não é, em primeiro lugar,

---

[15] Cf. SCHREITER, 1985, p. 75-121. Schreiter define tradição como "série de teologias locais" que se alimentam da tradição e, ao mesmo tempo, contribuem para ela.

[16] Este aspecto recebeu destaque fundamental na teologia da Palavra de Deus de Karl Barth, sendo que a Palavra é, em primeiro lugar, o próprio Cristo, testemunhado pela palavra escrita e proclamado na palavra pregada (BARTH, 1986, p. 89-128).

informação, mas interpelação (*Anrede*), cujo conteúdo principal, para a Reforma e, em especial, para sua vertente luterana, é o anúncio da justificação. Portanto, os quatro *solus* da Reforma não estão todos no mesmo patamar. A ordem teologicamente correta seria *solus Christus, sola gratia, sola fide, sola scriptura*. O Cristo efetua a justificação, que vem a nós mediante a graça e é abraçada pela fé, sendo orientada pela escritura. É o Evangelho, o Cristo *pro nobis* que confere normatividade à escritura. Ela mesma é lida a partir do princípio hermenêutico do "o que promove o Cristo", que constitui o já citado "cânon no cânon". A escritura é tida como suficiente: tudo que é preciso saber para a salvação, para a fé e a vida cristã, está nela contida. Neste sentido, ela também é clara, pois "o Espírito Santo é o escritor e orador mais claro que existe no céu e na terra, e, por esta razão, suas palavras não podem ter mais de um sentido: o mais simples, que chamamos de sentido literal, ordinário, natural".[17]

Contudo, o *sola scriptura* não constitui um fundamentalismo escriturístico, não se entroniza um "papa de papel", substituindo o magistério da Igreja por um "magistério da letra".[18] Na verdade é, essencialmente, o *solo verbo*, o Cristo pregado que dá sentido ao *sola scriptura* (EBELING, 1963, p. 118; JÜNGEL, 1999, p. 169-201.). Ao identificar o Cristo como chave hermenêutica, não se constitui um princípio apenas *formal*, mas, em primeiro lugar, um princípio *material*, pois nada pode ser considerado autêntico que não seja expressão deste Evangelho contido na escritura. A autoridade da escritura vem, exclusivamente, deste Evangelho, e o Espírito Santo garante sua compreensão, que não depende de um nem de outro. Nisto, o princípio escriturístico funciona como instância crítica ante qualquer outra autoridade, seja ela assumida pela Igreja e seu magistério, seja ela assumida por inspirações diretas como Lutero as identificava entre os "entusiastas". É nesta função crítica que reside a novidade trazida por Lutero, uma vez que a escritura sempre fora usada como fundamento da teologia.

---

[17] LUTERO, Martinho. Answer to the Hyperchristian, Hyperspiritual, and Hyperlearned Book by Goat Emser. LW 39, p. 178, apud BRAATEN, 2002, p. 25-94, à p. 86.

[18] Cf., entre outros, a crítica de KÜNG, 1999, p. 71-73.

A escritura é a *norma normans*, conforme Lutero formula nos artigos de Esmalcalde (1536): "A norma é: a Palavra de Deus, e mais ninguém, nem mesmo um anjo, estabelecerá artigos de fé".[19] Numa fase bem mais posterior, na *Fórmula de Concórdia* (1577) insiste-se que "cremos, ensinamos e confessamos que somente os escritos proféticos e apostólicos do Antigo e do Novo Testamento são a única regra e norma segundo a qual devem ser ajuizadas e julgadas igualmente todas as doutrinas e todos os mestres...".[20] Toda outra formulação da fé, inclusive os escritos confessionais, depende desta norma primária e é, portanto, *norma normata*. Embora os escritos confessionais tenham autoridade porque (*quia*) correspondem ao Evangelho, isto é verdade apenas na medida em que (*quatenus*) correspondem ao Evangelho, o que pode e deve ser verificado por qualquer fiel. Razão pela qual importa tanto a ampla divulgação e leitura da escritura, traduzida para o vernáculo. Se não se pode justapor escritura, tradição e magistério, também não se pode partir apenas dos escritos confessionais. Não se pode advogar um estreito confessionalismo, pois também os escritos confessionais derivam sua autoridade do Evangelho e não têm valor em si mesmo (cf. BRAKEMEIER, 2004, p. 42).

Afinal, quer-se preservar o Evangelho, de origem divina, da sua distorção ao ser usurpado por seres humanos que se arroguem ser detentores da leitura correta.[21] Evidentemente, a hermenêutica moderna e a exegese histórico-crítica têm dinamizado esta concepção, insistindo no papel do autor e da leitora nos seus contextos específicos, visando, como diria Gadamer, a uma "fusão de horizontes" (1997, p. 457). Ou, numa formulação feliz do biblista ecumênico Hans-Ruedi Weber, enquanto eu leio a Bíblia, esta também é "o livro que me lê" (1998). Nesta dinâmica de leitura mútua, que

---

[19] Artigos de Esmalcalde, parte II, artigo II, 15, in: *Livro de Concórdia*, 1997. p. 316; cf. Gl 1,8: "Mas, ainda que nós ou mesmo um anjo vindo do céu vos pregue evangelho que vá além do que vos temos pregado, seja anátema".

[20] Fórmula de Concórdia – Epítome, introdução, in: *Livro de Concórdia*, 1997, p. 499.

[21] Nas palavras de Gottfried Brakemeier: "... o primado da Escritura é a única barreira eficaz contra os desvios da Igreja e o arbítrio dos intérpretes" (BRAKEMEIER, 2003, p. 29).

Tradição apostólica no diálogo católico-luterano

acontece num âmbito comunitário e ecumênico, como com muito êxito demonstrou o movimento bíblico no Brasil e na América Latina, acreditamos que seja o Espírito Santo que nos mostre o caminho.[22] A tarefa da Igreja como *creatura verbi* é facilitar este processo e zelar pela continuidade do testemunho apostólico, compreendido na contemporaneidade.

A introdução do ministério ordenado feminino

Numa carta ao então arcebispo de Cantuária, o Papa Paulo VI escreveu:

> Ela [sc. a Igreja] mantém que não é admissível a ordenação de mulheres ao sacerdócio, por razões muito fundamentais. Estas razões incluem: o exemplo recordado nas Sagradas Escrituras do Cristo escolhendo os apóstolos apenas entre homens; a prática constante da Igreja que tem imitado o Cristo ao escolher apenas homens; e seu Magistério vivo que tem mantido, consistentemente, que a exclusão de mulheres do sacerdócio está de acordo com o plano de Deus para sua Igreja.[23]

Na sua argumentação, o papa recorre às três instâncias interligadas: à escritura, à tradição – a prática constante da Igreja – e ao magistério, que estariam em perfeita harmonia. Essa posição foi reforçada pelo Papa João Paulo II, em 1994, na sua carta apostólica *Ordinatio Sacerdotalis*, quando declarou

> ... para que seja excluída qualquer dúvida em assunto da máxima importância, que pertence à própria constituição divina da Igreja, em virtude do meu ministério de confirmar os irmãos (cf. Lc 22,32), declaro que a Igreja não tem absolutamente a faculdade de conferir a ordena-

---

[22] Cf., entre outros, as publicações do CEBI e os livros seminais de Carlos Mesters. Parece que, nisto, as comunidades católico-romanas ultrapassaram os protestantes, conforme insinua ALTMANN, 1994, p. 100s.

[23] PAULO VI. Rescrito à carta de Sua Graça o Rev.mo Dr. F. D. Coggan, Arcebispo de Cantuária, sobre o ministério sacerdotal das mulheres, 30 de novembro de 1975: AAS 68 (1976), 599-600, citado em: JOÃO PAULO II, 1994.

ção sacerdotal às mulheres, e que esta sentença deve ser considerada como definitiva por todos os fiéis da Igreja (JOÃO PAULO II, 1994, n. 4).

Embora a base desta decisão seja a falta de "faculdade", é com o poder do seu ministério e magistério que o papa proclama uma decisão definitiva. É preciso encerrar um assunto pelo poder do magistério. Este se sabe em correspondência com a escritura e a tradição, mas reage diante de pressões de considerável número de fiéis e de opiniões de teólogos católico romanos que o questionam, não por último a partir de outra leitura da escritura.[24]

É sabido que também nas igrejas protestantes demorou séculos para que fosse introduzido o ministério ordenado feminino.[25] Não estava na visão de Lutero, embora tenha previsto a substituição de homens ordenados por mulheres "em caso de necessidade".[26] Nisto, em princípio, mantiveram a tradição antiga. Esta conhecera apenas diáconas ordenadas, porém este ministério caiu em desuso no século V (FITZGERALD, 1998. BEHR-SIGEL; WARE, 1998). De fato, não houve ordenações presbiterais ou episcopais femininas. Contudo, releituras do testemunho bíblico mostraram um papel muito mais forte das mulheres do que fora, em geral, assumido. Também emergiu uma nova visão sobre a suposta subordinação da mulher na criação e na vida cristã. Por fim, questionou-se a continuidade entre

---

[24] Do lado católico romano, veja o livro de SOBERAL, 1989. Entre outros, destaca que a Pontifícia Comissão Bíblica mostrou-se bastante favorável à possibilidade da ordenação feminina, enquanto a Sagrada Congregação para a Doutrina da Fé teria desconsiderado esta posição e confeccionado um documento claramente contrário à ordenação feminina (ibid., p. 18s). O próprio autor chega a um posicionamento favorável ao percorrer o testemunho bíblico. O bispo ortodoxo Kallistos (Timothy) WARE julga necessária, ao menos, uma investigação teológica maior sobre o assunto. Embora haja poucos que admitiram, hoje, a ordenação feminina como correta, "existe um grupo bem maior que julga os argumentos até agora proferidos, tanto contra quanto a favor de tal ordenação, serem profundamente inadequados" (WARE, 1997, p. 293).

[25] Cf., numa visão histórica, REILY, 1989. Para a IECLB, numa visão prática, cf. FREIBERG, 1997.

[26] "É verdade, porém, que neste artigo o Espírito Santo excetuou as mulheres, as crianças e pessoas ineptas e que escolheu para isso somente homens aptos (exceto em caso de necessidade)..." (LUTERO, 1992, p. 413). Assim já em: KIRCHENPOSTILLE (1522), EA 12, 376, apud BERTINETTI, 1965, p. 169, onde há mais referências.

os Doze e o ministério ordenado da Igreja e a necessidade de uma representação física do Cristo enquanto homem na celebração eucarística. Não por último a partir da pressão do ambiente secular, onde a igualdade da mulher fora mais e mais claramente afirmada, efetivou-se uma mudança fundamental na prática e teologia de muitas igrejas. Na lógica de Lutero, embora não vislumbrado por ele, o princípio escriturístico chegou a superar uma antiga tradição, mantida pela própria Reforma. Houve e ainda há fortes debates em muitas igrejas sobre o assunto. Na Igreja luterana da Suécia, por exemplo, que aliás manteve a sucessão apostólica no seu sentido histórico e pessoal, houve uma forte discussão sobre a interpretação do testemunho bíblico em torno de sua decisão de ordenar mulheres ao ministério sacerdotal, tomada em 1958 (BERTINETTI, 1965, p. 185-197; STENDHAL, 1985). Além da releitura da escritura, pesou a reflexão sobre a própria natureza do ministério, fundamentada no princípio do sacerdócio de todos os crentes. Não tinha, portanto, boas razões para continuar excluindo mulheres do ministério ordenado. Resumindo, podemos dizer que uma nova volta às fontes a partir do contexto atual permitiu um novo caminho para o futuro.

A Declaração conjunta sobre a doutrina da justificação

Em 1999, um acordo muito significativo foi firmado entre o Pontifício Conselho pela Unidade dos Cristãos e a Federação Luterana Mundial, a "Declaração conjunta sobre a doutrina da justificação" (DC). Em preparação desde 1972, quando o relatório de Malta sobre "O Evangelho e a Igreja", da Comissão Mista Internacional Católico-Romana/Evangélico-Luterana constatara que hoje "se esboça sobre este assunto um amplo consenso" (MEYER et al., 1931-1982, p. 255), sua aprovação final fora complicada por um forte protesto da parte de teólogos alemães que viram a Reforma abandonar a si mesma ao abrir mão, por exemplo, da unicidade da justificação como critério. Um ponto de debate foi precisamente se esta seria *um* critério, ainda que "indispensável, que visa orientar toda a doutrina e prática da Igreja incessantemente para Cristo" (DC 18), ou *o* critério? Parecia uma luta do magistério acadêmico contra o magistério eclesial, pois a aprovação da declaração cabia às igrejas e o protesto veio dos professores.

O conflito, portanto, não se deu nem principalmente sobre o conteúdo da doutrina da justificação, mas antes sobre sua função como critério principal. Vimos que o princípio escriturístico não significa um biblicismo, mas é regido pelo Cristo vivo e presente. O Evangelho pode ser resumido na boa-nova da justificação do pecador mediante graça e fé. Nos artigos de Esmalcalde, Lutero disse: "Desse artigo a gente não se pode afastar ou fazer alguma concessão, ainda que se desmoronem céu e terra ou qualquer outra coisa. (...) Sobre esse artigo fundamenta-se tudo o que ensinamos e vivemos contra o papa, o diabo e o mundo" (*Livro de Concórdia*, 1997, p. 313.) É este princípio que quer salvaguardar o Evangelho de qualquer poder humano que queira dele apropriar-se.

Porém, não podemos esquecer que a defesa deste princípio só faz sentido quando temos certeza do seu significado para nós hoje. No âmbito da América Latina, procurou-se dar nova expressão à justificação por meio da libertação, sendo este o tema central numa situação de cativeiro (ALTMANN, 1994, p. 77-97.). A 31 anos do final da ditadura militar, diminuiu a exclusão política, mas ainda permanece, apesar de certos avanços, a exclusão social. Para milhões de brasileiros, latino-americanos e muitos outros povos, a questão principal é de sobrevivência e não de medo diante do pecado, como fora para Lutero (cf. TAMEZ, 1995). Por outro lado, existe uma "coação à justificação" de si mesmo diante do mundo; eu preciso "lutar pelo meu lugar na sociedade" (BRAKEMEIER, 2002, p. 83.). O programa de televisão *Big Brother* pode ser lido assim: As pessoas se apresentam 24 horas por dia ao público que julga sobre sua permanência ou não na casa, assim decidindo sobre quem "presta" ou não.[27] Outro

---

[27] Assim constata DEVELEY, 2004. Develey compara a casa do *Big Brother* a um mosteiro beneditino, sendo que as regras de entrada e comportamento são, em muitos aspectos, parecidos. Existe certa renúncia (restrição de objetos a serem trazidos), isolamento do mundo, necessidade do trabalho próprio (tem que fazer suas comidas, lavar roupa etc.), frequência da confissão (há um "confessionário" no Big Brother), entre outros aspectos.

aspecto neste contexto é a "coação à heresia", como formulara o sociólogo Peter Berger, ou seja, as pessoas hoje não têm apenas a *liberdade* para sua autorrealização, mas também a *obrigação* (1979). Voltando à questão da exclusão social, as pessoas excluídas, aparentemente, não têm nada a oferecer – não têm dinheiro, nem inteligência comprovada por ótimas notas na escola, nem a cor preferida (branca), nem ligação à uma pessoa ou família de renome. Esta situação é uma explicação pelo fato de, mesmo com toda informação sobre planejamento familiar, tantas meninas jovens darem à luz a filhos e filhas quando ainda não têm maturidade para tal. Parece o único jeito para conseguir certo reconhecimento e respeito na sociedade.

Portanto, não é pela simples repetição de princípios historicamente defendidos que damos continuidade ao Evangelho. Antes, este deve ser compreendido no contexto atual, e seu testemunho principal, a escritura, deve ser relido com nossos olhos de hoje, sendo que essa leitura pode e deve nos desafiar – é, como disse, uma leitura mútua. Leio a Bíblia, e sou lido por ela. O diálogo ecumênico sobre a doutrina da justificação, além de significativo avanço ecumênico, trouxe de volta a necessidade de tal releitura do próprio princípio escriturístico.

Um dos avanços da DC está, a meu ver, no fato de conceder uma mudança de posição sem querer corrigir o passado. As condenações mútuas referentes à doutrina da justificação não foram simplesmente consideradas falsas ou inúteis.[28] Refletiam posições mutuamente exclusivas e cada lado teve que manter sua posição diante do que viu como mal-entendido do Evangelho e da tradição no outro. O que acontece na DC é uma releitura destas condenações à luz das posições atuais das igrejas implicadas que não são mais aquelas que se queria atingir. Assim se pode remover pedras no caminho do ecumenismo, modificando a leitura da escritura e da tradição de tal modo a chegar a um "consenso nas verdades básicas" que facilite a superação da mútua exclusão. É um novo olhar sobre a escritura,

---

[28] Do lado luterano houve apenas uma condenação explícita, na Fórmula de Concórdia, mas o teor dos escritos confessionais implica tal condenação num sentido mais amplo.

a tradição e sobre o irmão e a irmã em Cristo na contemporaneidade. O que falta, por enquanto, são desdobramentos concretos deste novo olhar na facilitação de uma maior comunhão ecumênica.

Conclusões

Em termos de conclusão, gostaria de sugerir as seguintes teses para debate.

1. A Igreja é uma Igreja a caminho, norteada pela memória de sua origem e pela esperança do seu futuro. No início, no centro e no final desta caminhada está o Cristo, Filho do Pai, o Verbo que se tornou carne. Seu testemunho foi, pela ajuda do Espírito Santo, colecionado na escritura do chamado Novo Testamento, que se tornou a suprema referência da fé cristã, junto com os textos que Jesus de Nazaré, sendo judeu, conheceu como escritura e que hoje denominamos de Antigo Testamento.

2. Os que foram renovados pela justificação e inseridos no rebanho do Cristo pelo batismo, pertencem à comunidade hermenêutica da Igreja. Nesta, são lidos e relidos os textos da escritura, criando-se uma tradição de sua compreensão. Assim, a tradição não é uma fonte ao lado da escritura, mas seu conteúdo interpretado ao longo dos séculos.

3. A leitura da escritura procura manter a continuidade com os apóstolos, os testemunhos que presenciaram o caminho de Jesus de Nazaré enquanto Cristo, que foram enviados ao mundo pela força do Espírito Santo para proclamar a Boa-Nova. A Igreja é, assim, *creatura verbi et spiritus*.[29] Sua apostolicidade não se restringe ao olhar para o passado, mas inclui sua missão no presente contexto.

4. O princípio *sola scriptura* é um derivado do *solo verbo*, partindo do Evangelho de Cristo que interpela ao ser proclamado. Enquanto tal, é um princípio material crítico que serve para avaliar a validade de qualquer

---

[29] Cf. a proposta da Comissão de Fé e Constituição do CMI, no seu documento FO 2004:32: *The Nature and Mission of the Church. A stage on the way to a common statement*, n. 10-14 (mimeo).

Tradição apostólica no diálogo católico-luterano

doutrina e prática. Toda autoridade é sujeita à escritura a partir deste princípio. Contudo, fica a pergunta pelas formas concretas do exercício da autoridade na Igreja cristã, necessário para manter a coerência da fé.

5. Enquanto a Palavra de Deus é viva, presente no Cristo pela força do Espírito Santo, a tradição é também viva, garantindo a continuidade com as origens, a orientação para o futuro escatológico e a contextualidade no tempo presente. Assim, é um processo contínuo e dinâmico. Não significa a petrificação de um denominado corpo de proposições, nem no sentido de um fundamentalismo bíblico, nem de um tradicionalismo eclesiástico ou de um autoritarismo magisterial.

6. A volta às fontes tem como finalidade a caminhada para frente. Assim sendo, salvaguardados a origem e o fim, uma mudança de caminhada deve ser possível. Precisa ter respaldo primeiramente na Palavra e, portanto, recorrer ao testemunho da escritura. Porém, é também preciso a recepção pela Igreja no *consensus fidelium*, considerando sua dimensão ecumênica no tempo e no espaço.

7. O Evangelho é adequadamente resumido na boa-nova da justificação por graça e fé. Como Palavra viva de Deus, proclamado para todo mundo, procura estabelecer um relacionamento do ser humano com Deus a partir da salvação em Cristo. Contudo, é necessário um debate sobre o sentido da justificação na contemporaneidade, pois não tem a mesma plausibilidade hoje que tinha para Lutero. O diálogo ecumênico ajuda nesta releitura do conteúdo central do Evangelho.

8. Enquanto o Evangelho do Cristo que justifica o pecador é o centro da escritura, não a esgota na sua integralidade. Foram transmitidos mais livros do que seriam necessários para tal mensagem. Existem outros motivos regulativos que constituem a mensagem bíblica e sua interpretação. Gerd Theissen cita quinze destes, entre eles o motivo da criação, da encarnação, da vicariedade e da troca de posições ("o primeiro será o último" e vice-versa), do ágape e do juízo (THEISSEN, 2004, p. 92-94). Estes regem, como uma gramática, o conteúdo evangélico, base para o mito, rito e ética

próprios do cristianismo, razão pela qual se formou uma religião distinta do judaísmo (THEISSEN, 2009). Numa linha parecida, aplicando um modelo linguístico à teologia, Robert Schreiter sugeriu que a tradição nos fornece o vocabulário, a fé a competência, a expressão concreta da fé a *performance* e as instâncias normativas (a escritura, os credos, os concílios e o magistério) a gramática (1985). Penso que um modelo linguístico da fé, onde não interessam tanto as proposições, mas a gramática que rege o uso desta linguagem, tem um grande potencial ecumênico (cf. WIEDENHOFER, 1994, p. 464ss. RITSCHL; HAILER, 2012, p. 359-387).

9. Por fim, é fundamental afirmar que todo nosso fazer teológico, nossa atuação nas igrejas e nossa procura ecumênica não fazem sentido sem a fé no Deus trino, Pai, Filho e Espírito Santo, pois é a partir da confiança nele que podemos continuar a caminhada. Volto, portanto, mais uma vez às palavras do Evangelho de João: "Disse, pois, Jesus aos judeus que haviam crido nele: 'Se vós permanecerdes na minha palavra, sois verdadeiramente meus discípulos; e conhecereis a verdade, e a verdade vos libertará'" (Jo 8,31s).

Referências

ALTMANN, Walter. *Der Begriff der Tradition bei Karl Rahner.* Bern: Herbert Lang; Frankfurt/M.: Peter Lang, 1974.

_____. *Lutero e libertação.* São Paulo: Ática, 1994.

_____ (Org.). *Nossa fé e suas razões*: o credo apostólico – história, mensagem, atualidade. São Leopoldo: Sinodal, 2004.

BARTH, Karl. *Die kirchliche Dogmatik.*v. I,1 [1932]. Zürich: TVZ, 1986.

BEHR-SIGEL, Elisabeth; WARE, Kallistos. *L'ordination de femmes dans l'Église orthodoxe.* Paris: Cerf, 1998 (ed. em inglês: Genebra, 2000).

BERGER, Peter L. *The Heretical Imperative:* Contemporary Possibilities of Religious Affirmation. Doubleday/Garden City: Anchor Press, 1979.

BERTINETTI, Ilse. *Frauen im geistlichen Amt*. Berlin: Evangelische Verlagsanstalt, 1965.

BRAATEN, Carl E. "Prolegômenos e dogmática cristã" (p. 25-94). Trad. Luís M. Sander. In: BRAATEN, Carl E.; JENSON, Robert W. (Ed.). *Dogmática cristã*. 2. ed. São Leopoldo: IEPG/Sinodal, 2002. v. 1.

BRAKEMEIER, Gottfried. *A autoridade da Bíblia*. São Leopoldo: Sinodal/CEBI, 2003.

_____. "O cânon do Novo Testamento: paradigma da unidade da Igreja?" *Estudos Teológicos* 27 (3), p. 205-222, 1997.

_____. *O ser humano em busca de identidade*: contribuições para uma antropologia teológica. São Leopoldo: Sinodal; São Paulo: Paulus, 2002.

_____. "'Somente a Escritura': avaliação de um princípio protestante" (p. 39-47). In: WACHHOLZ, Wilhelm (Coord.). *Evangelho, Bíblia e escritos confessionais*. Anais do II Simpósio sobre Identidade Evangélico-Luterana. São Leopoldo: EST, 2004.

CATECISMO da Igreja Católica. Edição típica vaticana [1997]. São Paulo: Loyola, 2000.

A CONFISSÃO de Augsburgo. Edição Comemorativa 1530-2005. Publicada pela Comissão Interluterana de Literatura (CIL). São Leopoldo: Sinodal; Porto Alegre: Concórdia; Curitiba: Encontro, 2005.

CONGAR, Yves M.-J. *Tradition and Traditions*. An historical and a theological essay [1960, 1963]. Trad. Michael Naseby e Thomas Rainborough. New York: Macmillan, 1967.

CONSELHO MUNDIAL DE IGREJAS; FÉ E CONSTITUIÇÃO; CONIC. *Um tesouro em vasos de argila*: instrumento para uma reflexão ecumênica sobre a hermenêutica [1998]. Trad. Maria Telma Queiroz Brito. São Paulo: Paulus, 2000.

CULLMANN, Oscar. *Die Tradition als exegetisches, historisches und theologisches Problem*. Zürich: Zwingli-Verlag, 1954.

"DAS EVANGELIUM und die Kirche (1972). Bericht der Evangelisch-lutherisch/Römisch-katholischen Studienkommission" (p. 248-271). In: MEYER, Harding et al. (Eds.). *Dokumente wachsender Übereinstimmung.* Sämtliche Berichte und Konsenstexte interkonfessioneller Gespräche auf Weltebene. v. 1: 1931-1982. Paderborn: Bonifatius; Frankfurt/M.: Lembeck.

DECLARAÇÃO conjunta sobre a doutrina da justificação. Declaração conjunta Católica Romana e Federação Luterana Mundial. Augsburgo, 31 de outubro de 1999. Trad. Johannes F. Hasenack. 2. ed. São Leopoldo: Sinodal; Brasília CONIC; São Paulo: Paulinas, 1999.

DEVELEY, Florence. "Experimento com a autenticidade: comparação entre o programa *Big Brother* e as regras monásticas dos beneditinos". Trad. Walter O. Schlupp. *Estudos Teológicos*, 44 (2), p. 5-25, 2004.

DUNN, James D. G. *Unidade e diversidade no Novo Testamento*: um estudo das características dos primórdios do cristianismo [1977]. Trad. José Roberto C. Cardoso. Santo André: Academia Cristã, 2009.

EBELING, Gerhard. "'Sola Scriptura' und das Problem der Tradition" (p. 95-127). In: SKYDSGAARD, K. E.; VISCHER, Lukas (Eds.). *Schrift und Tradition.* Untersuchung einer theologischen Kommission. Zürich: EVZ-Verlag, 1963.

FITZGERALD, Kyriaki Karidoyanes. *Women Deacons in the Orthodox Church.* Called to Holiness and Ministry. Brookline: Holy Cross Orthodox Press, 1998.

FREIBERG, Maristela Lívia. *Retratos do processo de formação e atuação das primeiras pastoras da IECLB – Igreja Evangélica de Confissão Luterana no Brasil.* Dissertação (Mestrado em Teologia). São Leopoldo: EST – IEPG, 1997.

GADAMER, Hans-Georg. *Verdade e método*: traços fundamentais de uma hermenêutica filosófica [1960]. Trad. Flávio Paulo Meurer. 3. ed. Petrópolis: Vozes, 1997.

HAUSCHILD, Wolf-Dieter. "Die Bewertung der Tradition in der lutherischen Reformation" (p. 195-231). In: PANNENBERG, Wolfhart; SCHNEIDER, Theodor (Eds.). *Verbindliches Zeugnis.* v. 1: Kanon – Schrift – Tradition. Freiburg: Herder; Göttingen: Vandenhoeck & Ruprecht, 1992.

HOUTEPEN, Anton. "Ökumenische Hermeneutik. Auf der Suche nach Kriterien der Kohärenz im Christentum". *Ökumenische Rundschau,* 39, p. 279-296, 1990.

JOÃO PAULO II. *Carta Encíclica* Ut unum sint *sobre o empenho ecumênico.* 25 de maio de 1995. 2. ed. São Paulo: Paulinas, 1995.

JOÃO PAULO II. *Carta apostólica* ordinatio sacerdotalis *do sumo pontífice João Paulo II sobre a ordenação sacerdotal reservada somente aos homens.* Disponível em: <http://w2.vatican.va/content/john-paul-ii/pt/apost_letters/1994/documents/hf_jp-ii_apl_22051994_ordinatio--sacerdotalis.html>. Acesso em: 04 set. 2016.

JÜNGEL, Eberhard. *Das Evangelium von der Rechtfertigung dês Gottlosen als Zentrum des christlichen Glaubens* [1998]. 2. ed. Tübingen: Mohr Siebeck, 1999.

KÄSEMANN, Ernst. "Begründet der neutestamentliche Kanon die Einheit der Kirche? (1951)" (p. 214-223). In: *Exegetische Versuche und Besinnungen.* Göttingen: Vandenhoeck & Ruprecht, 1960. v. 1.

_____. "Diversidade e unidade no Novo Testamento". *Concilium,* n. 199, p. 80-90, 1984.

KIRCHNER, Hubert. *Wort Gottes, Schrift und Tradition.* Göttingen: Vandenhoeck & Ruprecht, 1998.

KÜNG, Hans. *Teologia a caminho*: fundamentação para o diálogo ecumênico [1987]. Trad. Hans Jörg Witter. São Paulo: Paulinas, 1999.

LIBÂNIO, João Batista. *Crer num mundo de muitas crenças e pouca libertação.* São Paulo: Paulinas; Valência: Siquem, 2003.

LIVRO de Concórdia: as confissões da Igreja Evangélica Luterana. Trad. e notas de Arnaldo Schüler. 5. ed. São Leopoldo: Sinodal; Porto Alegre: Concórdia, 1997.

LUTERO, Martinho. *Pelo Evangelho de Cristo*: obras selecionadas de momentos decisivos da Reforma. Trad. Walter O. Schlupp. São Leopoldo: Sinodal; Porto Alegre: Concórdia, 1984.

_____. "Dos Concílios e da Igreja (1539)" (p. 300-432). In: *Obras selecionadas*, São Leopoldo: Sinodal; Porto Alegre: Concórdia, v. 3, 1992.

_____. "Prefácio às Epístolas de S. Tiago e Judas (1546)" (p. 153-155). In: *Obras selecionadas*, São Leopoldo: Sinodal; Porto Alegre: Concórdia, 2003. v. 8.

MEYER, Harding. "Die ökumenische Neubesinnung auf das Überlieferungsproblem". In: VAJTA, Vilmos. *Evangelium als Geschichte*. Identität und Wandel in der Weitergabe des Evangeliums. Göttingen: Vandenhoeck & Ruprecht, 1974.

_____. "Continuidade apostólica – ministério eclesiástico – sucessão apostólica: problemas e possibilidades de entendimento ecumênico" (p. 170-189). In: *Diversidade reconciliada*: o projeto ecumênico. São Leopoldo: Sinodal, 2003.

RAHNER, Karl. "Heilige Schrift und Tradition" (p. 121-138). In: *Schriften zur Theologie*. v. 6, Zürich: Benziger, 1965.

REILY, Duncan Alexander. *Ministérios femininos em perspectiva histórica*. São Paulo: CEBEP; São Bernardo do Campo: Faculdade de Teologia da Igreja Metodista, 1989.

RITSCHL, Dietrich. *Memory and Hope*. An Inquiry concerning the presence of Christ. New York, London: Macmillan, 1967.

_____; HAILER, Martin. *Fundamentos da teologia crista*. Trad. Nélio Schneider. São Leopoldo: Sinodal, 2012.

SCHREITER, Robert J. *Constructing Local Theologies*. Maryknoll: Orbis Books, 1985.

SINNER, Rudolf von. *Reden vom dreieinigen Gott in Brasilien und Indien*: Grundzüge einer ökumenischen Hermeneutik im Dialog mit Leonardo Boff und Raimon Panikkar. Tübingen: Mohr Siebeck, 2003.

_____. *Confiança e convivência*: reflexões éticas e ecumênicas. São Leopoldo: Sinodal, 2007.

SOBERAL, José Dimas. *O ministério ordenado da mulher*. Trad. Ilton Luiz Schmitz; M. W. Scaramuzzi. São Paulo: Paulinas, 1989.

STENDHAL, Brita. *The Force of Tradition*. A Case Study of Women Priests in Sweden. Philadelphia: Fortress, 1985.

TAMEZ, Elsa. *Contra toda condenação*: a justificação pela fé partindo dos excluídos. Trad. Georges I. Maissiat. São Paulo: Paulus, 1995.

THEISSEN, Gerd. *A religião dos primeiros cristãos*: uma teoria do cristianismo primitivo. São Paulo: Paulinas, 2009.

_____. "A unidade da Igreja: coerência e diferença no protocristianismo [1994]". Trad. Luís M. Sander. *Estudos Teológicos*, 44 (1), p. 85-104, 2004.

VIER, Frederico O.F.M. (Coord. Geral). *Compêndio do Vaticano II*: constituições, decretos, declarações [1968]. 29. ed. Petrópolis: Vozes, 2000.

WACHHOLZ, Wilhelm (Coord.). *Evangelho, Bíblia e escritos confessionais*. Anais do II Simpósio sobre Identidade Evangélico-Luterana. São Leopoldo: EST, 2004.

WARE, Kallistos. *The Orthodox Church* [1963]. Nova ed. London: Penguin, 1997.

_____. "Tradition and traditions" (p. 1143-1148). In: LOSSKY, Nicholas et al. (Eds.). *Dictionary of the Ecumenical Movement*. 2. ed. Genebra: CMI, 2002.

WEBER, Hans-Ruedi. *Bíblia, o livro que me lê*: manual para estudos bíblicos. São Leopoldo: Sinodal; CEBI, 1998.

WENZ, Gunther. "O Evangelho e a Bíblia no contexto da tradição confessional de Wittenberg" (p. 9-28). In: WACHHOLZ, Wilhelm (Coord.). *Evangelho, Bíblia e escritos confessionais*. São Leopoldo: EST, 2004.

WIEDENHOFER, Siegfried. "Zum gegenwärtigen Stand von Traditionstheorie und Traditionstheologie". *Theologische Revue*, 93 (6), p. 443-468, 1994.

A TRADIÇÃO METODISTA DE JOHN WESLEY E O ESPÍRITO CATÓLICO

Levy da Costa Bastos*

O Ecumenismo sempre será o melhor caminho para cristãos e cristãs, pois no diálogo fraterno e fecundo aprendemos uns com os outros, superamos nossos limites e damos concretude à nossa vocação mais fundamental: testemunharmos o amor de Deus. Um cristianismo unido é a única alternativa para estes tempos trabalhosos, no qual vivemos. Na unidade damos o melhor e mais eficaz testemunho de que andamos sob o Espírito de Cristo (Jo 17,21).

Neste texto se pretende discutir, em linhas gerais, aquilo que interessava ao fundador do movimento metodista e que foi, por isso mesmo, a substância de sua fé. Serão analisados três dos mais importantes documentos teológicos da tradição wesleyana, nos quais o tema do ecumenismo foi tratado. Em dois de seus sermões ("O espírito católico" e "Advertência contra o sectarismo") e em sua "Carta a um católico romano" descortinam-se elementos que permitem ainda hoje fundamentar a prática de cristãos e de cristãs comprometidos com a causa ecumênica. São, sim, testemunhos permanentes de que, na alma metodista e wesleyana, o ecumenismo sempre foi substância. Essência mesmo. Não se pode, então, negar que não é sem motivo que o ecumenismo dos tempos atuais tenha encontrado em cristãos metodistas como John Mott (líder leigo na *World Missionary Conference*,

---

* *Levy Bastos* é pastor metodista e doutor em Teologia pela Pontifícia Universidade Católica do Rio de Janeiro.

em Edinburg), Emílio Castro, Philip Potter e Samuel Kobia (Presidentes do *World Council of Churches*) seus mais fervorosos defensores.[1]

Principiando a conversa: onde o diálogo nem sempre foi fácil

O Metodismo nunca teve pretensão de se tornar uma nova confissão de fé. Desde o primeiro momento pretendeu, isto sim, ser um movimento de renovação no interior da Igreja da Inglaterra. Metodistas sentiram-se vocacionados por Deus para renovar a Igreja. Mas mais do que isso, entendiam também que era sua tarefa transformar a nação e espalhar por toda a terra aquilo que entendiam ser um modelo de santidade bíblica. Descontada a abrangência e, por que não dizer, a ambição desta autocompreensão, os primeiros metodistas de fato infundiram uma nova vitalidade no Anglicanismo de seu tempo. Mas, é bom que se diga, tratou-se de um fenômeno cujo epicentro foi a Inglaterra, onde população era majoritariamente protestante. Isso explica (sem justificar, evidentemente) a antipatia dos ingleses pelo Catolicismo, que no imaginário popular estava relacionado com superstição e idolatria. Para muitos ingleses, o Catolicismo evocava tempos sombrios como os da Rainha Maria, a sanguinária. Para estes, pairava sempre a suspeita de que os católicos não fossem suficientemente fiéis à coroa. Numa palavra: esse julgamento tratava-se de algo eivada de preconceitos.

Em 1779 John Wesley redigiu e publicou seu *"Popery calmly considered"*. Este documento ainda segue sendo um texto de difícil adequação dentro da totalidade de sua teologia e prática ecumênicas. Nele Wesley analisa, às particularidades, algumas das doutrinas e práticas católicas que até hoje são pontos de discórdia com os protestantes. Nesse pequeno tratado teológico, ele não se limita a expor a incompatibilidade da fé católica com a protestante, mas faz, à guisa de conclusão, um juízo que é tudo menos um

---

[1] Não se pode, entretanto, deixar de registrar com grande pesar a decisão dos metodistas brasileiros, reunidos em julho de 2006 no 18º Concílio Geral, de se retirarem de organismos ecumênicos que tivessem a presença da Igreja Católica.

convite ao diálogo respeitoso e fraterno. Três questões, entretanto, relativizam o valor deste documento:

1. Depois de expor inúmeros itens da religiosidade católica com os quais se mostra indisposto, Wesley afirma peremptoriamente que não descrê que sempre tem havido cristãos católicos piedosos e tementes a Deus.

2. Wesley possivelmente escreveu este documento sob a pressão dos acontecimentos trágicos relacionados com as Gordon Riots. Tumultos desencadeados por cidadãos de Londres insatisfeitos com o que julgavam ser uma crescente tolerância das autoridades britânicas para com os católicos irlandeses (RACK, 2002, p. 309-313).

3. Por fim, e por certo é o ponto mais importante, pode-se mencionar o fato de que os documentos que historicamente inspiraram os metodistas na prática do ecumenismo foram elaborados na metade do século XVIII e seguiram ocupando a função de baliza para a prática do povo. Foram incluídos como parte determinante das *Obras Completas* de John Wesley, ao final de sua vida. Não se trataria, portanto, de textos cujo conteúdo e intenção nada tivessem que ver com o que realmente os metodistas primitivos pensavam e praticavam. São, assim, substância de sua fé.

Na Irlanda, não somente não se falava inglês[2] como também se cultivava outra religiosidade, diferente daquele professada pelos ingleses. Tratava-se de um Catolicismo de feições guerreiras, quase fanáticas. Isso explica a dificuldade que os metodistas tiveram para sua inserção entre o povo. Explica também a ocorrência, de todo lamentável, de tumultos (violência mesmo) da população contra os pregadores metodistas. É nesse contexto que se insere a carta que John Wesley escreve em 1749 aos católicos irlandeses. Numa realidade onde o diálogo estava comprometido, Wesley

---

[2] Um dos mais destacados pregadores metodistas na Irlanda foi Thomas Walsh. Convertido irlandês do Catolicismo, Walsh era um erudito e sua espiritualidade somada à sua fluência no dialeto celta lhe permitiu ganhar o coração do povo. Num apostolado de curtos nove anos tornou-se o primeiro grande líder do Metodismo na Irlanda (CARTER, 1951, p. 176).

esteve disposto a estender a mão da concórdia. Procurou pontos de identidade e comunhão entre os católicos e os anglicanos. Ele não desconsiderou os aspectos salientes de divergência, mas soube relativizá-los. Sua carta foi, acima de tudo, um convite ao diálogo respeitoso e à concórdia.

Uma carta escrita para tempos de intolerância

Não seria nem exagerado nem mesmo equivocado dizer que a essência da compreensão ecumênica de John Wesley e, consequentemente, dos metodistas da primeira hora se deixa descobrir em sua *Carta a um católico romano*. Redigida em 1749, quando de sua primeira visita à Irlanda, nela Wesley aponta um caminho claro e objetivo pelo qual a relação entre as duas confissões poderia ser construída. Ele estabelece, desta forma, as bases para o convívio fecundo e fraterno entre cristãos protestantes e católicos. Wesley entendia que não deveríamos julgar-nos, pois, do contrário, estaríamos mais prontos a nos ferir (*hurt*) do que a nos ajudar (*help*). O julgamento destrói o amor fraterno e desencadeia a malícia, o ódio e a raiva.

Para John Wesley não havia dúvidas de que a animosidade entre cristãos católicos e protestantes era tão grande que sua carta iria encontrar entre seus conterrâneos anglicanos oposição imediata. Ele sabia que seria criticado por muitos protestantes, para os quais ele estaria sendo excessivamente generoso para com os católicos. Mas assumiu o risco, pois estava mais que convencido de que os católicos mereciam o mais terno respeito.

O princípio aí era simples e coerente: desrespeitar e agredir a um católico é, na verdade, a negação daquilo que poderia ser chamado de a "vocação de um verdadeiro protestante", posto que este deve amar a Deus e a seu próximo, e isso de modo incondicional. Protestantes verdadeiros vivem na prática do amor de Deus, não ofendendo nem ferindo ninguém, fosse com suas palavras ou com seus atos.

Wesley tocou num ponto sensível da fé protestante: a filiação universal e comum dos seres humanos. Para ele não havia dúvidas de que Deus é Pai de todos os seres humanos, sem qualquer distinção. Fossem adeptos do

A tradição metodista de John Wesley e o espírito católico

Cristianismo ou não. Àqueles que achassem (ontem mas também hoje) que só seria filho de Deus os que criam em Cristo, Wesley responde que os cristãos e as cristãs são filhos de Deus como todas as demais pessoas. No que se distinguiria esta filiação? A relação com Cristo. Nisso (e somente nisso) estaria a peculiaridade dos cristãos e cristãs. Deus, que é Pai de todos, age onde, como e quando quiser. Essa soberania do agir Divino funcionou em Wesley como uma chave interpretativa que anulava todo estreitismo na forma de entender o agir de Deus entre nós.

Wesley sempre esteve imunizado contra o conversionismo protestante. Ele tinha convicção de que aos católicos fazia bem continuar ativos em sua Igreja de origem. Ele não pretendia demover os católicos a saírem de suas igrejas. Mais importante do que isso era incentivá-los a permanecer na prática do amor de Deus. Nesse sentido se entende bem a afirmação de Wesley quanto à importância relativa da liturgia, se comparada àquilo que ele entendia ser a substância da fé cristã. A liturgia (qualquer forma de liturgia) era para ele algo secundário. Não o incomodava a forma do culto. Só se trataria de um problema grave se o culto prestado a Deus não fosse realizado em Espírito e em verdade, tal como havia sido preconizado por Cristo (Jo 4,24).

Na verdade, a carta acaba por se tornar num desafio comum para católicos e protestantes. Wesley desafia a si e a seus irmãos e irmãs católicos a confrontarem a sua fé com a necessidade de amar aos inimigos. Por isso é que recomenda aos cristãos e cristãs de seu tempo a amarem-se uns aos outros e a deixarem de lado a disputa interminável sobre questões de opinião (*enless jangling about opinions*). Para ele, o que de fato os cristãos precisavam era deixar de lado os pontos nos quais havia discordância, posto que sobravam pontos de concordância. Naquilo que concordavam, os cristãos e cristãs teriam já estabelecido a base comum para toda a existência cristã. Nesse sentido é que se pode entender a sua afirmação de que "se não podemos pensar semelhantemente em todas as coisas, pelo menos podemos nos amar em todas as coisas igualmente" (OUTLER, 1980, p. 498).

Num texto de uma clareza e simplicidade incomuns, John Wesley convida aos leitores(as) de sua carta à adoção de um tipo de Cristianismo despojado de discussões infrutíferas ao redor de temas polêmicos. Para ele, como cristãos e cristãs devemos nos empenhar para sempre falar coisas boas uns sobre os outros. Era o que ele chamava de "uso da linguagem do amor". Mais do que isso, Wesley os desafiava a que empenhassem todas as suas forças na ajuda mútua em tudo que contribuísse para a sinalização do Reino de Deus. Na base de tudo isso estava sua convicção de que, pelo bem do Evangelho, católicos e protestantes deveriam preservar a comunhão fraterna.

Para superar o sectarismo

Não se pode dizer que Wesley fosse um liberal em sua leitura das Escrituras Sagradas, mas seguramente se pode dizer que tinha um jeito bastante progressista de interpretar os textos bíblicos. Prova disso é a sua abordagem ao texto de Marcos 9,38-39. Em seu sermão "Advertência contra o sectarismo", John Wesley dá um sentido novo para a expressão "expelir demônios". Ele desenvolve uma forma de interpretação do texto que lhe permite deslocar-se de uma visão mais literal e dar um sentido mais abrangente e libertador.

Existiriam, no seu entender, diferentes formas de possessão demoníaca. Mas o que daria identidade unificadora a todas seria o fato de elas comprometerem a caminhada de fidelidade dos cristãos e cristãs a Deus. Wesley via o "demoníaco"[3] não somente em âmbito individual. Ia mais longe. Interpretava o texto também de modo sociológico. Reconhecia ali os sistemas e estruturas socioeconômicos como expressão clara da ação maligna no mundo. Wesley via esta ação presente num projeto como o da conquista ibérica no continente americano e no projeto imperialista britânico:

---

[3] Paul Tillich faz uma profunda revisão do sentido do demoníaco, que, num aspecto, já está presente na abordagem de John Wesley, pois, para o teólogo luterano alemão, "... a característica principal do demoníaco é o estado de ser desintegrado" (TILLICH, 2002, p. 463).

A tradição metodista de John Wesley e o espírito católico

> Seria desejável que ninguém, exceto os pagãos, praticasse tais obras grosseiras, palpáveis, do diabo. Mas não ousamos dizê-lo. Mesmo em crueldade e derramamento de sangue quão pouco estão os cristãos aquém daqueles! Não foram só os espanhóis ou portugueses massacrando milhares na América do Sul; não só os holandeses na Índias Orientais, ou os franceses na América do Norte, seguindo passo a passo os espanhóis: também nossos compatriotas têm brincado com o sangue, exterminando nações inteiras, com isso provando eloquentemente qual o espírito que habita e opera nos filhos da desobediência (WESLEY, 1985, p. 236).

Na verdade, Wesley deu um sentido novo e liberto de reducionismos. Para ele expelir demônios era sinônimo de fazer a obra de Deus, no sentido mais amplo que a expressão possa ter. Isso irmanava cristãos e não cristãos, pois toda pessoa de boa vontade pode estar comprometida em fazer a vontade de Deus.

Quando o texto diz "não nos segue", ele dá aí também um sentido largo e instigante. Wesley interpreta o "não nos segue" como a divergência em algumas questões práticas, tais como a forma litúrgica, a compreensão sobre as ordenanças, sobre os sacramentos ou a identidade teológica (Calvinista, Luterana etc.). Todas essas questões têm valor, mas um valor relativo, se colocadas em paralelo com aquilo que era essencial na fé cristã: o amor devido a Deus e aos seres humanos. Para ele, era realmente uma lástima que "... as circunstâncias mais banais têm dado lugar a diferentes partidos, que continuam por muitas gerações" (WESLEY, 1985, p. 238).

"Não nos segue" poderia ser também a pertença a uma determinada expressão religiosa ou confissão de fé, com a qual temos muitas divergências. Uma Igreja que no imaginário dos ingleses do século XVIII era idólatrica, antibíblica, anticristã ou cheia de superstição. Para Wesley, o grande problema das diferenças que surgiam em pontos de opinião é que raramente terminavam por aí. Elas se estendiam pelas relações interpessoais. Iriam ao nível das afeições e acabavam por separar as pessoas.

Por causa de sua compreensão de uma Igreja ministerial e leiga, Wesley se colocou ao lado dos leigos quando ministros ordenados questionaram o fato de que também leigos pudessem "expelir demônios", isto é, fazer a obra de Deus (SOUZA, 2009, p. 174-189). Por conta disso ele cogitou até mesmo que os bispos anglicanos devessem ser questionados quando fizessem resistência ao serviço dos leigos e leigas.

Mas o que seria para Wesley o sectarismo? Para ele sectarismo seria "... o demasiado apego, o zelo excessivo no tocante ao nosso partido, opinião, Igreja e religião" (WESLEY, 1985, p. 245). Sectária seria, então, a pessoa que se agarrava às suas doutrinas ou convicções e proibisse que se pensasse ou que se agisse diferente do que tivesse sido estabelecido como a regra correta. Um sectário não quer reconhecer que não somente os cristãos e cristãs possam "expelir demônios, mas também judeus, muçulmanos, socinianos, entre outros". Aqui o ecumenismo de Wesley alcança patamares os mais fecundos, pois ele não se restringe à discussão ecumênica entre cristãos, mas também ao diálogo entre religiões não cristãs.

Mais uma vez na linha da parênese, Wesley termina seu sermão convidando os cristãos e cristãs de seu tempo a não somente permitirem que todos façam a obra de Deus, mas também constitui como tarefa de todo seguidor de Cristo o incentivo aos que estão fazendo a obra de Deus para que continuem a fazê-lo. Não se importando onde e como, o que vale para Wesley é que animemos as pessoas nessa empreitada.

Para Wesley, o sectarismo não se paga com sectarismo. O sectarismo dos outros em nossa direção não poderia nos levar a agir na mesma medida. Não poderia haver, nesse caso, reciprocidade (WESLEY, 1985, p. 247).

Precisamos de um espírito católico

Importante é salientar que o sermão "O espírito católico" foi originalmente escrito em 1750, mas foi incluído na coleção definitiva de obras wesleyanas em 1888. Isso lhe comunica grande valor, posto que perpassou toda a etapa de formação e desenvolvimento do Metodismo primitivo, sem

A tradição metodista de John Wesley e o espírito católico

contar que acompanhou John Wesley em sua maturidade teológica. Deve ser visto, por isso, como uma expressão elaborada e, portanto, representativa da forma de crer e pensar de John Wesley e dos primeiros metodistas.

John Wesley entendia que o amor é algo constitutivo de toda a humanidade. Nisso, todos nos igualamos (WESLEY, 1985, p. 253). O amor unifica eticamente toda a humanidade. Pensar e entender a vida de modo diferente seria, então, um empecilho para amor? Não, em absoluto! A diferença de opiniões e de formas de culto poderia obstar a unidade de sentimentos? Por certo que não. Wesley se pergunta se não podemos ter um só coração, ainda que tenhamos diferenças de opinião. E, ao longo de todo o sermão, ecoa a mesma resposta: divergir em questões de opinião é salutar e fecundo. Não há risco para a unidade da fé nisso. O importante é que haja unidade no que é essencial.

Bem dentro do espírito iluminista do século XVIII, Wesley reconhece o fato de que, por mais que saibamos as coisas da vida em seus pormenores, conhecemos sempre de modo parcial. "Em parte conhecemos, e em parte profetizamos" (1Cor 13,9). Nesse sentido pode-se bem entender a afirmação de Wesley de que a ignorância invencível faz surgir preconceito invencível (WESLEY, 1985, p. 256). Na medida em que desconhecemos a totalidade da realidade ou a conhecemos sempre de modo turvo e impreciso, nosso juízo do mundo e da vida fica sob o limite dessa precariedade. Por isso é que para Wesley era não somente possível mas também desejável que houvesse variedade de modos de prestar culto a Deus, posto que há diversidade de opiniões. E aqui quem fala é o presbítero anglicano para quem, por exemplo, o Livro de Oração comum era insuperável em sua beleza e profundidade. Wesley confessa que outrora defendia a opinião de que, quem nascesse na Inglaterra, deveria necessariamente ser anglicano, mas rompeu com essa forma de ver as coisas. A maturidade da fé o fez ver que seu estreitismo não se coadunava com a grandeza da graça de Deus, que faz raiar seu sol sobre todos. Ele não desejava impor seu sistema de culto a quem quer que fosse. É como dizia: "Minha crença não é, entretanto, regra para os outros" (WESLEY, 1985, p. 258). Ele não achava necessário que os cristãos de outras confissões passassem para o seu lado, que adotassem sua maneira de ver as coisas.

No diálogo ecumênico com outros cristãos e cristãs (isso valeria para outros credos), Wesley entendia como sendo fundamental o reconhecimento de dois pontos:

a) Ter o coração reto para com Deus.

b) Ter o coração reto para com o teu próximo.

John Wesley, como meio de adequação do espírito católico, sugeria que os pontos menores da fé fossem colocados de lado. Sua recomendação permanente era: "ama-me como a um companheiro no Reino e na paciência de Jesus" (WESLEY, 1985, p. 262).

O que consistiria, então, o espírito católico? Não era, por certo, um tipo qualquer de relativização de tudo o que pudesse ser considerado como verdadeiro e útil para a salvação. Especificamente, não era para ele um tipo de latitudinarismo, seja este especulativo ou prático, isto é, não se trataria de indiferença em face de todas as opiniões. O espírito católico se deixava confundir com o amor católico. Estes fazem com que tenhamos o coração aberto para toda a humanidade. É a afeição forte e cordial tanto para os conterrâneos como para os estrangeiros; para os amigos e para os inimigos (WESLEY, 1985, p. 266). Na verdade, Wesley vai buscar tanto na substância do Cristianismo quanto numa ética humana essencial aquilo que daria consistência ao espírito católico: amor incondicional e desinteresseiro que quer sempre a felicidade dos outros.

O que fica e o que vale a pena?

O ecumenismo de John Wesley nunca se restringiu a uma afirmação conceitual. Não foi uma simples carta de intenções. Seu ecumenismo esteve arraigado nas relações concretas entre pessoas. Ele viveu-o de modo prático. Mas como se contextualizam suas intuições em nossos dias? Que significado há em ser herdeiro da tradição ecumênica wesleyana hoje?

Com Wesley devemos reafirmar nossa paixão pelos empobrecidos e por sua libertação. Nessa luta, nos irmanamos não somente aos cristãos e cristãs de todas as confissões, mas também a todos os homens e mulheres de boa vontade. Bem ao estilo wesleyano, devemos reafirmar que nossas doutrinas ou convicções são importantes, se, e somente se, não ocuparem o lugar do que vale mais: o amor a Deus e às pessoas. Reafirmar a paixão pelos pobres é fazer opção de causa. É tomar partido. O ecumenismo pode ser fecundado na luta pela libertação dos oprimidos, na identificação com a causa de todos os que ainda gemem sob as correntes da discriminação, do sofrimento e da violência.

O ecumenismo de Wesley pode nos abrir os olhos para a multiplicidade das vocações que Deus nos propõe. A Igreja deve continuar se abrindo para os ministérios múltiplos. Reconhecer sua pluralidade ministerial. Nisso reside sua grande riqueza. Os leigos e leigas são parte importantíssima da Igreja, se é que ela se deseja aberta para que todos possamos participar da obra de Deus. Mas a pluralidade no serviço não pode ser vista como exclusividade do Cristianismo. A hora já chegou de reconhecer que o espírito de Deus age também fora da Igreja. Na base do diálogo inter-religioso deverá sempre estar a convicção de Deus tem seus caminhos e formas sempre novas e variadas de nos conduzir. Por John Wesley estamos todos(as) sendo lembrados de que é constitutivo da fé cristã amar incondicionalmente aos diferentes de nós.

Por fim, é mais que oportuno para o ecumenismo de nosso tempo acolher aos ensinos de Wesley, quando ele nos inspira a relativizarmos nossas convicções, sempre que estas se convertam em obstáculo ao diálogo fraterno e respeitoso com nossos irmãos e irmãs. Doutrinas podem ser uma barreira à comunhão fraterna.

Referências

CARTER, Henry. *Das Erbe John Wesleys und die Oekumene*. Zürich: Anker Verlag, 1951.

OUTLER, Albert. *John Wesley*. New York: Oxford University Press, 1980.

RACK, Henry D. *Reasonable Enthusiast. John Wesley and the Rise of Methodism*. London: Epworth Press, 2002.

SOUZA, José Carlos de. *Leiga ministerial e ecumênica*: a Igreja no pensamento de John Wesley. São Bernardo: Editeo, 2009.

TILLICH, Paul. *Teologia sistemática*. São Leopoldo: Sinodal, 2002.

WESLEY, John. *Sermões*. São Paulo: Imprensa Metodista, 1985. v. 2.

PAPA JOÃO XXIII:
UM REFORMADOR GENEROSO E DESCONCERTANTE

Rosemary Fernandes da Costa*

No contexto das celebrações dos 500 anos da Reforma Protestante, podemos falar da trajetória de Angelo Roncalli, Papa João XXIII, como uma mudança de paradigma. Conhecemos o seu pontificado como um marco histórico para a trajetória da Igreja, através da abertura do Concílio Ecumênico Vaticano II. Contudo, muitas reflexões e análises de conjuntura extremamente esclarecedoras e orientadoras dos processos de diálogo entre Igreja e mundo já nos deixaram contribuições relevantes nesse sentido. Ousamos nesta pequena reflexão nos deter na pessoa de Angelo Roncalli, no contexto em que vive sua juventude e amadurece para o sacerdócio, e em sua experiência como bispo e como pontífice. Acreditamos que esse olhar que acompanha os passos, os gestos, os pensamentos e emoções de João XXIII têm muito a dizer aos cristãos de todos os tempos, e por que não aos homens e mulheres de todos os tempos?

Nos passos do Mestre

Uma de suas frases emblemáticas já nos indica um pouco de sua personalidade: "todo mundo pode ser Papa. A prova é que eu sou". Ou ainda, teria ele confidenciado: "No conclave havia cardeais bem mais capazes do que eu para serem o papa. Se Deus me escolheu, foi para que avancemos mais no caminho da unidade de todos os cristãos" (SANTA ANA;

---

* *Rosemary Fernandes da Costa* é leiga católica e doutora em Teologia pela Pontifícia Universidade Católica do Rio de Janeiro.

SOUZA, 1990, p. 117). Nós estamos falando de um homem que não se considera especial, que orienta seu cotidiano no seguimento de Jesus, como discípulo, como aprendiz do Mestre.

Os passeios dele fora dos muros do Vaticano também sinalizam um jeito simples de viver o seu batismo, o sacerdócio comum dos fiéis, visitando pessoas adoentadas, pobres e necessitadas de atenção. Esses cuidados com os necessitados foram estendidos aos judeus que eram deportados pelos nazistas, na época em que era Delegado Apostólico na Turquia e na Grécia. Criou laços entre a Santa Sé e as Igrejas Orientais. O mesmo tratamento fraterno foi oferecido aos prisioneiros de guerra, quando Núncio Apostólico em Paris. Da mesma forma se relacionava com as autoridades e com os mais simples, sempre bondoso, cordial e sem discriminação.

Em seu discurso na festa de Pentecostes, na Turquia, já se percebe a ótica que orienta sua prática:

> Apesar da diversidade de raça, idioma, educação, dolorosos contrastes que nos colocam distantes da luz do Evangelho, Cristo veio para derrubar os muros, morreu para proclamar nossa fraternidade universal, o ponto central de seu ensinamento é o amor que une todos os homens a Ele como o primeiro dos irmãos, e que o une a Ele conosco, ao Pai (JOÃO XXIII, 2014).

Com tantas funções representativas de poder, Roncalli frequentava ambientes altamente sofisticados, entretanto, seu foco não eram as etiquetas, e sim a cordial aproximação com elites que poderiam apoiar aqueles que tinham necessidade.

Em todas essas atitudes notamos que ele tem como primado as virtudes cristãs sem, no entanto, estabelecer qualquer fronteira, seja com relação às demais religiões, às diversas culturas ou sistemas políticos.

Fidelidade e continuidade

Já na encíclica *Mater et Magistra* (= MM), publicada em 1961, João XXIII chama a atenção para o fenômeno da "socialização". O subtítulo da encíclica aponta para sua chave de leitura: "a recente evolução da questão social". Ele nos convida a olharmos a história concreta da humanidade, marcada não apenas pelo autoconhecimento e realização pessoal, mas também pelas muitas relações humanas, sejam elas afetivas, sociais, políticas, comunitárias ou econômicas.

Com reverência e fidelidade à caminhada já realizada por seus antecessores, João XXIII retoma as estruturas e reflexões já apresentadas por Leão XIII, na *Rerum Novarum* (1891); por Pio XI, na encíclica *Quadragesimo Anno* (1931); e por Pio XII, na mensagem do jubileu de ouro da encíclica de Leão XIII. O Papa João XXIII alude a mudanças nas áreas do campo científico, técnico e econômico (cf. MM 47); no campo social (cf. MM 48) e no campo político (cf. MM 49). Esses eventos não são apenas marcados por avanços tecnoindustriais, mas também por dramas que atingiram toda a humanidade, como, por exemplo, a entrada do mundo na era nuclear e suas terríveis consequências. No que diz respeito à dimensão social, ele aponta o papel dos sindicatos como defensores das condições de trabalho e de previdência social, e, além disso, para o tema das desigualdades e conflitos entre os países desenvolvidos e subdesenvolvidos. No campo político, ele denuncia as estruturas colonialistas que atingiram países em todos os continentes e exorta a uma nova postura de cooperação internacional desinteressada e solidária (cf. MM 172) (BEOZZO, 2016).

Em *Mater et Magistra*, encontramos a voz profética de João XXIII, convocando a Igreja à sua missão no mundo e, a sociedade, à construção de estruturas de cooperação e fraternidade. O Papa parte de uma noção de cidadania que nada tem de passiva e subserviente, mas muito de discernimento crítico e ação consciente e concreta, na direção de transformar as estruturas injustas, tanto no campo econômico quanto no social. Igreja e mundo não são duas realidades estanques, mas em profunda relação e compromisso mútuo (cf. MM 103 e MM 156).

> O maior problema da época moderna talvez seja o das relações entre as comunidades políticas economicamente desenvolvidas e as que se encontram em vias de desenvolvimento econômico; as primeiras, por conseguinte, com alto nível de vida, as outras, em condições de escassez ou de miséria. A solidariedade, que une todos os seres humanos e os torna membros de uma só família, impõe aos países, que dispõem com exuberância de meios de subsistência, o dever de não permanecerem indiferentes diante das comunidades políticas cujos membros lutam contra as dificuldades da indigência, da miséria e da fome, e não gozam dos direitos elementares da pessoa humana. Tanto mais que, dada a interdependência cada vez maior entre os povos, não é possível que entre eles reine uma paz durável e fecunda, se o desnível das condições econômicas e sociais for excessivo (MM 156).

Apesar de suas atitudes não fazerem acepção de pessoas, povos ou credos, João XXIII critica explicitamente o mundo capitalista e suas consequências para as classes trabalhadoras. É nessa orientação que ele publica, em 1963, a encíclica *Pacem in Terris* (= PT). Ela marca a mudança paradigmática de uma Igreja Ecumênica, já que sua mensagem se destina a todos os povos e não apenas aos católicos.

Podemos constatar que a agenda eclesial que tratava de temas socioeconômicos e políticos já havia sido inaugurada por seus antecessores; contudo, é com João XXIII que ela une o discernimento evangélico ao testemunho responsável de uma Igreja que se faz presente no mundo moderno.

Qual seria a chave de leitura que mobilizava tanto esse homem? Ela tem uma raiz evangélica: a fidelidade aos *sinais dos tempos*. A Igreja, discípula do Mestre, é chamada à dinâmica entre o projeto de Deus para todos os seres humanos e o contexto histórico, percebendo as aproximações e distâncias entre essa realidade e o projeto de Deus.

> Como representante – ainda que indigno – daquele que o anúncio profético chamou o "Príncipe da Paz" (cf. Is 9,6), julgamos nosso dever consagrar os nossos pensamentos, preocupações e energias à consolidação deste bem comum. Mas a paz permanece palavra vazia de sentido, se não se funda na ordem que, com confiante esperança, esboçamos nesta nossa carta encíclica: ordem fundada na verdade, construída segundo a justiça, alimentada e consumada na caridade, realizada sob os auspícios da liberdade (PT 166).

O diagnóstico de João XXIII com relação à sociedade de seu tempo não se detém em apontar os problemas que a modernidade trouxe, confirmando uma visão pessimista entre o mundo do trabalho e sua realização pessoal e social (COMBLIN, 2002). Como profeta de seu tempo, o Papa apresenta as potencialidades presentes na modernidade e estratégias de superação na direção da paz, da justiça e da igualdade. Ler os *sinais dos tempos* é também encontrar, no mesmo solo, o joio e o trigo. João XXIII, discípulo de um Cristo que se faz homem, sabe que a fraternidade universal é uma meta assumida pelo amor de Deus que conduz todos os seres humanos e, portanto, toda a história. Percebemos aqui o nível de maturidade do Papa João XXIII: ele é alguém que conhece os processos históricos, a dinâmica antropológica e responde a um novo paradigma não como uma ruptura brusca, e sim como movimento que traz em seu bojo elementos do paradigma anterior.

Não foram poucos os pensadores que encontraram no evento da modernidade características de antropocentrismo que afastaram quase totalmente a possibilidade da abertura à religiosidade; como também o individualismo e seu consequente isolamento, refletido na ausência de solidariedade, de empatia, de construção de vínculos afetivos; e ainda poderíamos falar das noções de desenvolvimento, de eficácia, de progresso incessante, que afastam o resgate das tradições. Porém, João XXIII nos conduz por outro caminho, que não desconhece essas questões, mas que enxerga o potencial fecundo dentro do próprio paradigma moderno. É um tempo não apenas pleno de possibilidades, mas também nos convoca à necessidade de resgate de aspectos fundamentais do paradigma anterior, como, por exemplo, a importância da tradição, a construção de novas narrativas que tenham sentido e orientem para metas evangélicas e, portanto, humanizadoras, assim como o fortalecimento da vida comunitária, e seus vínculos estruturais: a solidariedade, a busca pela justiça, o empenho pela paz. "O desafio era anunciar o Evangelho ao mundo moderno, e não condenar seus erros" (COMBLIN, 2002, p. 7).

O diálogo interdisciplinar e ecumênico

Olhando com atenção seus pronunciamentos e textos, vamos encontrando esses marcos referenciais, que não são apenas teológicos, mas nos colocam diante de um pensador orgânico que articula filosofia, sociologia, direito, política, economia, psicologia, antropologia.

Diante da abertura da reflexão eclesial e social para as questões presentes na sociedade de seu tempo, nem sempre se colhem aplausos. Assim também com João XXIII, a dinâmica que ele propõe para a pastoral eclesial exige revisão, avaliação, novas construções, novas estratégias, que receberam elogios mas também críticas receosas de que o Papa pudesse estar colocando em risco a ortodoxia, ao buscar responder aos dilemas de seu tempo.

Mas Angelo Roncalli é um homem de Deus e possui as características de quem é regido pela teonomia, de quem está diante do Projeto divino e se deixando orientar pelo sopro do Espírito: a liberdade, a criatividade, a sensibilidade, a abertura ao diálogo.

Nessa dinâmica brota a encíclica *Pacem in terris*. Ela torna-se um símbolo para o ecumenismo, para o diálogo com os não crentes, para a centralidade dos Direitos Humanos como meta a todos os povos. Reunimos aqui elementos que, na visão do Papa, serão os semeadores de um novo tempo: a abertura ao diálogo, a construção de estratégias na direção do bem comum e a dimensão da transcendência que movimenta a história.

João XXIII questiona um modelo social e político no qual a cidadania se reduz a uma obediência passiva às autoridades institucionais. Ele convoca não apenas a Igreja, mas todos os destinatários de sua mensagem à participação consciente tanto em nível pessoal como comunitário, em ações cidadãs que exigem compromisso. Ele compreende que a identidade cristã se expressa em respostas de solidariedade concreta. Não é uma identidade estática, como se o fato de sermos batizados já configure uma realização digna e plena. Seguir o Mestre exige a participação em projetos de cidadania plena para todos que, nas declarações de João XXIII, se manifestam na avaliação e revisão das práticas trabalhistas, do sistema socioeconômico, nas práticas dialógicas e na busca de respostas sociais e políticas para cada situação. O Papa nos convida a reconstruir o conceito de identidade cristã, superando práticas legalistas e não participativas, e caminhando em direção da inclusão, do diálogo, da abertura às diversidades, da cooperação social econômica e política; enfim, da solidariedade completa. A dimensão escatológica de sua mensagem integra o cotidiano e a história, a vida pessoal e a sociedade. É presente que resgata o passado e aponta para o futuro.

Uma ética de responsabilidade solidária

João XXIII se apresenta como um homem à frente de seu tempo, pois, já na década de 1960, adverte para a emergência de uma ética universal.

> A todos os homens de boa vontade incumbe a imensa tarefa de restaurar as relações de convivência humana na base da verdade, justiça, amor e liberdade: as relações das pessoas entre si, as relações das pessoas com as suas respectivas comunidades políticas, e as dessas comunidades entre si, bem como o relacionamento de pessoas, famílias, organismos intermédios e comunidades políticas com a comunidade mundial. Tarefa nobilíssima, qual a de realizar verdadeira paz, segundo a ordem estabelecida por Deus (PT 162).

Ele afirma que todo poder deve estar a serviço do bem comum, obrigado por uma norma jurídica maior, do contrário perde sua autoridade e compromete a eficácia de suas ações (cf. PT 7). Para um leitor precipitado, a preocupação do Papa pode estar colocando em segundo plano a pessoa humana; contudo, é ela quem está no centro das suas atenções. Roncalli supera a compreensão de um indivíduo fechado em si mesmo, pois concebe a pessoa como ser constituído por suas relações. Nessa dinâmica pessoa e sociedade se influenciam incessantemente numa relação dialética. Retomamos aqui o primado kantiano: "age de tal modo que a máxima de tua ação possa sempre valer como princípio universal" (KANT, 1995, p. 13).

O bem comum universal não pode ser determinado senão tendo em conta a pessoa humana. A promoção dos direitos da pessoa se torna a referência fundamental para os projetos sociais, políticos e econômicos. A urgência da ética de cada cidadão se expressa na busca pela cidadania coletiva.

Essa dialética entre a pessoa humana e suas relações perpassa toda a Encíclica e se torna explícito na relevância ao tema dos Direitos Humanos. Ao longo do texto ele resgata os principais pontos da Declaração e aborda os direitos e deveres de toda pessoa, "universais, invioláveis e inalienáveis" (PT 9). Fundamentalmente, enfatiza: o direito ao digno padrão de vida; respeito à sua dignidade e liberdade; participar dos bens da cultura e receber formação básica, técnica e profissional; direito à liberdade de culto e de escolha do próprio estado de vida; liberdade de iniciativa e direito ao trabalho digno; direito à propriedade privada e aos bens de produção; direito de reunião e associação; de emigração e imigração; direitos de caráter político. Todos estes direitos estão de mãos dadas com os deveres, suas responsabilidades e condições de cidadania coletiva, solidária.

Podemos afirmar sem receios que a encíclica *Pacem in Terris* é uma formulação ética da dimensão social do Evangelho que ilumina sobre as raízes e as consequências da inversão de prioridade que o sistema capitalista e consumista impôs aos sistemas industriais econômicos, agrícolas e culturais. Esse documento não apenas aponta para as questões ligadas ao desenvolvimento, mas também denuncia o subdesenvolvimento dos povos. É interessante observar que os padres que participaram do Concílio Vaticano II, assim como os seus assessores, tinham em mãos esses pressupostos.

A Igreja como sinal e instrumento da união de Deus com o mundo

Como podemos notar, não é de uma hora para outra que o Magistério da Igreja foca no resgate de sua relação com o mundo. As pegadas dos papas que antecedem Roncalli, mesmo que não transformadoras das estruturas de injustiça e desigualdades, são respeitadas e assumidas por ele. E mais! Roncalli cuida de tornar fecundo esse solo já semeado, avançando na convocação para que a Igreja não fique centrada em si mesma, e sim nas necessidades e angústias de todos os povos.

Ao convocar a Igreja para um *aggiornamento*,[1] o Pontífice já tinha o solo semeado para a profunda revisão de uma Igreja que mantém sua missão evangelizadora, atenta ao diálogo com o mundo moderno, na qual necessitava se fazer presente e atuante.[2]

Ao abrir o Concílio, o Papa João XXIII apresenta sua finalidade, que não consiste em uma conservação do poder da hierarquia eclesiástica, mas sim no desdobramento de sua vocação, de seu estar e agir no mundo como Sacramento de Jesus.

> Para que esta doutrina atinja os múltiplos níveis da atividade humana, que se referem aos indivíduos, às famílias e à vida social, é necessário primeiramente que a Igreja não se aparte do patrimônio sagrado da verdade, recebido dos seus maiores; e, ao mesmo tempo, deve também olhar para o presente, para as novas condições e formas de vida introduzidas no mundo hodierno, que abriram novos caminhos ao apostolado católico (JOÃO XXIII, 1962).

---

[1] O verbo italiano *aggiornare* tem o significado de revisão, renovação, "fazer dia".

[2] Entretanto, não há fontes que afirmem que o Papa João XXIII tenha convocado o Concílio para dar continuidade a um projeto do Papa Pio XII. Ele mesmo, Roncalli, atua na Igreja a partir de sua missão na história. Por outro lado, muitos setores da Igreja, sobretudo os movimentos (bíblico, ecumênico e litúrgico), clamavam por uma renovação da eclesiologia (cf. SOUZA; GOMES, 2014, p. 16).

É nesse dinamismo que Angelo Roncalli vive, exerce seu sacerdócio e convoca toda a Igreja rumo ao Concílio Vaticano II, não apenas como um evento eclesial, mas como uma marca na história da Igreja em seu diálogo com o mundo. É a Igreja respondendo fielmente ao mandato recebido de Cristo: envio e missão, chamado e vocação no mundo. Como responder a essa missão, senão atentos aos sinais dos tempos e à dinâmica do Espírito que impulsiona a Criação? Como ser fiel ao mandato evangélico, senão acolhendo a Revelação que a todos convoca e envia a anunciar e orientar a Boa-Nova em todo o mundo?

A perspectiva de João XXIII se percebe também em alguns de seus movimentos concretos na preparação do Concílio. Um deles, que em muito nos auxilia no diálogo ecumênico, é a fundação de um Secretariado para a Unidade dos Cristãos, em junho de 1960, como órgão oficial da Cúria Romana e que assumia a responsabilidade de todas as relações da Igreja Romana com o Conselho Mundial de Igrejas e com as outras Igrejas (SANTA ANA; SOUZA, 1990, p. 117). Em seu foco não estão os conflitos ou o diagnóstico dos erros, mas como acabar com as divisões e construir os projetos de integração ante os desafios do contexto contemporâneo.

Outro movimento estrutural na preparação do Concílio foi a seleção dos convidados – pensadores de muitas áreas interdisciplinares, assim como observadores de outras Igrejas. Tudo concorrendo para a construção de um clima de colaboração e fraternidade ecumênica. No início do Concílio, 17 Igrejas ou organizações eclesiais estavam representadas. Todo esse processo durou dois anos, nos quais se criaram as comissões preparatórias que representavam 79 países, não apenas com clérigos, mas também com a presença de professores, reitores, diretores de revistas e de jornais. Infelizmente, não podemos deixar de observar que, mesmo com essa ampliação da participação, a grande maioria era de europeus e com forte ausência de leigos. A partir dessa primeira e grande etapa, formou-se uma Comissão Central, a 16 de junho de 1960, que reviu todos os 75 projetos apresentados e encaminhou para o Concílio que, tomando pulso da situação, traçou um novo perfil para a Igreja em seu diálogo com o mundo moderno (SOUZA, 2005).

No entanto, mesmo com os ventos renovadores do Concílio Vaticano II, a Igreja que caminha na história também encontra seus condicionamentos, resistências, processos dialógicos internos e desafios a cada tempo. Não podemos dizer que o sopro do Espírito renovou amplamente todos os setores da Igreja. Sim, encontramos sinais concretos dessa inspiração radical evangélica até nossos dias, mas também estamos cientes de retrocessos, fechamentos, ausência de diálogo com a modernidade, restrição ao ecumenismo e ao diálogo inter-religioso. Por isso mesmo, alguns pensadores se surpreendem ao encontrar um perfil como o de Angelo Roncalli à frente do Magistério que, mesmo brevemente, impulsiona não apenas a Igreja, mas todo o mundo para respostas humanizadoras às questões de nosso tempo.

Ecos de sua postura desconcertante

Em busca dessa mesma interpelação, a grande pensadora Hannah Arendt se debruça sobre os escritos de Angelo Roncalli e ali encontra seu trajeto humanitário e imensa fidelidade ao Evangelho de Jesus Cristo. Nas páginas de seu Diário (*Journal of soul, Nova Iorque, 1965*), Roncalli expressa seus dilemas pessoais e seu esforço cotidiano em busca do bem e da superação de todo o mal, não apenas em sua personalidade, mas como missão para toda a humanidade. Hannah constata que sua humildade é, justamente, o solo de sua fortaleza, de seu enraizamento no mundo dos homens e mulheres de seu tempo. Roncalli escreve "ser manso e humilde [...] não é a mesma coisa que ser fraco e complacente" (ARENDT, 2008, p. 52).

Outra observação de Hannah Arendt ao texto de Roncalli consiste em perceber, por trás da falta de cuidado com a própria saúde e cotidiano, muita humildade, ou seja, uma "completa liberdade em relação a preocupações e aborrecimentos (...) que o tornava livre, sem reservas mentais ou emocionais: 'Seja feita a vossa vontade'. Ou mesmo, quando preocupado com suas noites de insônia diante das responsabilidades do pontificado, dizia a si mesmo: 'Giovanni, não se leve tão a sério!'" (ARENDT, 2008, p. 52).

Essa mesma humildade que conduzia sua liberdade pessoal e relacional está na base de suas relações sem acepção de pessoas, fossem pescadores, jardineiros, religiosas cozinheiras, a filha e o genro de Kruschev, ou ladrões e assassinos em visitas nas cadeias. Igualmente tratava a todos como "Filhos e irmãos". "Abram os portões! Não os afastem de mim. São todos filhos de Nosso Senhor" (ARENDT, 2008, p. 52).

Ao voltarmos nosso olhar teológico para a figura de João XXIII, não encontramos apenas sinais de uma eclesiologia de vanguarda, mas também limitações, tanto em seus textos como em seu agir. Entretanto, nos ativemos ao resgate de algo que nos pareceu sua orientação fundamental: uma profunda fidelidade ao seguimento de Jesus, que enraizava seu ser inteiro e se desdobrava em suas palavras e ações. De dentro de um paradigma, é um pouco difícil de concretizar tantas mudanças. Mas na pessoa de Roncalli é possível percebermos esta tensão, entre o já e o ainda não, entre o que limita sua compreensão e seu olhar e agir proféticos.

Lembremos que nossa análise se dá a partir de um olhar epistemológico também situado historicamente e, portanto, condicionado em seu pensamento teológico e social. Deste lado pode ser mais fácil levantar limitações do que quando estamos no mesmo contexto histórico que nosso pontífice. Por exemplo, João XXIII apostava que os avanços científicos e tecnológicos corroborariam também no desenvolvimento humano e social mundial, o que não ocorreu. Na verdade, a modernidade parecia prometer desenvolvimento e progresso para toda a população, e não a desigualdade crescente na qual passamos a viver.

Mesmo o Concílio Vaticano II, claramente marcado por sua inspiração e eclesiologia, ainda hoje encontra resistências e um diálogo tenso com o contexto moderno e com as comunidades eclesiais por todo o mundo. Angelo Guiseppe Roncalli é para nós um símbolo, um sinal do discipulado presente e atuante na história que, por sua humildade, liberdade e profunda fidelidade evangélica, deixa na história um *antes* e um *depois*. Nei Souza, ao analisar o contexto das mudanças ocasionadas pelo Concílio, apresenta uma pertinente afirmação de Ivan Manoel, outro estudioso do espírito conciliar:

> Não se brinca impunemente com a história! Quando uma instituição de idade vinte vezes secular, como é o caso da Igreja Católica, seguida por milhões de fiéis e respeitada até pelos seus inimigos e adversários, quando uma instituição como essa anuncia a sua doutrina, e mais, quando desenvolve uma vasta ação política em âmbito mundial para consolidar esses preceitos doutrinários, ela arrasta consigo forças incomensuráveis, provoca jogos de poder e desencadeia envolvimentos que nem sempre pode controlar ou sequer prever os resultados (SOUZA, GOMES, 2014, p. 7).

Um convite atual à revisão

Enfim, nosso convite ao longo desta pequena reflexão foi nos deixarmos conduzir por Angelo Roncalli, sua intuição, sua personalidade, seus referenciais, mas principalmente sua profunda encarnação do seu tempo. Nosso querido "papa bom" confia-se ao agir amoroso e revolucionário de um Deus que se entrega continuamente ao diálogo com seus filhos e filhas, um Deus que não se esgota em categorias e delimitações, e que suscita a resposta histórica, contextualizada e livre de cada ser humano.

A personalidade de Roncalli integra fé e vida, oração e ação, consciência e prática. Também aqui podemos encontrar um homem à frente de seu tempo, pois ele vive em um paradigma ainda dualista, que privilegiou a racionalidade, a objetividade, a eficácia, o progresso, em detrimento das demais dimensões da pessoa humana e da realização de todos os povos. Contudo, Roncalli é um homem maduro na fé e, como um pai zeloso, considera a todos como filhos e filhas, e, movido por sua inteireza e abertura dinâmica à Revelação de Deus na história, nos conduz a realizarmos concretamente um projeto de amor, na direção da grande família humana.

Ele fala de dentro da Igreja Católica, mas vai além dela como espaço de acolhida e de realização de um mundo mais fraterno e justo. Assim, convoca os cristãos à sua própria razão de ser, e convida a todos, sem exceção, para um horizonte que não permite distinções de raças, credos, culturas, projetos socioeconômicos ou políticos.

Referências

ARENDT, H. Angelo Giuseppe Roncalli: um cristão no trono de São Pedro de 1958 a 1963. In: *Homens em tempos sombrios*. Rio de Janeiro: Companhia das Letras, 2008.

BEOZZO, J. O. A *Mater et Magistra* deu valoroso impulso à linha do compromisso social. *IHU on line. Revista do Instituto Humanitas Unisinos*, n. 360, ano XI, 2016.

COMBLIN, J. *O povo de Deus*. São Paulo: Paulus, 2002.

JOÃO XXIII. *Carta Encíclica Mater et Magistra*: sobre a recente evolução da questão social à luz da doutrina cristã. Vaticano. Roma: Editrice Vaticano, 1961.

_____. *Carta Encíclica Pacem in Terris*: a Paz de todos os povos na base da verdade, justiça, caridade e liberdade. Roma: Editrice Vaticano, 1963.

_____. *Discurso solene de abertura do Concílio Vaticano II*. 1962, art. V, n. 5.

_____. ACI Digital, Roma, 14 de abril de 2014. Disponível em: <http://www.acidigital.com/noticias/unidade-dos-cristaos-objetivo-comum--de-joao-xxiii-e-joao-paulo-ii>.

KANT, I. *Crítica da razão prática*. Tradução de Artur Morão. Lisboa: Edições 70, 1995.

SANTA ANA, J.; SOUZA, M. B. Resposta das Igrejas e dos Movimentos Populares. In: *Curso de Verão, ano IV*. São Paulo: Paulinas, 1990.

SOUZA, N. Contexto e desenvolvimento histórico do Concílio Vaticano II. *Ciberteologia: Revista de Teologia e Cultura*. São Paulo: Paulinas, n. 2, 2005. Disponível em: <http://ciberteologia.paulinas.org.br>.

SOUZA, N.; GOMES, E. S. Os papas do Vaticano II e o diálogo com a sociedade contemporânea. *Teocomunicação: Revista Eletrônica PUC/ RS*, Porto Alegre, v. 4, n. 1, 2014.

PARTE III

SITUAÇÕES CONTEXTUAIS E EMERGENTES DA REFORMA

UMA INSPIRAÇÃO, UMA ESPERANÇA: OS SENTIDOS DA REFORMA PROTESTANTE ANTE A CRISE E OS LIMITES DO PROTESTANTISMO NA AMÉRICA LATINA

Magali do Nascimento Cunha*

Estamos vivendo o contexto da celebração dos 500 anos de um movimento religioso que deixou marcas no mundo: a Reforma Protestante. 31 de outubro é o dia em que se celebra o ápice desse movimento, nascido europeu e que propôs novas formas de viver a fé cristã a partir de um protesto. Uma posição, principalmente, contra a forma como a Igreja predominante na época, a Católica Romana, colocava condições para fiéis encontrarem perdão para os seus pecados e estimulava a prática de penitências associada ao elemento financeiro. Do protesto emergiram reflexões de fé de personagens como o alemão Martin Luther [Martinho Lutero], o mais destacado, além do escocês John Knox, do francês Jean Calvin, do suíço Ulrich Zwingli e do alemão Thomas Müntzer, este um líder dos "sem-terra" da época, entre outros. Daí nasceram as diferentes tradições chamadas protestantes (luteranas, presbiterianas, metodistas, batistas).

Mesmo com toda a diversidade desses grupos, é possível identificar bases comuns. A base que representa a maior herança da Reforma, em especial aquela pregada por Martinho Lutero, é a radicalidade da graça. A graça de Deus é compreendida como o fundamento da vida e da fé e sentido da redenção do ser humano: a salvação se dá pela graça, ou seja, o perdão de pecados é resultado do amor incondicional de Deus, e para alcançá-lo é

---

* *Magali Cunha* é líder leiga metodista e doutora em Comunicação pela Universidade de São Paulo.

preciso ter fé. A Bíblia emerge, nesta compreensão, como fundamento para a fé e a vida que reside na graça de Deus. Esta herança está assentada nas cinco frases em latim que sintetizam o sentido da Reforma Protestante: *Sola Gratia* (Somente a Graça), *Solus Christus* (Somente Cristo), *Sola Scriptura* (Somente a Escritura), *Sola Fide* (Somente a Fé) e *Soli Deo Gloria* (Glória somente a Deus). Todos estes cinco princípios representam protesto e oposição aos ensinamentos da então dominante Igreja Romana, que, segundo os reformadores, teria monopolizado os atributos de Deus e transferido-os para a Igreja e sua hierarquia, especialmente para o Papa.

Destes princípios deriva um outro, também importante, que é o do sacerdócio universal de todos os crentes – um questionamento do clericalismo e uma valorização do lugar dos fiéis no propósito missionário do Senhor da Igreja. Com isso, os diferentes grupos protestantes empreenderam uma popularização da leitura bíblica, bem como a ampla atuação e liderança dos leigos (os não ordenados). Consequência direta desse posicionamento foi a tradução da Bíblia, por Lutero, para a "língua vulgar", o alemão, o que transformou radicalmente a relação dos fiéis com a Sagrada Escritura e abriu caminho para a livre interpretação do texto bíblico.

Ao escrever sobre o "princípio protestante", o teólogo luterano alemão do século XX, Paul Tillich (1992), reconheceu que é própria do cristianismo, à luz da postura do Cristo, a dimensão profética, contestatória, protestante. Para este teólogo a Reforma significou a encarnação deste princípio; uma volta às origens do ser cristão. No entanto, vale ressaltar que Tillich reconheceu que esse espírito não é propriedade exclusiva de qualquer grupo religioso, podendo se manifestar em diferentes formas religiosas, culturais e políticas.

Ocorreu que, no desenrolar do processo, a aliança dos reformadores com príncipes, latifundiários e burgueses pré-capitalistas comprometeu o caráter profético do movimento. Isto reforça o fato de o "princípio protestante" poder ser levado adiante por distintos grupos, como foi o caso dos camponeses, com Thomas Müntzer, que pagaram com a vida o preço deste compromisso de fé. Dimensão que levou estudiosos, como o sociólogo Max Weber, a estudar a relação entre a ética protestante e o espírito do capitalismo (2004).

De qualquer forma, foram as bases teológicas que moldaram as doutrinas das diferentes confissões protestantes que se constituíram na Europa e nos Estados Unidos e, mais tarde (a partir do século XVII), se expandiram por todos os continentes, por meio dos esforços missionários. E foi assim que este segmento cristão chegou à América Latina há quase dois séculos e sofreu muitas transformações, em especial, com a chegada dos pentecostais, décadas depois.

Na América Latina

A identidade "protestante" nunca foi bem afirmada por boa parte dos diferentes grupos que chegaram à América Latina a partir do século XIX. O termo "protestante" tem sido raramente utilizado e é mais utilizado em espaços acadêmicos. Nos primórdios do protestantismo no Brasil, os grupos, predominantemente, optaram por se denominar "evangélicos", reforçando disputas religiosas com o catolicismo romano que povoava o continente desde a colonização ibérica. Os missionários estadunidenses traziam sua própria identidade, sua forma de se autoidentificarem: eles eram *evangelicals* ou evangélicos, ou seja, os adeptos da corrente protestante, com raízes no movimento fundamentalista, que desejava afirmar a sua fidelidade ao Evangelho e não à Ciência ou à razão humana. O termo "evangélico" acabou sendo popularizado, designando os fiéis e as igrejas não católicas. Aos não evangélicos atribuía-se a expressão "do mundo" ou "mundanos" (CUNHA, 2007). Lamentavelmente, a história explica que a inserção protestante na América Latina se deu, de forma predominante, nesta perspectiva sectária, para se diferenciarem dos católicos, colocando-se como detentores "do verdadeiro Evangelho".

Nos primeiros anos do século XX, com a chegada dos pentecostais, a perspectiva teológico-pastoral não se manifestou muito distinta. A diferença residiu numa presença mais voltada para a população empobrecida e as periferias das cidades. Esta pastoral mais voltada para os pobres tornou possível uma presença mais enraizada na cultura com lugar garantido para a emoção e para as expressões corporal e musical mais populares. Isto deu aos grupos pentecostais condições de consolidação no campo religioso com presença geográfica e crescimento numérico mais expressivo.

Em nossos dias, o segmento é tão amplo e diverso, com uma presença tão significativa e crescente no continente, que é tarefa difícil nomeá-lo, explicá-lo e agrupá-lo por afinidade. Em tese, teria raiz comum: a Reforma Protestante e seus movimentos originários. A expressão "em tese" é usada aqui porque, levando-se em conta as transformações ocorridas na teologia e no jeito de ser de boa parte dos evangélicos latino-americanos, muito pouco ou quase nada foi herdado da Reforma.

Isso pode ser identificado em muitas práticas predominantes, que geram crises e incertezas no protestantismo no continente, o que é exposto para reflexão a seguir.

Crises e incertezas

Porto Alegre, 2006: pela primeira vez uma Assembleia do Conselho Mundial de Igrejas foi realizada na América Latina, um continente cuja contribuição inegável para os esforços de diálogo e cooperação, desde o Congresso Missionário do Panamá, em 1916, foi decisiva para a construção da história do movimento ecumênico no mundo. Os temas políticos do nacionalismo, do "panamericanismo" e do "latinoamericanismo" e as controvérsias da discussão da dimensão cultural como elementos importantes para a construção de uma presença eclesial relevante no continente, a reflexão decorrente em torno de uma teologia latino-americana, ações sobre direitos humanos, projeto de educação ecumênica popular, entre outras dimensões, são parte de uma significativa história de quase um século de esforços para a unidade entre os cristãos em terras latino-americanas (BONINO, 2003). Esta memória ajuda a afirmar que encontrar a unidade no diálogo teológico é possível, bem como em ações missionárias de solidariedade/cooperação. Entretanto, é também uma memória de conflitos e contextos de divisão, que ainda se faz concreta no tempo presente, o que demarca uma série de limites ao protestantismo no continente. É sobre eles que os próximos itens deste estudo dedicarão espaço.

Católicos vs. Protestantes

Desde os primórdios das ações missionárias no século XIX, as tensões com a Igreja Católica Romana têm marcado o protestantismo no continente. As reações dos líderes católicos contra a presença protestante na América Latina com boicotes e perseguição, por vezes com o apoio dos governos, geraram ações e posturas de vingança e sentimentos de rancor em muitos líderes protestantes. Por outro lado, atitudes de missionários que incentivaram a unidade protestante como uma resposta à presença católica hegemônica no continente acabaram por intensificar uma posição de anticatolicismo que permanece até o tempo presente.

É verdade que houve mudanças nesta situação, provocadas pela própria história, como a abertura da Igreja Católica, com as perspectivas de unidade dos cristãos e aproximação com o movimento ecumênico, a partir da década de 1960, resultado do Concílio Vaticano II. Esta nova postura se consolidou na América Latina através das Conferências Episcopais Católicas em Medellín (1968) e Puebla (1979). Dentro deste espírito, por exemplo, uma reunião da Federação Mundial de Estudantes Cristãos (FUMEC), de base protestante, na Bolívia, em 1955, registrava que as relações ecumênicas na América Latina deveriam incluir a Igreja Católica (PLOU, 2002).

A experiência do movimento Igreja e Sociedade na América Latina (ISAL) também demonstrou que protestantes e católicos foram capazes de diálogo e de ação conjunta. ISAL foi o resultado das conexões do protestantismo latino-americano, concretizadas por meio das Conferências Evangélicas Latino-Americanas (Celas) realizadas em 1949 (Buenos Aires), 1961 (Lima) e 1969 (Buenos Aires). Nas Celas, que chegaram a reunir duas centenas de protestantes de mais de 40 igrejas e cerca de 30 países, discutia-se a dimensão social da teologia protestante, a organização do movimento ecumênico em termos geográficos e temas como o subdesenvolvimento, a fome e a reforma agrária no Continente.

ISAL foi criada na Cela de 1961, com a finalidade de levar às igrejas as bases bíblico-teológicas da responsabilidade sociopolítica dos cristãos. Como resultado, publicou a revista *Cristianismo e Sociedade* e livros com reflexões de teólogos protestantes latino-americanos, como Jose Miguez Bonino, Julio de Santa Ana e Rubem Alves, consideradas bases instituintes da Teologia Latino-Americana da Libertação. Católicos como Hugo Assmann e Pablo Richard participaram desse espaço de diálogo teológico (BITTENCOURT FILHO, 1988).

No entanto, cumpre admitir neste estudo que estas posições, tanto de superação do anticatolicismo ou de afirmação do espírito ecumênico entre latino-americanos, sempre foram assumidas por uma minoria. ISAL, por exemplo, enfrentou crítica e rejeição da maioria das igrejas.

Fechamento ao diálogo e à cooperação

A mesma dificuldade pode ser identificada quanto ao nível de aderência aos conselhos nacionais, latino-americanos e mundial de igrejas. A presença oficial de igrejas do continente nessas associações é muito pequena, se considerado o grande número de igrejas e associações cristãs do continente. Por exemplo, muito poucas igrejas latino-americanos são membros do CMI – apenas 27 de 11 dos 20 países. O continente é considerado o segundo em número de cristãos no mundo, a maioria vinculada à Igreja Católica Romana, que vive uma fase de declínio em número de fiéis e enfrenta o amplo crescimento do pentecostalismo e do avivalismo. Esta é a menor presença de igrejas por continente no Conselho Mundial de Igrejas, em termos proporcionais. De fato, desde os primeiros esforços pela unidade na América Latina, a maioria protestante revela uma postura conservadora e acredita que o movimento ecumênico constitui um perigo e uma ameaça para igrejas e grupos cristãos, e, como o catolicismo, deve ser evitado e combatido (RIBEIRO; CUNHA, 2013).

É importante notar aqui que não podemos abordar estes elementos com um olhar simplista, ou mesmo ingênuo, que não inclua as dimensões políticas e ideológicas que envolvem o movimento ecumênico. Ecumenismo na América Latina, em sua origem protestante, provou, em sua história, ser um promotor de mudança, um agente de transformação social e de renovação das igrejas nas áreas teológicas, pastorais e litúrgicas. O conservadorismo político-social somado às posições teológico-pastorais da parte das igrejas, que bloqueiam as possibilidades de mudança e negam a presença transformadora de igrejas no espaço público, certamente foi e tem sido um fator decisivo para a rejeição do movimento ecumênico e suas expressões. Um dado histórico que corrobora esta afirmação foram as duras perseguições que lideranças do movimento ecumênico sofreram nos países latino-americanos que viveram ditaduras militares nos anos 1960 a 1980 – várias foram as prisões, as mortes, os desaparecimentos e as experiências de exílio destes cristãos (PLOU, 2002). O período de repressão das ditaduras militares se refletiu na repressão interna às instituições eclesiásticas e também contribuiu para o acirramento das crises e refluxos no movimento ecumênico que deixa suas marcas até a contemporaneidade. Exemplo disso é o fato de conselhos de igrejas como o Conselho Latino-Americano de Igrejas (CLAI), no campo continental, e conselhos nacionais de igrejas se esforçarem por ter representatividade e visibilidade, mas terminarem refletindo as limitações das próprias igrejas quanto ao engajamento ecumênico.

É preciso também reconhecer que muitas dessas posições negativas se devem à falta de acesso a informações adequadas sobre o ecumenismo e uma falta de formação para a unidade como parte dos processos de educação cristã nas igrejas. Há muita desinformação e preconceito. Existem líderes que, por vezes, falam contra o ecumenismo e o movimento ecumênico sem saberem exatamente do que se trata. Por outro lado, aqueles que abraçam o movimento não parecem ter encontrado uma forma pedagógica e eficaz de comunicação. A esses líderes ecumênicos falta o código, a língua das comunidades locais; portanto, em boa parte das vezes, programas e materiais não comunicam adequadamente.

Pode ser acrescentado a este quadro o fato de que o grande fenômeno eclesial do continente – o crescimento de igrejas pentecostais –, que marca este contexto religioso, não alterou a situação. Isto pode ser explicado pelas características deste grupo cristão, em particular: tendência ao denominacionalismo, constituído em cismas e divisões dentro do próprio movimento e no seu relacionamento com outras expressões evangélicas; disputas teológicas e tensões em torno do poder e do controle de comunidades da parte de lideranças como fonte de muitos cismas; fechamento pentecostal resultante de uma perspectiva teológica e pastoral exclusivista como característica do segmento (CUNHA, 2011).

Hierarquias vs. bases

É importante reconhecer que muitas destas crises e incertezas no campo eclesiástico protestante devem-se mais à força das hierarquias e ao clericalismo que têm marcado a vida das comunidades deste segmento na América Latina, possivelmente por conta das culturas patriarcal e paternalista presentes no continente. Por isso existem posições muito diferentes entre as pessoas comuns, nas experiências do cotidiano, em que tensões confessionais e divisões clássicas são superadas sem planejamentos e estruturas, e promovem unidade nas lutas pela vida e por direitos. Experiências de ações comuns entre os cristãos latino-americanos, resultantes de necessidades da comunidade, são uma realidade, bem como momentos de desejo de estar juntos fora das formalidades institucionais, para a oração comum e o estudo da Bíblia. As experiências de protestantes, tradicionais e pentecostais, com as comunidades eclesiais de base da Igreja Católica são um exemplo forte. Há quem denomine essas experiências "ecumenismo de base" (DIAS, 1998). Elas existem e são uma realidade na América Latina.

E isto se coloca como um sinal de força em um contexto eclesial e eclesiástico que se revela desfavorável à prática ecumênica em terras

Uma inspiração, uma esperança

latino-americanos, porque, em geral, no contexto atual das igrejas uma nova ordem religiosa é assimilada: a religião do mercado.

A religião de mercado: individualismo e competição

O avanço do capitalismo globalizado a partir dos anos 1990 imprimiu uma nova ordem mundial, na qual o investimento tecnológico tornou-se estratégia determinante. A informação passa a ter espaço privilegiado, bem como os canais de comunicação. Uma ampla fatia da economia mundial passou a ser centrada na informação e na comunicação, e, no século XXI, a indústria da comunicação e informação se consolida como a maior do mundo. Fica solidificado o casamento entre o mercado e as mídias.

Nesse contexto sociopolítico e econômico, o campo religioso latino--americano experimenta o fenômeno do crescimento dos movimentos pentecostais. Surge um sem-número de igrejas autônomas, organizadas em torno de líderes, baseadas nas propostas de cura, de exorcismo e de prosperidade, sem enfatizar a necessidade de restrições de cunho moral e cultural para se alcançar a bênção divina. Baseiam-se também no reprocessamento de traços da religiosidade popular latino-americana, da valorização da utilização de símbolos e de representações icônicas. Há ainda um tipo de pentecostalismo mais recente que privilegia a busca de adeptos da classe média e de faixa etária jovem, e a música e o entretenimento religioso como recursos de comunicação.

Essa presença pentecostal é percebida na vida do continente, predominantemente, de duas formas: um alto investimento em espaços nas mídias e participação política partidária com busca de cargos no poder público.

O crescimento pentecostal passou a exercer uma influência decisiva sobre o modo de ser das demais igrejas cristãs. Para os protestantes, provocou incômodo em relação a um aspecto que marcou as igrejas históricas no Brasil – a estagnação e o não crescimento numérico significativo – e promoveu uma espécie de motivação para a concorrência e busca do aumento do número de adeptos. Para os católicos, representou uma ameaça, já que os seus fiéis são alvo do proselitismo pentecostal, o que se manifestou na forma de um declínio numérico. A influência se concretizou de maneira especial no reforço aos grupos chamados "avivalistas" ou "de renovação carismática", que têm similaridade de propostas e posturas com o pentecostalismo e passaram a conquistar espaços importantes na prática religiosa das igrejas chamadas históricas, para que elas recuperassem ou alcançassem algum crescimento numérico.

A tudo isto se conecta o crescimento do chamado mercado da religião (CUNHA, 2007). Os cristãos tornam-se um segmento de mercado com produtos e serviços especialmente desenhados para atender às suas necessidades religiosas, sejam de consumo de bens, sejam de lazer e entretenimento. Há um considerável aumento do número de produtos (bens e serviços) comercializados para cristãos. Tornou-se possível encontrar disponíveis os mais variados produtos, como roupas, cosméticos, doces, viagens, com marcas formadas por *slogans* de apelo religioso, versículos bíblicos ou, simplesmente, o nome de Jesus. Fazem cada vez mais sucesso as feiras católicas e evangélicas (grandes eventos comerciais), e exposição de produtos especialmente voltados para estes consumidores.

Ao mesmo tempo, as grandes mídias (seculares) assimilam essa atmosfera e passam a produzir programas, ou parcelas deles, para disputar audiência cristã: espaço para a música cristã contemporânea ("gospel") e seus artistas, patrocínio de festivais e megaeventos de rua, veiculação de programas de entretenimento com temática religiosa. Essas interações têm reflexos na cultura dos grupos religiosos, em especial nas práticas celebrativas (missas católicas e cultos evangélicos), que terminam por assimilar aspectos do que é veiculado pelas mídias. Isso se converte em alta dependência de tecnologia e reprodução de formatos e conteúdos performáticos das celebridades religiosas midiáticas no cotidiano de comunidades. O resultado disso é homogeneização (padronização) e enfraquecimento da espontaneidade, elementos característicos da indústria cultural, neste caso, religiosa, o que reafirma a intensidade da relação religião–mercado–mídia (CUNHA, 2007).

Uma inspiração, uma esperança   **255**

A religião de mercado emerge como uma cultura religiosa que é assimilada por protestantes e católicos no continente, fundamentalmente com: busca de resultados mensuráveis pelos líderes (crescimento numérico e de propriedade), busca pela visibilidade no espaço social (cargos públicos e a presença na mídia), pregação de uma religião intimista caracterizada pela busca de respostas a problemas práticos imediatos, a valorização dos bens de consumo e busca de mobilidade social como evidência da bênção de Deus na vida dos fiéis. Aqui não se deve restringir às práticas dos chamados grupos neopentecostais, como muitos analistas fazem ao lidar com estas formas teológicas e pastorais. Há uma boa parte das igrejas históricas do continente, incluindo a Católica Romana, que tem assimilado essas dimensões em seus discursos e práticas, em especial por meio do movimento de renovação carismática.

Uma revisão da compreensão de missão

É neste ponto que se pode trazer a discussão que está presente no protestantismo latino-americano desde os primórdios: a compreensão de missão. No passado, "missão" foi um elemento fundamental de promoção da unidade entre protestantes, "para que o mundo creia", que originou o movimento ecumênico no mundo, conectado à noção de que não se faz missão sem promoção da vida, da paz com justiça. No contexto que predomina no campo religioso do continente, outra dimensão se impõe.

No tempo presente as igrejas protestantes têm sido desafiadas pela perspectiva de trabalharem com "missões", em suas diferentes formas de fragmentação – "transculturais", "nacionais", "indígenas", "das janelas", entre outras. Essa postura torna ainda mais forte a desconexão com a forma de ser e de viver da população e suas necessidades – o que importa é o crescimento numérico, o recrutamento de membros para as igrejas. E aqui se chega a um ponto delicado: com esta configuração de crescimento a todo custo, emergem, com força, novas formas de proselitismo religioso, um reavivamento do anticatolicismo e um intenso fechamento a toda e qualquer proposta de diálogo e cooperação inter-religiosa, o que torna a dimensão ecumênica entre as igrejas ainda mais fragilizada.

Nesse contexto de visibilidade evangélica a ser alcançada e consolidada no continente, existem ações sociais. Governos e empresas, em resposta ao modelo político-econômico dominante (capitalismo globalizado), têm os seus programas sociais paliativos para enfrentar os efeitos da exclusão (as "fundações", as "instituições de caridade", os "projetos comunitários"), sem alcançar uma coerente e profunda superação das causas e estruturas. Da mesma forma, muitas igrejas têm investido no trabalho social. No entanto, falta análise crítica em relação ao funcionamento da sociedade e as causas dos efeitos que eles procuram atingir. Com isso, assistência social tem se tornado mera fonte de evangelização ou marketing institucional (CUNHA, 2007).

Como resultado de tudo isso, os protestantes ganham confiança e começam a sentir que podem ser uma presença significativa na sociedade. As estatísticas de crescimento de algumas igrejas, a crescente presença nos meios de comunicação (TV e rádio, publicações, diferentes espaços na internet) e a atuação na esfera política revelam números cada vez maiores.

Inspiração para nutrir esperança

O que se descreveu acima parece ser o quadro teológico-pastoral hegemônico que traz crises e incertezas ao movimento ecumênico no continente. Ele alimenta perspectivas teológico-pastorais muito distantes das bases da Reforma. Nos momentos de culto, pregações e cânticos, por exemplo, há muito não enfatizam o amor incondicional de Deus. Pelo contrário, seu conteúdo realça um Deus que age condicionado às ações humanas: pela quantidade das orações, pelo sacrifício que se deve fazer para alcançar as bênçãos (seja por meio de obrigações religiosas ou de ofertas financeiras), como no tempo das indulgências. O poder e o controle dos líderes religiosos têm sufocado a voz e a ação dos leigos. A leitura fundamentalista, descontextualizada, tem tornado a Bíblia um livro estéril. Desaparece aí o protestantismo na sua razão de ser.

Esta descrição não significa uma situação unânime no cenário protestante latino-americano. Há outras perspectivas que caminham por ações mais comunitárias e contextualizadas. Precisamos fazer justiça e recordar as sementes do jeito protestante de viver a fé na história. Como os protestantes/evangélicos que alfabetizaram tantos latino-americanos por meio da leitura da Bíblia. Como aqueles que pagaram com suas vidas o compromisso com a justiça, povoando as prisões das ditaduras militares, resistindo às torturas, enfrentando a morte ou o exílio. Como quem cultua, em comunidade, ao Deus da graça e da vida. Como quem busca forças para viver em vários esforços de solidariedade com empobrecidos, dependentes químicos, presos, vítimas de violência. Como há protestantes nessas frentes!

E há a inspiração ecumênica que brota das consequências da Reforma. Recordar os 500 anos desses movimentos é também uma oportunidade de avaliar a raiz dos tantos rompimentos entre os cristãos e o escândalo das divisões. E aqui temos uma chance de reconhecer a causa da unidade e as tantas iniciativas que envolveram diálogo e cooperação que, nestes cinco séculos de história, significam a não conformação com a separação, a intolerância e a competição que mutilam o corpo de Cristo. Ocasião para reafirmar: essas ações se deram no campo da ação missionária, da reflexão teológica, da disseminação do texto bíblico, da educação cristã, da ação social, e representaram a gênese, na passagem do século XIX para o século XX, do que hoje denominamos "movimento ecumênico" (RIBEIRO; CUNHA, 2013).

Ressaltar o que une, mais do que o que divide, e testemunhar a unidade visível do corpo de Cristo num mundo tão marcado por rupturas e divisões é a vocação do movimento ecumênico, que encontra expressões concretas em diálogos bi e multilaterais entre as confissões de fé, em organismos associativos e em organizações de serviço e promoção da vida.

Resultado desse processo foi a célebre Declaração Conjunta sobre a Doutrina da Justificação, assinada, em 1999, por representantes da Igreja Católica Romana e da Federação Luterana Mundial em Augsburg, na Alemanha. Naquela cidade, em 1530, os seguidores de Lutero, convocados pelo rei alemão Carlos V, assinaram uma declaração de fé que rompia com a Igreja romana e enfatizava a doutrina da salvação pela graça. Na passagem para o século XXI, católicos e luteranos registraram, pela Declaração Conjunta, que estão de acordo sobre as verdades básicas relativas à doutrina da justificação pela fé, um dos pilares da Reforma Protestante. Este foi um passo importante, um testemunho de que o diálogo e a cooperação são possíveis, sem desconhecer que ainda é preciso trabalhar outros aspectos antes de se alcançar um acordo total entre luteranos e católicos sobre o significado do Evangelho da justificação na vida da Igreja.

A Igreja Católica, por meio do Pontifício Conselho para a Unidade dos Cristãos, e a Federação Luterana Mundial têm afirmado a necessidade de que as duas partes continuem seus esforços ecumênicos. Assumem, ainda, que a Declaração Conjunta não é o objetivo final, mas um importante passo na peregrinação comum para uma completa unidade visível. Este é um testemunho e um estímulo para novas ações que envolvam outras confissões cristãs, na esperança ecumênica.

Referências

BONINO, José Miguez. *Rostos do Protestantismo Latino-Americano*. São Leopoldo: Sinodal, 2003.

BITTENCOURT FILHO, José. *Por uma eclesiologia militante*: ISAL como nascedouro de uma nova eclesiologia para a América Latina. Dissertação (Mestrado em Ciências da Religião). Instituto Metodista de Ensino Superior, 1988.

CUNHA, Magali do Nascimento. *A explosão gospel*: um olhar das ciências humanas sobre o cenário evangélico contemporâneo no Brasil. Rio de Janeiro: Mauad, 2007.

CUNHA, Magali do Nascimento. Pentecostalismo e movimento ecumênico: divergências e aproximações. *Estudos de Religião*. v. 25, n. 40, p. 35-51, 2011.

DIAS, Zwinglio Motta. O movimento ecumênico: história e significado. *Numen*, Juiz de Fora, v. I, n. 1, p. 127-163, 1998.

PLOU, Dafne Sabanes. *Caminhos de unidade*: itinerário do diálogo ecumênico na América Latina. São Leopoldo/Quito: Sinodal/Clai, 2002.

RIBEIRO, Claudio de Oliveira; CUNHA, Magali do Nascimento. *O rosto ecumênico de Deus*: reflexões sobre ecumenismo e paz. São Paulo: Fonte Editorial, 2013.

TILLICH, Paul. *A era protestante*. São Bernardo do Campo: Ciências da Religião e Traço a Traço Editorial, 1992.

WEBER, Max. *A ética protestante e o "espírito" do capitalismo*. São Paulo: Companhia das Letras, 2004.

TENSÕES ENTRE CATÓLICOS E REFORMADOS NO CONTEXTO DO SÉCULO 16 NO NORDESTE BRASILEIRO OS MÁRTIRES DE CUNHAÚ E URUAÇU EM REVISÃO

Elaine Martins Donda[*]

Rumo aos 500 anos da Reforma, repensar a presença holandesa no Brasil durante o século XVII (1630-1654) suscita novas curiosidades e oportuniza novas releituras de narrativas consideradas como definitivas na historiografia brasileira em relação a essa temática.

Embora seja um período breve, a invasão holandesa no Nordeste brasileiro é constantemente revisitada. E, pensando na temática do presente livro – *Ecumenismo e Reforma* –, vale rememorar um episódio que recentemente ganhou considerável destaque nos meios de comunicação. Trata-se do processo de canonização dos trinta mártires de Cunhaú e Uruaçu, acompanhado com expectativa pelos fiéis, especialmente do Rio Grande do Norte, quanto à aprovação do papa Francisco.

O processo de beatificação de dois sacerdotes e de vinte e oito leigos norte-rio-grandenses foi aberto em 15 de maio de 1988, e teve sua finalização em 5 de março de 2000 com o pronunciamento do papa João Paulo II.

Aqui, a opção de recorte circundará em torno dos morticínios ocorridos nos engenhos de Cunhaú e Uruaçu no ano de 1645, e objetiva-se comparar a obra *Os holandeses no Rio Grande* de Paulo Herôncio com diferentes narrativas, bem como com outros textos relevantes acerca desse fato, a fim de perceber se houve incongruências entre os relatos. Ainda, destacar

---

[*] *Elaine Donda* é leiga na Igreja Presbiteriana Independente e doutoranda em Ciências da Religião pela Universidade Metodista de São Paulo.

elementos motivadores do contexto brasileiro em prol do processo de beatificação dos referidos mártires com vistas a evidenciar superposições entre religião e política no contexto em que a obra foi publicada.

A obra de Herôncio é considerada a principal fonte literária de motivação à beatificação dos mártires do Rio Grande do Norte. Hélio Galvão, prefaciador da edição de 1980, intitula o texto como "uma crônica atualizada daquele período" (HERÔNCIO, 1980, p. 4), no sentido de que não há uma análise aprofundada nas fontes que abordam o período holandês no Brasil. O objetivo do autor é, na verdade, fortalecer a devoção aos mártires, que na ocasião da primeira edição, em 1937, aguardavam o pedido "de encaminhamento da beatificação" (MONTEIRO, 1997, p. 50) junto à Santa Sé.

O martírio de Cunhaú e Uruaçu, ocorridos na Capitania do Rio Grande, estão inseridos em um contexto mais amplo, o da presença holandesa no Nordeste brasileiro durante o século XVII.

O breve Brasil holandês

O período de maior permanência holandesa em território brasileiro reflete as lutas pelo controle econômico e político em que as nações europeias estavam envolvidas. Os holandeses, então libertos do domínio espanhol, já no século XVI, formaram os Países Baixos, um "reduto de tolerância religiosa" (MENDONÇA; VELASQUES FILHO, 2002, p. 26) e, assim como os ingleses, passaram a disputar o controle marítimo.

Por duas vezes, os holandeses tentaram estabelecer sua permanência em território brasileiro. A primeira em 1624, quando ocuparam a Bahia; entretanto, após um ano foram expulsos. Em 1630, os holandeses conquistaram o Nordeste brasileiro pela segunda vez e estabeleceram uma colônia, centralizada em Pernambuco, sendo Maurício de Nassau seu governador mais proeminente. Essa colônia durou vinte e quatro anos (1630-1654) e formou uma espécie de estado teocrático que assegurava certa tolerância religiosa.

Quanto à inserção do protestantismo brasileiro, os estudos clássicos consideram essas duas tentativas flamengas e ainda a chegada de franceses protestantes que se estabeleceram no Rio de Janeiro entre 1555 e 1560 como iniciativas fracassadas, visto que de fato a "tradição protestante finalmente inseriu-se no Brasil no começo do século XIX" (ibidem). Nessas três vezes, "a Igreja evangélica foi implantada no Brasil colônia, mas sempre expulsa pelos portugueses" (SCHALKWIJK, 2005, p. 103).

Ainda em relação à segunda tentativa de efetivar a invasão, sediada em Recife, Sérgio Buarque de Holanda nomeia esse período de malogro da experiência holandesa, pois possuía um caráter cosmopolita. A Nova Holanda, com significativo progresso urbano, destoava da realidade brasileira, essa com majoritária dependência dos domínios rurais.

O empreendimento colonial custeado pela Companhia das Índias Ocidentais, uma organização privada voltada ao mercado externo entre aliados dos Países Baixos, debatia-se em si mesmo, pois não conseguiu transpor "os muros das cidades e não podia implantar-se na vida rural" (HOLANDA, 1995, p. 63); nesse paradoxo, a empreitada holandesa não obteve êxito.

Já a partir de 1630, os holandeses principiaram sua dominação sobre Pernambuco e de lá, principal região produtora de açúcar, dão início ao "ataque e invasão da capitania do Rio Grande" (TRINDADE, 2010, p. 54). Foram quatro investidas até a conquista, cujo objetivo estava em ampliar o território de dominação e tornar a permanência no Nordeste mais segura.

A Capitania do Rio Grande esteve sob o domínio dos holandeses pelo "período de vinte anos – dezembro de 1633 a janeiro de 1654" (MEDEIROS, 2010, p. 7), ou seja, até a expulsão flamenga, evento conhecido como Restauração Pernambucana.

Os martírios – visão recorrente

Em *blogs* e *sites* com informações sobre os martírios, é possível encontrar relatos que objetivam contar como os dois massacres aconteceram, primeiro em Cunhaú e meses depois em Uruaçu, regiões da então Capitania do Rio Grande. Da busca realizada, seguem fragmentos de publicações extraídas do portal *Canção Nova*.

De modo geral, as narrativas são iniciadas com o martírio de Padre André de Soveral, que com aproximadamente setenta fiéis foram barbaramente mortos por soldados holandeses e índios no dia 16 de julho de 1645. O massacre aconteceu dentro da Capela de Nossa Senhora das Candeias, no Engenho de Cunhaú. As versões disponibilizadas em redes sociais ou em versões impressas não possuem unanimidade quanto ao número de vítimas e datas, entretanto, convergem em relação à motivação: os massacres se deram porque as vítimas eram seguidoras da "religião católica, tiveram que pagar com a própria vida o preço da fé, por causa da intolerância calvinista dos invasores".[1]

Quatro meses depois, em 3 de outubro de 1645, aconteceu o outro massacre, no Engenho de Uruaçu, com um número em torno de oitenta pessoas mortas por holandeses, entre elas "o Padre Ambrósio Francisco Ferro e Mateus Moreira, um camponês que teve o coração arrancado pelas costas, enquanto repetia a frase 'Louvado seja o Santíssimo Sacramento'" (ibidem).

Os fragmentos transcritos expressam a versão recorrente, em parte difundida pela obra *Os holandeses no Rio Grande*, de Paulo Herôncio, com publicação em 1937. Texto significativamente citado como principal referência nos endereços eletrônicos que abordam os massacres. A edição impressa aqui utilizada é a de 1980, momento em que os fiéis estavam mais próximos de vislumbrar a tão aguardada beatificação dos mártires de Cunhaú e Uruaçu; ao todo, trinta nomes reconhecidos pela Sé, pois preencheram três requisitos – morreram defendendo a fé católica, foram supliciados e não reagiram.

---

[1] Matéria na íntegra disponível em *Canção Nova* (http://blog.cancaonova.com/natal/proto-martires-do-brasil). Acesso em: 04 out. 2016.

A obra de Paulo Herôncio

Rememorando o prefácio de 1980, escrito por Hélio Galvão, a obra *Os holandeses no Rio Grande* trata-se de uma crônica atualizada sobre o período em que os holandeses dominaram o Nordeste brasileiro, e em especial a Capitania do Rio Grande.

O prefaciador reconhece que as fontes consultadas pelo Pe. Herôncio são boas, entretanto, o período holandês produziu uma bibliografia vasta, não contemplada na referida obra. Assim, a crônica revela as boas leituras que o autor fez, e, segundo Galvão, essas o tornaram "devoto dos mártires de Cunhaú, Ferreiro Torto e Uruaçu" (HERÔNCIO, 1980, p. 4).

A tarefa de analisar os martírios ocorridos na Capitania do Rio Grande pressupõe exatamente isso – reconhecer que há uma atmosfera de devoção envolvida; para tanto, junto às ferramentas epistemológicas é necessário também lançar mão de sensibilidade e respeito no exercício de revisitar um tema tão emblemático e valioso à fé católica brasileira, especialmente norte-rio-grandense.

Entre as fontes para a construção da narrativa de Herôncio, está o texto de Diogo Lopes de Santiago, considerado o primeiro cronista do lado português e fonte coeva a relatar as guerras de expulsão dos holandeses. Seu discurso é português e providencialista, pois era um homem do século XVII e temente a Deus, uma característica comum desse tempo.

Em *História da Guerra de Pernambuco e feitos memoráveis do Mestre de Campo João Fernandes Vieira*, de 1634, está implícita sua percepção sobre a guerra e "como bom português, defendia o direito de Portugal explorar as terras brasileiras e civilizá-las" (SILVA; PORTO, 2005, p. 7); e, enquanto cristão da referida época, seu discurso era contrário a qualquer outra fé diferente da sua.

O texto de Herôncio, ao descrever os morticínios, enaltece a "firmeza da fé, que aqueles bravos demonstraram" (HERÔNCIO, 1980, p. 53) diante da morte, e atribui, como principal motivo dos ataques, o interesse holandês em tomar os territórios já conquistados pelos portugueses.

Nesse sentido, faz-se necessário reconhecer a existência de outras fontes, também coevas, a fim de obter uma interpretação mais ampla acerca desse evento tão marcante para o Rio Grande do Norte e a memória brasileira.

Motivações divergentes

Ao revisitar um tema que é lembrado pela violência, faz-se necessário ter em mente a indagação sobre quais motivações resultaram em tantas mortes.

Semelhante pergunta fez Olavo de Medeiros Filho, em *Os holandeses na Capitania do Rio Grande*. O autor questiona sobre "O que teria levado aquela força a dirigir-se a Cunhaú" (MEDEIROS, 2010, p. 105), ou seja, por que os holandeses atacaram o engenho? Busca respostas entre fontes históricas e cita os cronistas portugueses Diogo Lopes de Santiago e frei Raphael de Jesus; a resposta de ambos foi de que "teriam chegado ordens do Recife, para que fossem mortos os moradores do engenho" (MEDEIROS FILHO, 2010, p. 105).

Também faz menção a Joan Nieuhof e seu diário, *Memorável viagem marítima e terrestre ao Brasil*. No livro constam suas impressões e encantamento pela beleza natural do Brasil, transcrição de documentos e, ainda, sua percepção sobre as guerras contra os portugueses e o declínio do domínio holandês. Chegou ao Brasil em 1640 e atuou como funcionário da Companhia das Índias Ocidentais até 1649. Sem dúvida, um documento importante que proporciona uma interpretação dos fatos a partir do olhar holandês.

Acerca da motivação dos ataques de holandeses ao engenho de Cunhaú, registrou que "os tapuias, tomados de ódio inato para com os lusos, atacaram alguns deles, a 16 de julho, no engenho de Cunhaú, matando todos os que lá encontraram, sem que os holandeses das redondezas conseguissem impedi-los" (ARAÚJO, 2006, p. 139). Em meio às disputas entre portugueses e flamengos, Nieuhof aponta para um elemento relevante – a questão indígena.

A questão indígena e dívidas dos senhores de engenho

As primeiras medidas em relação aos nativos da Colônia, já em 1556, partiram da Companhia de Jesus com o objetivo de garantir a segurança indígena e resultaram na primeira lei sobre a liberdade dos indígenas, aprovada por D. Sebastião em 1570. Essa lei proibia a escravidão de índios convertidos ao cristianismo.

Somente poderiam ser escravizados os "índios capturados no decurso de uma guerra justa declarada pelo soberano ou pelo governador geral" (ARAÚJO, 2006, p.139); índios que se rebelassem, também, em caso de comerem portugueses, seus escravos ou mesmo outros índios.[2]

E, finalmente, deveriam ser libertos "todos os escravos possuídos por alguém sem qualquer título" (ARAÚJO, 2006, p. 140) A carta régia provocou revolta entre os colonos, bem como documentos posteriores emitidos pela Coroa.

Assim, teoricamente, as leis deveriam coibir práticas de capturas dos nativos e proporcionar a sua liberdade natural; contudo, o apresamento praticado pelos colonos permaneceu em crescimento, pois os portugueses resistiam com o não cumprimento da lei e apelavam para o subterfúgio de instigar os indígenas a atacarem os núcleos de cristãos, justificando dessa maneira a escravização. "Os senhores de engenho, também contrários à lei, alegaram a falta de recursos para aquisição de escravos negros, numa fase em que a economia açucareira estava em expansão e exigia braços cativos na produção" (ASSUNÇÃO, 2004, p. 168).

O conflito entre colonos e jesuítas pelo controle da população indígena sempre esteve em evidência, pois os primeiros estavam interessados em

---

[2] Vale salientar que, no caso específico de comer outros índios, a lei previa a proibição de uma prática já recorrente no contexto colonial, de se tomar como escravos os índios cativos, mais conhecidos como índios de corda. Em suma, especialmente os Tupis capturavam inimigos e os mantinham em cativeiro; ali recebiam cuidados até o momento em que eram amarrados com corda e espancados para o início do sacrifício, momento revestido de honra para o prisioneiro.

Tensões entre católicos e reformados no contexto do século 16

manter o processo de escravizar os nativos; já os religiosos, empenhados em salvar almas do inferno.

Para Darcy Ribeiro, a questão estava na maneira de olhar para os índios, pois para os missionários se tratava de dóceis catecúmenos que, através da evangelização, se tornariam cristãos. Enquanto para "os povoadores eles eram, se mulheres, os ventres em que se multiplicavam prodigiosamente milhões de bastardos; se homens, a força de trabalho de que necessitavam para devastar as matas, navegar os rios, plantar as roças e edificar as cidades" (RIBEIRO, 1993, p. 31).

Quanto aos indígenas, sempre à margem dessas negociações sobre sua liberdade, se manifestaram em muitos casos com resistências, o que em parte explica o ódio inato dos tapuias para com os lusos nos escritos de Joan Nieuhof.

O processo administrativo português, ao avançar com a criação de novas vilas, forçava as populações indígenas à marginalidade, com "suas terras expropriadas, o que muitas vezes levou o indígena a negar sua identidade como tal, para talvez dessa forma continuar a 'resistir' e a existir" (ARAÚJO, 2007, p. 49).

Dentre as formas de sobrevivência, Fátima Martins Lopes destaca as alianças, que para os indígenas eram revestidas de um caráter próprio, no sentido de assegurarem "tradicionalmente a continuidade de sobrevivência dos grupos" (MARTINS LOPES, 1998, p. 131). Contudo, as tentativas indígenas de estabelecer alianças com os portugueses por vezes resultavam em trabalho compulsório e até escravidão.

Os holandeses conheciam as tensões entre nativos e portugueses, e antes de 1630 também procuraram manter boas relações com os Tapuias, palavra de origem tupi, geralmente utilizada para designar grupos não tupis. Joan Nieuhof, em seus apontamentos, menciona que o Conselho determinou que "se cultivassem boas relações com os Tapuias, tendo, para tanto, enviado presentes a Janduí, chefe dos selvagens" (NIEUHOF, 1981, p. 185).

Na perspectiva indígena, as alianças com holandeses representavam uma possibilidade de garantia de liberdade, a princípio diferente da lusa, pois previa proibição de trabalho forçado ou escravidão. Entretanto, na prática, os colonos holandeses também acabavam por explorá-los de modo semelhante aos portugueses.

Quanto às chacinas ocorridas na Capitania do Rio Grande em 1645, além do vínculo estabelecido por meio de alianças entre indígenas e holandeses, Frans Leonard Schalkwijk ainda considera a represália pela morte de vinte e três índios prisioneiros de guerras semanas anteriores, na baía da Traição e em Sirinhaém, quando os portugueses, após rendição da frota holandesa, não respeitaram os acordos prévios, ou seja, a fúria dos indígenas no "massacre de Cunhaú era mais uma ação de vingança dos indígenas" (SCHALKWIJK, 2004, p. 378).

Paulo Herôncio, ao iniciar sua narrativa sobre os morticínios, aponta como elemento motivador holandês o início dos "processos que os usurpadores punham em prática, para se manterem senhores das terras conquistadas" (HERÔNCIO, 1980, p. 46), e enfatiza que os holandeses intentaram a todo custo ampliar seus domínios a partir de vilas e engenhos já formados pelos portugueses.

Contudo, aqui vale acrescentar que a expansão da produção açucareira ocorreu porque os senhores de engenho contraíram empréstimos com os holandeses. E, na impossibilidade de quitação, foram "amontoando dívidas sobre dívidas" (NIEUHOF, 1981, p. 110), até que os créditos foram cortados. Isso refletiu nos cofres da Companhia das Índias Ocidentais e na diminuição da produção açucareira, intensificando a crise entre flamengos e lusos.

Conforme já mencionado, a primeira edição da obra de Paulo Herôncio foi publicada em 1937, período em que Getúlio Vargas governava o país; e aqui também recuperando, essa obra é considerada a principal publicação de incentivo à beatificação dos mártires do Rio Grande do Norte. Faz-se pertinente perscrutar sobre o porquê de exatamente nesse momento político ocorrer tal iniciativa.

Tensões entre católicos e reformados no contexto do século 16

O contexto em que a obra de Paulo Herôncio foi publicada

Com a vitória da Revolução de 1930, houve uma união não oficial entre a Igreja Católica e o Estado, especialmente de 1930 a 1945. "Agnóstico e astuto, Getúlio percebeu as vantagens de um bom relacionamento com o clero" (CAVALCANTI, 2002, p. 194).

Já em 1931, promoveu duas festas significativas para o povo brasileiro e para a Igreja, a semana em honra a Nossa Senhora Aparecida e a semana em honra ao Cristo Redentor; também atentou para as reivindicações dos bispos, estes representados pelo cardeal Leme, personalidade importante com quem Getúlio Vargas estabeleceu vínculos de amizade.

A obra de Herôncio, além de fortalecer a fé dos devotos dos trinta mártires, que aguardavam o encaminhamento do processo de beatificação junto ao Vaticano, segundo Renato Amado Peixoto, também foi "o ponto de partida para a invenção da identidade católica no Rio Grande do Norte" (PEIXOTO, 2014, p. 35).

O autor ainda chama a atenção sobre acontecimentos importantes ao referido contexto e que, de certo modo, foram considerados durante a produção textual. São eles o Levante Comunista de 1935, com a liderança de Luís Carlos Prestes, e a criação da Aliança Nacional Libertadora (ANL), a Guerra Civil Espanhola, iniciada em 1936 até o começo de 1939, com vitória dos militares liderados pelo general Francisco Franco, resultando na instauração de um regime de caráter fascista. E ainda um episódio do passado, a Invasão Holandesa.

Tais eventos estão devidamente articulados no prefácio de Padre J. Cabral à primeira edição, que fez "a ponte entre os acontecimentos da década de 1930 e os da ocupação holandesa: os exemplos da resistência aos colonizadores por meio da comunhão entre religião e a pátria serviam para forjar um sentido do nacionalismo" (PEIXOTO, 2014, p. 38) que deveria fazer enfrentamento aos Calabares ou traidores daqueles dias, em menção aos comunistas.

Nesse sentido, a proposta do livro é apontar para o modelo de fé ideal, a norte-rio-grandense, e enaltecer a liderança guerreira de um filho da terra, Felipe Camarão, com seu apego à fé católica. Sobre Camarão, Herôncio o chama de bravo indígena e "um dos valentes capitães das forças libertadoras" (HERÔNCIO, 1980, p. 63), nascido às margens do rio Potengi, educado e instruído na fé católica pelos jesuítas, aliado dos portugueses desde a juventude.

Peixoto ainda enfatiza que a sacralização da terra norte-rio-grandense está vinculada ao "sangue dos mártires, sacrificados por Deus, pela Pátria e pelo Rei" (PEIXOTO, 2014, p. 38). Junto aos acontecimentos já apontados, também é interessante acrescentar o crescimento pentecostal, por vezes superior ao das denominações históricas e da Igreja Católica, movimento "das massas migratórias recém-chegadas aos grandes centros urbanos. Religião de pobres e de ignorantes, 'religião de gentinha' – era a visão das elites em relação às multidões de crentes" (CAVALCANTI, 2002, p. 193).

Desse modo, evocar a invasão holandesa do passado para o contexto da década de 1930 pressupõe a ideia de que a construção da memória dos protomártires de Cunhaú e Uruaçu tem função específica em relação à tensão política e também às transformações que acometiam a religião brasileira – atenuar conflitos. O resgate de um fato histórico com carga simbólica à cultura nacional, segundo Stuart Hall, é "uma maneira de construir significados que influenciam e organizam tanto nossas ações quanto nossas concepções" (HALL, 1998, p. 39).

Nesse sentido, a construção de uma memória coletiva e sacralizada a partir de intenções do presente pode ser comparada, segundo Michel de Certeau, a uma operação fabril, pois, assim como um produto que sai da linha de produção, um objeto histórico é também resultante de uma articulação coletiva entre passado e "coerções da sociedade presente" (CERTEAU, 2005, p. 57). Em suma, uma operação histórica é sempre específica e localizada, como que uma realidade retirada do passado e que não emerge imaculada. No caso da evocação dos mártires de Cunhaú e Uruaçu, ocorreram desdobramentos que hoje fomentam a fé popular do Rio Grande do Norte, bem como de católicos de outras regiões do país.

Narrativa fomentadora da fé

Especialmente após a abertura do processo de beatificação, os mártires são lembrados em duas datas anuais: 16 de julho e 3 de outubro, feriado estadual desde 2006.

Os lugares de romarias e peregrinações são a capela dos mártires de Cunhaú e Uruaçu em São Gonçalo do Amarante, o santuário dos Mártires, no bairro Nossa Senhora de Nazaré, em Natal, e a capela de Nossa Senhora das Candeias, no antigo engenho de Cunhaú.

Anualmente, durante o mês de outubro, a Festa dos Mártires de Uruaçu atrai turistas, fiéis e romeiros de todo o Brasil, que, além de participarem das festividades, chegam com o objetivo de conhecer as edificações dedicadas à memória dos primeiros mártires brasileiros.

Essas construções, na perspectiva de Giorgio Agamben, são tipos de museus, não somente pelo espaço físico determinado, mas também pela "dimensão separada para a qual se transfere o que há um tempo era percebido como verdadeiro e decisivo, e agora já não é" (AGAMBEN, 2007, p. 73). São lugares específicos e não existem para o uso comum, ao contrário, são separados a fim de promover continuidade à peregrinação e ao turismo.

Durante o período festivo, turistas e fiéis também afluem para a fazenda de Cunhaú, município de Canguaretama, com o objetivo de prestigiar a encenação *O morticínio de Cunhaú*. Uma narrativa do passado que também fomenta a memória coletiva, pois, para Luiz Antônio de Oliveira, esse espetáculo enaltece, "em perspectiva apologética, a atitude heroica dos antepassados frente à perseguição protestante" (OLIVEIRA, 2003, p. 82); aqueles heróis transformados em santos locais, a partir de campanhas de festejos e processo de beatificação.

Considerações finais

Os mártires de Cunhaú e Uruaçu, atualmente, aguardam pela canonização; contudo, já fazem parte da devoção católica brasileira. Prova disso são os milhares de fiéis e peregrinos que anualmente vão visitar os lugares que rememoram suas mortes.

A aproximação às narrativas que abordam o martírio dos dois sacerdotes e vinte e oito leigos, venerados pelos católicos, pressupõe reconhecer a importância da temática do presente livro – *Ecumenismo e Reforma* – e a necessidade de tal releitura estar imbuída de respeito, uma preocupação essencialmente ecumênica.

Às vésperas das comemorações dos 500 anos da Reforma, o momento é oportuno para revisar narrativas sobre os morticínios ocorridos na Capitania do Rio Grande em 1645, atribuídos aos holandeses, quando da segunda ocupação no litoral nordestino, especialmente em Pernambuco.

O objetivo não se concentra em comprovar culpa ou inocência, seja de batavos, portugueses ou indígenas sobre essas mortes, mas revisitar a historiografia e concluir a impossibilidade de se aferir julgamentos exatos. Afinal, as narrativas são parciais e surgem a partir de perspectivas próprias. Nessa lógica, revelam a diversidade inserida naquele período. Entretanto, o grande aprendizado dessa revisão se dá em perceber como um objeto histórico pode ser evocado do passado e revestido de novo sentido, ganhando outros desdobramentos.

No caso dos primeiros mártires brasileiros, foi a partir da década de 1930 que efetivamente suas mortes ganharam maior atenção. Retirados de um cenário de disputa colonial e violência, foram acomodados no imaginário coletivo norte-rio-grandense como heróis e fontes de beatitudes, solidárias nos lamentos e angústias dos romeiros e fiéis que convergem para os santuários anualmente. E aqui não importa se foi uma estratégia política ou uma iniciativa apologética de transformar heróis em santos locais, pois tudo isso é significado pela devoção.

Referências

AGAMBEN, Giorgio. *Profanações.* Tradução: Selvino J. Assmann. São Paulo: Boitempo Editorial, 2007.

ARAÚJO, António de (Org.). *A missão de Ibiapaba*. Coimbra: Almedina, 2006.

ARAÚJO, Soraya Geronazzo. *O muro do demônio*: economia e cultura na Guerra dos Bárbaros no nordeste colonial – séculos XVII e XVIII. Dissertação, 2007, Fortaleza. Disponível em: <http://www.repositorio.ufc.br/handle/riufc/3348>. Acesso em: 10 out. 2016.

ASSUNÇÃO, Paulo de. *Negócios jesuíticos*: o cotidiano da administração dos bens divinos. São Paulo: Editora da Universidade de São Paulo (EDUSP), 2004.

CAVALCANTI, Robinson. *Cristianismo e política*: teoria bíblica e prática histórica. Viçosa: Ultimato, 2002.

CERTEAU, Michel de. *El lugar del outro*: historia religiosa y mística. Traduzido por Víctor Goldstein. Buenos Aires: Katz Editores, 2005.

HALL, Stuart. *A questão da identidade cultural*. Tradução: Andréa Borghi Moreira Jacinto; Simone Miziara Frangella. 2. ed. Campinas: Textos Didáticos IFCH/UNICAMP, 1998.

HERÔNCIO, Paulo. *Os holandeses no Rio Grande*. 2. ed. Natal: Fundação José Augusto, 1980.

HOLANDA, Sérgio Buarque. *Raízes do Brasil*. 26. ed. São Paulo: Companhia das Letras, 1995.

MARTINS LOPES, Fátima. *Índios, colonos e missionários na colonização da capitania do Rio Grande do Norte*. Natal: Instituto Histórico e Geográfico do Rio Grande do Norte, 1998.

MEDEIROS FILHO, Olavo. *Os holandeses na Capitania do Rio Grande*. Natal: Sebo Vermelho, 2010.

MENDONÇA, Antônio Gouvêa; VELASQUES FILHO, Prócoro. *Introdução ao Protestantismo no Brasil*. 2. ed. São Bernardo do Campo: Programa de Pós-Graduação em Ciências da Religião; São Paulo: Loyola, 2002.

MONTEIRO, Pe. Eymard L' E. *Mártires de Cunhaú e Uruaçu*. Natal: Nordeste Gráfica Editora, 1997.

NIEUHOF, Joan. *Memorável viagem marítima e terrestre ao Brasil.* Tradução: Moacir N. Vasconcelos. Belo Horizonte: Itatiaia; São Paulo: EDUSP, 1981.

OLIVEIRA, Luiz Antônio. "O teatro da memória e da história: alguns problemas de alteridade nas representações de Cunhaú – RN". *Mneme Revista de Humanidades*, 4 (8), p. 80-110, abr.-set. 2003.

PEIXOTO, Renato Amado. "Duas palavras: os holandeses no Rio Grande e a invenção da identidade católica norte-rio-grandense na década de 1930". *Revista de História Regional*, 19 (1), p. 35-57, maio 2014.

RIBEIRO, Darcy; MOREIRA Neto, Carlos Araújo. *A fundação do Brasil*: testemunhos 1500-1700. Introdução: A invenção do Brasil. 2. ed. Petrópolis: Vozes, 1993.

SCHALKWIJK, Frans Leonard. *Igreja e Estado no Brasil Holandês (1630-1654).* 3. ed. São Paulo: Cultura Cristã, 2004.

_____. "Índios evangélicos no Brasil Holandês" (p. 103-140). In: GALINDO, Marcos. *Viver e morrer no Brasil Holandês.* Recife: Fundação Joaquim Nabuco/Massangana, 2005.

SILVA, Ursula Andréa de Araújo; PORTO, Maria Emília Monteiro. "Diogo Lopes Santiago: o cronista da Guerra de Pernambuco". Disponível em: <http://anais.anpuh.org/wp-content/uploads/mp/pdf/ANPUH. S23.1012.pdf>. Acesso em: 13 out. 2016.

TRINDADE, Sérgio Luiz Bezerra. *História do Rio Grande do Norte.* Natal: Editora do IFRN, 2010.

SÃO OS GRUPOS EVANGÉLICOS MIDIÁTICOS HERDEIROS DA REFORMA?

Ricardo Zimmermann Fiegenbaum[*]

A pergunta que se coloca para este texto remete ao dilema existencial de Hamlet: ser ou não ser. Mas ao contrário do personagem de Shakespeare, a questão aqui não é posta pelo próprio sujeito, numa autointerpelação, mas por um terceiro que, ao considerar-se herdeiro do patrimônio teológico e eclesiológico da Reforma Protestante do século XVI, se enfrenta com a "concorrência" do outro, no caso, os grupos evangélicos midiáticos. É aquele que necessita definir estes grupos para estabelecer as diferenças e compreendê-los em suas relações históricas e sociais. Trata-se, portanto, de saber se é possível a partilha da herança da Reforma entre os grupos evangélicos midiáticos e os protestantes tradicionais. E aqui, talvez, a questão não seja exatamente a escolha entre duas alternativas contrárias – ser *ou* não ser –, mas assumir a perspectiva da simultaneidade – ser *e* não ser –, uma perspectiva bastante luterana, afinal. Nesse caso, estaríamos diante de uma contradição que só se resolveria à medida que distinguíssemos os aspectos que aproximam os grupos evangélicos midiáticos da Reforma e daqueles que dela os afastam, se não até mesmo com rompimento. Isso implicaria analisá-los sob diversos aspectos – teológicos, dogmáticos, pastorais etc. –, delimitando-se a parte da herança que a Reforma legou aos evangélicos. Mas isso é demasiado para este texto.

Aqui, o objetivo é oferecer subsídios para compreender como as novas religiosidades midiáticas e as igrejas históricas originárias da Reforma

---

[*] *Ricardo Zimmermann Fiegenbaum* é doutor em Comunicação pela Unisinos.

Protestante se encontram no processo de midiatização da sociedade, abordando isso a partir de uma perspectiva comunicacional. A questão que coloco, portanto, tem a ver com os processos que os grupos evangélicos midiáticos realizam para alcançar os objetivos de difundir os seus valores, de estabelecer visibilidade na esfera pública e de promover vínculos com os diversos atores individuais. Para isso, utilizo o conceito de midiatização como um mercado discursivo que integra instituições midiáticas, instituições não midiáticas e atores individuais em mútuas afetações e que tem nos dispositivos midiáticos o lugar de realização dessa interação.

Algumas definições preliminares

A Igreja, como definido no Credo Apostólico, é a "comunhão dos santos". Essa perspectiva teológica contempla a possibilidade de que os membros de diferentes denominações cristãs, em que pesem suas diferenças dogmáticas, se constituam como um corpo ecumênico, uno, santo e indivisível. Do ponto de vista sociológico, no entanto, Igreja é uma instituição, ou seja, é parte de um conjunto de múltiplos ordenamentos organizacionais da sociedade que se instituem como um corpo social, com regras e valores próprios, com certo modo de visibilidade ou presença pública e com objetivos definidos, sendo reconhecidas e tendo sua identidade estabelecida pela *diferenciação* em relação a outras instituições.

Bourdieu, por sua vez, interpretando Max Weber, assim define a existência da Igreja:

> Existe Igreja (...) quando existe um corpo de profissionais (sacerdotes) distintos do "mundo" e burocraticamente organizados no que concerne à carreira, à remuneração, aos deveres profissionais e ao modo de vida extraprofissional; quando os dogmas e os cultos são racionalizados, consignados em livros sagrados, comentados e inculcados através de um ensinamento sistemático e não apenas sob a forma de uma preparação técnica; enfim, quando todas essas tarefas se cumprem numa comunidade institucionalizada (BOURDIEU, 2007, p. 97).

Essa definição de Igreja é facilmente reconhecível, por exemplo, nas igrejas históricas do ramo protestante, porque há nelas uma comunidade institucionalizada onde atuam sacerdotes profissionais e onde as práticas são reguladas e racionalizadas por meio de dogmas, cultos e livros sagrados, e é ofertado aos seus membros o ensinamento sistemático do conjunto de valores aos quais essa comunidade deve sua existência e pelos quais vive. Mas, quando pensamos nos *grupos evangélicos midiáticos* (que desde logo são denominados "grupos" e não "igrejas"), parece faltar aquilo que Bourdieu definiu como sendo a "comunidade institucionalizada". Essa falta, contudo, é apenas aparente, porque a comunidade desses grupos se constitui de outra maneira: como comunidade midiatizada, mediada por dispositivos midiáticos, como comunidade que busca o templo da igreja e como "comunidade" de consumidores dos produtos que a igreja oferta. Porém, mesmo intimamente ligados à mídia, os grupos evangélicos midiáticos não são *instituições midiáticas*, porque as *instituições midiáticas* – os meios na definição de Verón – têm na comunicação, nos dispositivos midiáticos a sua razão de ser, a sua identidade, o seu fim, enquanto a Igreja, ainda que institua seus próprios dispositivos, os têm como meios para a consecução de seus objetivos sociais, para ofertar os seus valores à sociedade.

Essa diferenciação é importante para avançarmos na compreensão do conceito de midiatização que subsidia esta análise, conceito esse que, partindo de Eliseo Verón (1987), se reconfigura pela inserção da noção de dispositivo midiático de interação, que parece ser mais apropriado para entender os processos de midiatização de instituições não midiáticas, porque remete a técnicas e objetos, mas também aos sujeitos que as experimentam e aos discursos que põem em circulação. Por isso, pode-se dizer que o dispositivo midiático é um operador de interações, organizando e dinamizando os processos comunicacionais e os processos sociais. Ele não pode garantir a mediação, mas a torna possível numa ruptura de escala.

O termo *midiatização*, portanto, designa um aspecto fundamental das mudanças sociais da sociedade contemporânea, na qual os dispositivos midiáticos têm se imiscuído em todos os aspectos significativos do funcionamento social. Nesse sentido, a midiatização constitui-se, primeiramente, de um mercado discursivo do qual fazem parte as instituições não midiáticas, as instituições midiáticas e atores individuais. Os atores individuais são os indivíduos em sua singularidade, os membros de uma sociedade, inseridos em complexas relações sociais (VERÓN, 1987). É o membro da igreja e o espectador da televisão, por exemplo. O termo ator individual é exatamente para se distinguir do ator social, que implica uma ideia de coletividade. Essas três instâncias se afetam mutuamente ao buscarem realizar seus objetivos. Essa interação se dá por meio de operações auto e heterorreferentes, organizadas e dinamizadas em dispositivos midiáticos de interação (FIEGENBAUM, 2012). Nesse processo, as três instâncias estabelecem níveis de relação que vão de acomodações a resistências, passando por cooperações, sendo central a existência de dispositivos midiáticos como lugar dessa interação entre as três instâncias na consecução de seus objetivos.

Para Ferreira (2002), o dispositivo midiático não é apenas um suporte tecnológico. Esta é, quem sabe, a sua parte mais visível. Ao lado do técnico--tecnológico, o dispositivo apresenta uma dimensão socioantropológica e uma dimensão semiolinguística. Essas três dimensões operam em acoplamentos mútuos, o que significa dizer que o dispositivo midiático é tomado não pelas suas estruturas, que são importantes, mas pelas suas operações sistêmicas, portanto, por seus processos (FERREIRA NETO, 2006). São os dispositivos midiáticos de interação o lugar em que as três instâncias se encontram em interseção.

Nesse sentido, o conceito de dispositivo qualifica o conceito de mídia e de meios (CARLON, 1999) e incorpora as qualidades atribuídas por Verón aos meios – como a noção de dispositivo tecnológico e a oferta de acesso plural às mensagens. Desse modo, os meios são um fim para as instituições midiáticas e resultado de operações que envolvem a cultura, a tecnologia e a linguagem em processos de mútuas determinações, de acoplamentos sistêmicos, de resistências e de tensões. Isso implica dizer, também, que qualquer instituição pode constituir para si, enquanto meios, dispositivos midiáticos interacionais com vistas a responder aos processos sociais mais amplos de uma sociedade em midiatização, sem, contudo, tornar-se uma instituição midiática, como é o caso dos grupos evangélicos midiáticos.

Para as igrejas históricas, a consolidação das novas religiosidades no espaço público midiatizado constitui uma ameaça real de perda de seus fiéis para a concorrência. Além disso, a simples utilização dos meios como instrumento para a evangelização, baseado no conceito de comunicação como transmissão, ou o compromisso com a comunicação como uma interação dialógica entre sujeitos, são insuficientes para levar adiante qualquer projeto das igrejas históricas que envolva a mídia. A questão dos meios e dos sujeitos deve ser abordada e analisada como parte de processos mais complexos de mediação. O que está no centro da discussão dessa nova realidade de midiatização religiosa são os processos midiáticos que se dão por meio de mediações midiatizadas.

Evangélicos midiáticos e a Reforma Protestante

O contexto no qual surge o cenário religioso atual é o da derrocada da chamada Igreja Eletrônica que desaparece da mídia brasileira no final dos anos 1980. Ao mesmo tempo, há um crescimento intenso do movimento pentecostal nas igrejas evangélicas no país, fazendo surgir um sem-número de igrejas autônomas, organizadas em torno de líderes, e que se opõem ao pentecostalismo clássico ou histórico. Sua atuação se baseia nas propostas de cura, de exorcismo e de prosperidade, sem enfatizar a necessidade de restrições de cunho moral e cultural para se alcançar a bênção divina (CUNHA, 2002). A consolidação da democracia no Brasil na virada do milênio, o esvaziamento do papel das Comunidades Eclesiais de Base na articulação das lutas populares em favor de Organizações Não Governamentais e a execução de políticas neoliberais pelo Estado brasileiro, resultando em agravamento da concentração de renda e alargamento da faixa mais empobrecida da população, favoreceu o surgimento dessas religiões de oferta de bens simbólicos de consumo imediato e de satisfação garantida de necessidades de qualquer natureza.

De outro lado, surgem dentro das igrejas históricas grupos chamados "avivalistas" ou "de renovação carismática", que, a partir da similaridade de propostas e posturas com o pentecostalismo, passam a conquistar espaços significativos na vida das igrejas históricas e abrem caminho para que elas alcancem algum crescimento numérico. Acrescente-se, ainda, a Teologia da Prosperidade e a Batalha Espiritual, e a integração destas novas religiosidades está garantida na conjuntura da sociedade neoliberal, cuja lógica de exclusão, que a caracteriza, é superada pela adesão às promessas de prosperidade material ("Vida na Bênção") e pela fidelidade a Deus material e espiritualmente.

Contudo, o que torna essas novas religiosidades um assunto da comunicação é o fato de que elas são marcadas por processos midiáticos, ou seja, a forma de sua existência é midiática, porque toda a sua pragmática é mediada pela mídia, funcionando segundo os protocolos dos dispositivos midiáticos. Trata-se de processos porque apontam para a complexa dinâmica interna de construção de sentido da realidade, nas relações e interconexões de seus componentes (SIERRA GUTIÉRREZ, 2004), superando a fragmentação de suas partes. Como indica Gomes, "a totalidade dos processos midiáticos não é formada pela sua estrutura em si, mas pelos padrões de interconexões que eles constroem com a sociedade, com ela interagindo para a construção de sentido" (GOMES, 2004, p. 33). Processos midiáticos são, assim, "*locus* privilegiado de mediação e midiatização de sentido, em que se articulam em complexidade a constituição da sociabilidade com os fenômenos contemporâneos da cultura, da tecnologia e do poder" (SIERRA GUTIÉRREZ, 2004, p. 2). As interações midiáticas colocam, assim, no centro das preocupações relacionadas aos fenômenos de midiatização, os processos pelos quais a sociedade articula a constante transformação de suas dinâmicas, desde os seus dispositivos tecnológicos, passando pelas interações pragmáticas e intersubjetivas, até as relações de poder e consumo que constituem a teia de relações sociais contemporâneas.

São os grupos evangélicos midiáticos herdeiros da Reforma?

Ao abordarem a problemática sobre os processos midiáticos que envolvem mídia e religião, as pesquisas sobre o tema constroem um mosaico complexo sobre as novas religiosidades midiatizadas, ora na perspectiva econômica, ora sob o aspecto político, ora enfatizando as estratégias, ora analisando seus discursos, ora, ainda, buscando compreender o impacto que causam sobre as igrejas tradicionais.

Refkalefsky (2004), estudando o *marketing* da IURD (Igreja Universal do Reino de Deus), atribui o rápido crescimento desta Igreja ao seu posicionamento ante as práticas umbandistas. Através de um discurso simples na forma e complexo na estrutura, que mescla valores pré-modernos (misticismo), modernos (individualidade protestante e cultura da prosperidade) e pós-modernos (fragmentação social e múltipla vinculação a grupos, através da comunicação), a IURD personificou na Umbanda a causa de todos os males dos fiéis. A estratégia de *marketing* da IURD no mercado religioso é atuar sobre a fraqueza da concorrência, mostrando-se como o produto mais indicado para o público consumidor. A oratória dos pastores, a arquitetura de seus templos e a televisão teriam, assim, um papel secundário. Nesse contexto, a figura mitológica do diabo adquire importância discursiva estratégica na conquista de fiéis (MACHADO, 2000). No campo híbrido da espiritualidade e materialidade, o discurso sobre o diabo estabelece as fronteiras entre a bênção e a maldição. Deus e o diabo combatem na própria vida do fiel. Esse discurso se apresenta como o único capaz de veicular a verdade, de modo que argumentos contrários e discordantes são obra demoníaca. Opera-se com a noção de diferença entre "os de dentro" e "os de fora". Assim, para alcançar a bênção divina reservada aos que têm fé e vencer o poder do diabo são necessários sacrifícios que implicam, entre outros, contribuir financeiramente por meio de dízimos e ofertas. A apropriação do sincretismo presente na Matriz Religiosa Brasileira e a sua releitura na perspectiva de que o mal está no outro ou personificado no discurso sobre o diabo, explicam parte do sucesso da IURD. Mas é preciso considerar que a mídia da IURD joga um papel estratégico fundamental neste contexto, sendo um deles o de encaminhar, por meio do televangelismo, os espectadores para os seus templos, como observou Wiegratz Costa (1997). Trata-se de uma pré-evangelização, que põe a audiência em contato com as propostas da Igreja.

Esse pré-evangelismo consiste em uma de três razões da presença da Igreja na mídia, segundo o entendimento do mundo evangélico, na Europa e nos Estados Unidos. As outras duas seriam a divulgação de opiniões, sugestões e posturas morais e a disseminação de uma identidade junto à sociedade. Pensando na presença midiática das igrejas evangélicas brasileiras, estes três usos se caracterizam no Brasil como uma forma de legitimação social e política, como uma forma de defesa institucional, que busca construir uma imagem positiva, mas que também adquire contornos proselitistas contra outras religiões, e como instrumento de reprodução, que "ocorre por intermédio da concorrência interna do campo religioso evangélico, onde temos uma 'fé transconfessional' palatável aos mais distintos grupos religiosos" (FONSECA, 2003, p. 274). A legitimação sociopolítica pela atuação midiática é reforçada pela estratégia de atuação efetiva no campo político. A defesa institucional é incrementada por uma atuação de serviço à comunidade, com a implantação e manutenção de obras sociais. A reprodução de seus princípios de forma palatável a um público heterogêneo, através da mídia, leva as igrejas a se constituírem numa nova Igreja, universal e virtual, cujos templos são os próprios lares, os púlpitos, os dispositivos midiáticos como a televisão, o Facebook etc., e o sinal de pertença se expressa no consumo.

Contudo, Faccio observa que o perfil da presença da religião na mídia guarda diferenças, por exemplo, de igrejas altamente midiatizadas para outras em processo de midiatização. Num estudo comparativo entre a Rede Record, da IURD, e a Rede Vida, dos católicos, Faccio observou que a primeira é feita para telespectadores, com uma linguagem de televisão e estratégias contemporâneas de mídia, enquanto a Rede Vida ainda é feita para fiéis com uma linguagem arcaica e perfil amador (FACCIO, 1998, p. 97). Isso leva a concluir que não é suficiente às igrejas o uso dos meios, mas faz-se necessário deixar-se contaminar pelo *modus operandi* do campo midiático. Quanto mais tradicional é a religião, tanto mais difícil parece ser essa "contaminação". É por esta razão que Pedro Gomes, referindo-se aos processos históricos da comunicação da Igreja Católica, apontou como sendo o grande desafio da Pastoral da Comunicação "superar a visão instrumentalista dos meios e trabalhar na perspectiva de discutir os processos comunicacionais e do estabelecimento de políticas democráticas de comunicação na Igreja e na sociedade" (GOMES, 2005, p. 26). Uma perspectiva que só pode ser compreendida no contexto de uma racionalidade oriunda da Modernidade, que parece não ser o caso das novas religiosidades midiáticas.

Uma consequência das mudanças nas igrejas em face do advento da religião midiática é apontada por Hartmann, Zuanazzi e Schwark (s/d), qual seja, a de que a midiatização da religiosidade cria uma virtualização da comunidade de fé e dilui, assim, a força que a relação presencial propicia. O indivíduo passa a ser considerado segundo seu potencial de consumo de bens e produtos religiosos. O problema coloca-se da seguinte maneira:

> as expressões religiosas midiáticas, que vêm se transformando em comunidades virtuais de fé, parecem sinalizar uma religião globalizada, de uma mesma divindade, sem instituições eclesiais, sem normas institucionais nem identificação ou compromisso (fidelidade) com determinada comunidade, mais filosofia espiritualista que Igreja (Nova Era) (HARTMANN; ZUANAZZI; SCHWARK, s/d, p. 31-32).

Para os autores, tais religiosidades e suas expressões na mídia têm-se constituído, cada vez mais frequentemente, em alternativa para uma agenda pública de construção de sentidos. No entanto, para seu desencanto e preocupação, tais sentidos já não fazem o mesmo sentido que as formas comunitárias tradicionais de pertencimento a uma confissão. "O culto perde o mistério do sagrado para revestir-se da transparência da mídia, onde a imagem é tudo" (GOMES, 2004, p. 5). Em outras palavras, a técnica e a linguagem midiáticas convertem a religião num novo signo, onde fiéis e instituições lançam mão de estratégias midiáticas para estabelecer a religião na esfera pública (FAUSTO NETO, 2004, p. 60). A ênfase está na forma e não no conteúdo: na *forma midiática*. Isso tem gerado mudanças de duas ordens: de um lado, o conteúdo da mensagem cede lugar à postura corporal do ministro e seus assistentes. Adaptada às exigências midiáticas, a mensagem deve ganhar em eficácia para atingir as pessoas diretamente em seus sentimentos: em lugar da razão, a emoção. De outro lado, os fiéis deixam de ser atores do evento para tornarem-se assistentes. Isso significa a passagem da comunidade de fé para o conjunto de telespectadores, da comunidade para o indivíduo, da experiência comunitária para o consumo individual de bens religiosos (GOMES, 2004).

A religião privatizada caracteriza-se, assim, pela constituição da consciência espiritual de maneira particular, influenciada por necessidades individuais. O indivíduo toma o atendimento das suas necessidades individuais de saúde, trabalho, amor, dinheiro, realização, consumo etc. como valor para construir os seus valores religiosos e espirituais. A salvação não é um empreendimento de uma coletividade de fé, mas uma realização pessoal e individual, que se mostra no atendimento imediato das necessidades individuais. Ao colocar o indivíduo como valor-base, as novas religiosidades deslocam o espaço sagrado para o próprio indivíduo e as trajetórias espirituais passam a representar indivíduos particulares (HARTMANN, 2004). "Diferente das religiões cujas identidades estiveram constituídas e centradas em aparelhos e códigos de virtudes, as formas de religiosidades permeadas pela midiatização são atravessadas pela 'economia do contato' que enseja a seus praticantes não apenas muita coisa para escutar, mas 'algo' a mais para olhar, tocar e sentir" (FAUSTO NETO, 2004, p. 60). Em lugar da razão e da dogmática do campo religioso, entra a emoção e a pragmática do campo midiático.

O deslocamento dos rituais da esfera do templo para o âmbito da mídia também estabelece uma forma de embate sociodiscursivo, visando à captura de fiéis e reconfigurando a estrutura do mercado religioso. No cerne das estratégias das duas instituições – Igreja e mídia –, há pelo menos dois aspectos convergentes: o primeiro opera uma mudança no modo como se

São os grupos evangélicos midiáticos herdeiros da Reforma? **285**

dá a conexão dessas instituições com o mundo dos fiéis, distinta das disposições pedagógicas e comunicacionais que caracterizam os modos como se dão historicamente estes processos de interação. O segundo é "a constatação de acordo com a qual este novo desafio deveria passar por embates menos doutrinários e mais fundados em estratégias discursivas" (FAUSTO NETO, 2004, p. 57). Ou seja, em lugar do dogma, o pragmatismo discursivo que responda aos desafios existenciais do aqui e agora e que coloca a religião na esfera pública, usando estratégias iguais, disputando os mesmos públicos, ainda que seus fundamentos doutrinários sejam divergentes entre si. Ao estabelecer as regras desses embates, a cultura midiática conforma as igrejas como uma indústria cultural, segundo operações enunciativas específicas e uma pragmática discursiva apropriada, em que o religioso e o econômico se confundem no mercado de bens simbólicos da fé.

O dispositivo midiático, com seus processos, torna-se, portanto, o avalizador da construção dessas novas formas de "fazer religião". Sendo a mídia "um espaço ritual em que vários atores estão dramatizando seus símbolos sagrados", nela as identidades dogmáticas são mais permeáveis e a relação entre o sagrado e o secular, mais aberta, permitindo que as mídias tornem-se assim "espaços de negociação cultural" (WHITE, 1997). Ou seja, a religião deixa de ser uma questão de foro íntimo para tornar-se um patrimônio público. "A orientação para o consumidor ou para o mercado tornou a religião pública e a tornou pública através da – e na – mídia" (HOOVER, 1997, p. 3). O deslocamento da religião para a esfera pública não prescinde, portanto, dos dispositivos midiáticos de interação que organizam e dinamizam esse mercado de bens simbólicos, redesenhando as fronteiras entre o sagrado e o profano e produzindo a simbiose entre os objetivos da religião com os modos de operação da mídia.

Isso implica pensar sobre os efeitos da midiatização sobre a religião e os processos pelos quais as religiões buscam adaptar-se à esfera midiática. As religiões históricas atuam segundo a lógica do pertencimento. Ou seja, os fiéis assumem um conjunto de valores, ritos e dogmas que os torna pertencentes a uma confissão religiosa. Nas novas religiosidades midiáticas já não se trata de pertencer, mas de "fazer religião". Como afirma Hoover, as pessoas que procuram as religiões hoje o fazem não somente buscando um significado no sentido ontológico ou teológico, mas como uma prática religiosa, que tem sido tradicionalmente reprimida, particularmente pelo Protestantismo. Hoje, o campo midiático é um espaço de construção de identidades e espaço de configuração de comunidades, onde fazer religião é mais importante que pertencer a uma.

Aqui nos encontramos de novo com a pergunta que origina este texto: são os grupos evangélicos midiáticos herdeiros da Reforma? Para Smith (2001), a tradição moderna, com sua lógica cartesiana e racionalista, que caracteriza as igrejas da Reforma, impede estas de serem midiáticas. O autor observa que a grande virtude das novas religiosidades, sobretudo, no Brasil, é a sua capacidade de operar com discursos simples e diretos. "Sem dúvida, é importante reconhecer que é precisamente este reducionismo que torna atrativa a mensagem" (SMITH, 2001, p. 7), sobretudo quando ele é levado ao limite, *eliminando os elementos doutrinários* e reduzindo a mensagem a compra-venda de bens simbólicos.

Martin-Barbero vê nas novas religiosidades midiatizadas uma possibilidade de um reencontro do ser humano com a magia e o mistério. Para ele, a modernidade ficou devendo muitas de suas promessas, "pero hay una promesa que si ha cumplido: y es la de desencantarnos el mundo [...]. Ha racionalizado el mundo. Lo ha dejado sin magia, sin misterio" (MARTÍN-BARBERO, 1995, p. 71). É justamente esta promessa cumprida que desumaniza o ser humano, pois lhe arrebata o mistério e o sentido da transcendência. Por isso, na sua avaliação, as novas religiosidades são uma oportunidade de reconstruir o reencanto perdido, pois estão devolvendo a magia às religiões que se tinham intelectualizado. As religiosidades midiatizadas lançam mão "das tecnologias de la imagen y del sentimiento para captar la exaltación mesiánica, apocalíptica, y a la vez para dar rostro y voz [...] a las nuevas comunidades que son sobre todo ritual y moral, y mucho menos doctrina" (MARTÍN-BARBERO, 1995, p. 76). Ao restabelecer a lógica das sensações, do contato através de meios de comunicação que "entram pelas vísceras, não pelo cérebro", restabelecem o "império do símbolo, do gesto, do sentimento – tudo isso num ambiente de mistério, autoridade e transcendência" (SMITH, 2001, p. 8). Para o Protestantismo histórico, herdeiro da Reforma, os grupos evangélicos midiáticos trazem questionamentos fundamentais para a sua existência no contexto marcado pela midiatização. E talvez um dos mais importantes seja saber se as igrejas históricas estariam dispostas a deixar parte da sua herança para juntar-se ecumenicamente aos grupos evangélicos midiáticos.

Referências

BOURDIEU, Pierre. *A distinção*: crítica social do julgamento. Tradução de Daniela Kern e Guilherme J. F. Teixeira. São Paulo: Edusp; Porto Alegre: Zouk, 2007.

CARLON, Mario. *Sobre lo televisivo*: dispositivos, discursos y sujetos. Tucuman: La Crujia, 1999.

CUNHA, Magali do Nascimento. *O conceito de Religiosidade Midiática como atualização do conceito de Igreja Eletrônica em tempos de cultura "gospel"*. Trabalho apresentado no NP01 – Núcleo de Pesquisa Teorias da Comunicação do XXV Congresso Anual em Ciência da Comunicação (Intercom). Salvador, 4 e 5 de setembro 2002.

FACCIO, Maria da Penha Rocha. *Religião na TV*: estudos de casos de redes brasileiras. Dissertação de mestrado. São Paulo: PUC, 1998.

FAUSTO NETO, Antônio. A Igreja doméstica: estratégias televisivas de construção de novas religiosidades. *Cadernos IHU*: São Leopoldo, ano 2, n. 7, 2004.

FERREIRA, Jairo. *Mídia e conhecimento*: objetos em torno do conceito de dispositivo. Núcleo de Pesquisa Comunicação Educativa, XXV Congresso Anual em Ciência da Comunicação, Salvador, 4 e 5 set. 2002.

FERREIRA NETO, Antônio. "Uma abordagem triádica dos dispositivos midiáticos". *Líbero*, Facasper, v. 1, p. 1-15, 2006.

FIEGENBAUM, Ricardo Z. "Esquema para análise da midiatização: aporte teórico-metodológico". *Revista Lumina*, PPGCOM da Universidade Federal de Juiz de Fora (UFJF), v. 6, n. 1, 2012. Disponível em: <https://lumina.ufjf.emnuvens.com.br/lumina/article/view/244>. Acesso em: 7 dez. 2016.

FONSECA, Alexandre Brasil. *Evangélicos e mídia no Brasil*. Bragança Paulista: Editora Universitária São Francisco, Curitiba: Faculdade São Boaventura, 2003.

GOMES, Pedro Gilberto. "Os processos midiáticos como objeto de estudo". In: _____. *Tópicos da teoria da Comunicação*. São Leopoldo: Unisinos, 2004. p. 18-33.

_____. Teologia e comunicação: reflexões sobre o tema. *Cadernos Teologia Pública*, Instituto Humanitas Unisinos, ano 2, n. 11, 2005.

HARTMANN, Attílio; ZUANAZZI, Suellen; SCHWARK, Daniel. *Religiosidade midiática*: uma nova agenda pública na construção de sentidos, [s/d.], mimeo.

HARTMANN. *Religiosidade midiática*: uma nova agenda pública na construção de sentidos. São Leopoldo: Cadernos IHU, ano 2, n. 9. 2004.

HOOVER, Stewart M.; LUNDBY, Knut (Org.). *Rethinking media, religion, and culture*. Londres: Sage, 1997.

HOOVER, Stewart M. *Religion in a Media Age*. The International Study Commision on Media, Religion & Culture Religion in a Media Age. Public Lecture, the University of Edinburg, march 4, 1997. Mimeo.

MARTÍN-BARBERO, J. *De los medios a las mediaciones*: comunicación, cultura y hegemonía. Barcelona: Gustavo Gili, 1987.

_____. "Secularización, desencanto e reencantamiento massmidiático". *Diálogo de la Comunicación*, Lima: Felaeacs, n. 41, 1995, p. 78, mar. 1995.

MACHADO, M. B. A. "Franquia discursiva da Igreja Universal". Cursos de Comunicação PUC, Ufrgs, Ulbra, Unisinos. *Tendências da Comunicação 3*, Porto Alegre: L&PM/RBS, 2000.

REFKALEFSKY, Eduardo. *Estratégia de comunicação e posicionamento da Igreja Universal do Reino de Deus*: um estudo do *marketing* religioso. Tese de doutoramento em Comunicação. Rio de Janeiro: Universidade Federal, 2004.

SIERRA GUTIÉRREZ, Luis Ignacio. *Para uma epistemologia dos processos midiáticos*. Trabalho final. Seminário Avançado de Comunicação II. PPGCom Unisinos, 2004/2.

SMITH, Dennis. *Religion and the Electronic Media in Latin America*. A Review. Prepared for delivery at the 2001 meeting of the Latin American Studies Association, Washington DC, September 6-8, 2001. Mimeo.

VERÓN, Eliseo. "Esquema para la análisis de la mediatización". *Revista diálogos*, Lima, n. 37, 1987.

WHITE, Robert A. "Religião & Mídia: na construção de culturas". In: HOOVER, Stewart M.; LUNDBY, Knut. *Rethinking media, religion, and culture*. Tradução do PPGCOM Unisinos. Thousands Oaks/ Londres/Nova Deli: Sage Publications. International Educational and Professional Publisher, 1997.

WIEGRATZ COSTA, Walter Alberto. *Tela Crente apresenta – Rede Record*: a Igreja Eletrônica de Edir Macedo. Dissertação (Mestrado, IMS-Póscom). São Bernardo do Campo: Metodista, 1997.

REFORMA E PENTECOSTALISMO

Luana Martins Golin*

Introdução

Em 2017, comemora-se 500 anos da Reforma Protestante. É indiscutível a importância desse evento histórico. A Reforma possibilitou o surgimento do protestantismo, abriu novos caminhos e novas possibilidades hermenêuticas. O intuito desta reflexão é aproximar a Reforma e o Pentecostalismo. É possível perceber pontos convergentes a ambos? Na tentativa de responder afirmativamente a essa questão, propõe-se um trajeto.

Num primeiro momento, serão apresentadas as origens e os aspectos históricos da espiritualidade pentecostal, priorizando o nascimento e os desdobramentos do Avivamento da Azusa Street.

Num segundo momento, outra questão é levantada: Como é visto o fenômeno pentecostal? Neste item, serão apresentadas algumas possibilidades ou pontos de vistas, assim classificados: 1) uma visão institucionalizada; 2) crítica acadêmica feita por pesquisadores/as "de fora" do movimento; 3) crítica acadêmica feita por pesquisadores/as "de dentro" do movimento. O intuito dessa seção é mostrar que o fenômeno pentecostal é complexo e plural. Não há uniformidade nas interpretações, mas múltiplas perspectivas.

---

* *Luana Martins Golin* é líder leiga pentecostal e doutora em Ciências da Religião pela Universidade Metodista de São Paulo.

Na terceira e última seção, serão destacados e apresentados três pontos que aproximam a Reforma do Pentecostalismo: o conceito da *Sola Scriptura*, ou o livre acesso ao texto bíblico, com destaque para a teologia narrativa e a oralidade da fé pentecostal; o tema do *sacerdócio universal*, da presença e da valorização da terceira pessoa da Trindade; e, por fim, o tema da liberdade cristã.

Aspectos históricos e da espiritualidade pentecostal

"E há de ser que, depois derramarei o meu Espírito sobre toda a carne,
e vossos filhos e vossas filhas profetizarão,
os vossos velhos terão sonhos, os vossos jovens terão visões.
E também sobre os servos e sobre as servas naqueles dias derramarei o meu Espírito."
(Joel 2,28-29).

"E todos foram cheios do Espírito Santo,
e começaram a falar noutras línguas,
conforme o Espírito Santo lhes concedia que falassem"
(Atos dos Apóstolos 2,4).

De acordo com Campos (2005), para compreender a espiritualidade pentecostal e os movimentos que a influenciaram é preciso atentar para o contexto norte-americano do final do século XIX e início do século XX. Os últimos trinta e cinco anos do século XIX, nos EUA, foram marcados pelos seguintes acontecimentos: Guerra Civil entre Norte e Sul; libertação dos escravos negros; tensões raciais; crise na agricultura na região sul do país; processo de industrialização; chegada de muitos imigrantes brancos que vinham para a América na expectativa de superar a pobreza vivenciada na Europa. O processo de industrialização, principalmente no Norte dos EUA, propiciou um êxodo rural. Os campos ficaram mais vazios e as pequenas cidades e vilas foram importantes, geograficamente, no cenário dos reavivamentos (*camp meeting*). Neste contexto, começaram a surgir os

Movimentos de Santidade (*holiness*), voltados para o ideal de santificação. Tais movimentos ofereciam segurança e sentido às pessoas traumatizadas com a guerra e pelas constantes transformações que estavam ocorrendo. Os grandes avivamentos se espalharam por uma América ainda rural, enquanto os movimentos de santidade iriam operar dentro de um contexto urbano e industrial.

As origens da espiritualidade pentecostal estão relacionadas ao Movimento de Santidade e à espiritualidade afro-americana. A origem negra do pentecostalismo nascente interferiu de maneira significativa em suas manifestações litúrgicas. A espiritualidade pentecostal está alicerçada no *método narrativo*, ou seja, na oralidade, nas histórias, nos mitos, no testemunho e na práxis. No culto pentecostal, é possível ter sonhos, visões, falar novas línguas, dançar, orar por curas e se expressar livremente com o corpo, com a voz, com as mãos.

As raízes da espiritualidade de Seymour, como principal representante do pentecostalismo, apoiam-se no seu passado. Como filho de ex-escravos, a música negra (*Negro Espirituals*) o influenciou na condução da prática litúrgica em Azusa Street.

A Azusa Street Mission estava localizada em Los Angeles, na costa oeste dos EUA, na Califórnia. No início do século XX, contava com cerca de 228 mil habitantes, sendo uma metrópole multiétnica e religiosa. Pode-se dizer que Los Angeles era um caldeirão de povos. Entre seus habitantes, também era notória a presença de um grande número de negros, que buscavam o sonho da plena liberdade e a conquista de uma melhor situação para as suas vidas. Como na maioria do país, Los Angeles estava repleta de grupos e movimentos de santidade.

A espiritualidade pentecostal, de certa forma, promoveu a superação do preconceito. Basta lembrar que o avivamento ocorrido em Azusa reuniu, num único espaço, trabalhadores negros, bispos brancos, homens e mulheres, asiáticos e mexicanos, professores/as, lavadeiras, cozinheiras etc. Naquele local, as diferenças foram rompidas por meio da comunhão e da reconciliação, à semelhança da narrativa de Atos 2. Sabe-se que a imprensa da época ridicularizou os eventos ocorridos na Street Azusa Mission. O que poderia vir de bom por meio de um profeta negro, cego, que se autonomeava autoridade eclesiástica? Nem mesmo as igrejas protestantes tradicionais aceitaram tal tipo de espiritualidade e muitas delas desprezaram o movimento pentecostal por ser considerado um movimento de origem negra. Posteriormente, até mesmo entre os pentecostais ocorreu a segregação racial.

A impressão que se tem de Azusa, como um catalisador de grupos sociais distintos, como brancos e negros, é que este movimento fundiu, pelo menos por pouco tempo, características das religiões de santidade brancas com os estilos de adoração da tradição afro-americana. Pode-se dizer que as diferenças de classes sociais também foram superadas. Nem todas as pessoas que se reuniam em Azusa eram pobres e iletradas. Segundo as informações disponíveis, há menções de pessoas refinadas, bem vestidas e com estudo que participavam das reuniões. Entretanto, havia também as pessoas menos favorecidas, mais empobrecidas. Todas conviviam juntas. É curioso atentar para o fato de que, durante anos, pregadores pentecostais brancos receberam a ordenação das mãos de bispos pentecostais das igrejas negras.

À medida que o pentecostalismo cresceu, começou a buscar o prestígio e a consolidação no espaço social. As acusações e pressões sociais sofridas pelos pentecostais fizeram emergir, novamente, a segregação entre brancos e negros. As mulheres[1] que até então eram ativas e presentes passaram a ser marginalizadas no meio pentecostal. Para se consolidar como movimento, o pentecostalismo acabou por sucumbir aos modelos sociais estabelecidos, como o racismo e o preconceito de gênero. A Igreja passou a refletir

---

[1] As mulheres foram muito ativas e participativas no movimento pentecostal nascente. Dentre elas, algumas se destacaram: Jennie Evans Moore (1883-1936), Agnes Nevada Ozman (1870-1937), Lucy F. Farrow, Phoebe Palmer. O movimento pentecostal nasceu e se fortaleceu com o apoio, o trabalho e a liderança de muitas mulheres que hoje são excluídas das funções de liderança de suas comunidades.

o modelo social, por isso, surgiram igrejas de brancos e igrejas de negros que não se misturavam. Seguindo o modelo machista predominante, as mulheres se afastaram, cada vez mais, das funções de liderança e assumiram papéis de subserviência aos homens. O ministério masculino ficou em evidência, enquanto o ministério feminino de liderança se ofuscou. A partir de 1914, ocorreu um processo de legitimação e institucionalização do movimento pentecostal.

A Igreja Assembleia de Deus, nos EUA, fundada por William Durham e composta, na sua maioria, de brancos, pode ser vista como um referencial da ruptura que ocorreu entre os pentecostais. Durham anunciava um pentecostalismo quadrangular (salvação, cura, batismo no Espírito Santo, segunda vinda de Cristo), diferente de Seymour, que acrescentava um quinto elemento, a santificação. A perspectiva teológica de Durham prevaleceu sobre a perspectiva de Seymour.

A igualdade e a unidade vividas nas origens do pentecostalismo, desde então, têm sido ameaçadas pela falta de unidade, exclusão e brigas de poder. O resgate da unidade é um desafio. Seymour tentou promover, na missão liderada por ele, a manifestação plena do *sacerdócio universal*. Em nosso contexto, é fundamental o resgate de uma Igreja menos burocratizada e institucionalizada, fundamentada nos dons e ministérios e na inclusão. O profeta Joel, citado no início, inclui todos: *vossos filhos e vossas filhas, vossos velhos* e *vossos jovens*.

Como é visto o fenômeno pentecostal?

Nesta seção, serão descritas algumas possibilidades para se compreender ou enxergar o pentecostalismo, a saber: 1) uma visão institucionalizada; 2) uma crítica acadêmica "de fora" do movimento; 3) uma crítica acadêmica "de dentro" do movimento.

Na perspectiva *institucionalizada*, a fé pentecostal, muitas vezes, é vista de maneira ingênua, idealista e romantizada. Há uma supervalorização dos heróis/heroínas, missionários/as fundadores e dos líderes atuais. Trata-se de uma visão "de dentro", em extrema concordância com as doutrinas e as confessionalidades denominacionais. Muitas vezes (não sempre) distante de uma reflexão teológica mais densa e crítica.

Em setores acadêmicos, muitas vezes, a fé pentecostal é vista como fundamentalista e alienante, de pessoas simples e facilmente manipuláveis. Esta visão não deixa de ressaltar a importância e a relevância histórica e social das práticas religiosas pentecostais. O foco das análises caminha ao lado da antropologia, da sociologia, da história e das ciências da religião. Trata-se de uma visão "de fora" ou externa. Geralmente, o pesquisador/a não é religioso/a. Os mais radicais, inclusive, defendem a não religiosidade como sinal de pureza e neutralidade na pesquisa. Por outro lado, há também um grupo importante de pesquisadores não pentecostais, advindos da tradição protestante. Os protestantes ditos históricos (como se pentecostal não tivesse história!), muitas vezes, associam elementos da fé pentecostal como sectários e heréticos, além de crendices populares. A insígnia pentecostal/neopentecostal adquire sentido pejorativo, sinônimo de ignorância, religiosidade das massas, fé popular, distante da tradição reformada. Nesse sentido, não se percebe que a crítica que tecem, embora seja válida em muitos aspectos, tende a se tornar apologética, como se houvesse uma tradição anterior "pura", "sacra", e os atuais pentecostais e neopentecostais fossem "impuros" e "sincréticos". Os analistas protestantes históricos gostam de classificar os pentecostais e criar categorias para defini-los, como, por exemplo: pentecostais clássicos; de cura divina; neopentecostais; primeira, segunda, terceira onda etc. O problema é que as definições e modelos, ainda que tenham caráter didático e sejam necessários, restringem e não dão conta tanto da complexidade como do fenômeno religioso na sua constante dinâmica. Classificações, portanto, tornam-se redutoras. Pessoas *de fora* dizem quem são os pentecostais, como agem, como pensam, como se expressam liturgicamente, enquanto eles próprios, muitas vezes, não se encaixam nas classificações impostas.

Nesse item, gostaria de tomar a palavra para apresentar uma experiência pessoal que exemplifica o que foi dito até o momento. Eu participo de uma Igreja de tradição pentecostal. Durante minha graduação em teologia, meu mestrado e doutorado, surgiram algumas indagações e rótulos atribuídos a mim por conta de minha confessionalidade. Pois uma mulher pentecostal, estudante de teologia e ciências da religião, que sempre desejou seguir na carreira docente e não no ministério pastoral, era algo, no mínimo, estranho e incomum.

Minha primeira experiência como docente foi num seminário vinculado a uma Igreja neopentecostal. Este é um ramo do pentecostalismo criticado, inclusive, por pentecostais. Na ocasião, estava insegura e com "medo" de lecionar naquela instituição. Antes mesmo da primeira aula, eu própria tinha preconceitos e já havia imaginado o tipo de aluno/a que teria, bem como uma programação pedagógica "coercitiva" e "tendenciosa". Para minha surpresa, meus preconceitos e rótulos prévios foram desfeitos no primeiro encontro. Bastou a primeira aula para perceber que meus alunos/as não eram alienados/as, tampouco eu precisava seguir a "cartilha" do local, mas tinha liberdade para ensinar com autonomia. Ainda bem que a vida é mais complexa que as nossas definições, nossos livros e referenciais teóricos! Por isso, ela nos surpreende!

Então, comecei a questionar, mas também a valorizar o movimento pentecostal. Descobri que é possível, saudável e necessário um meio-termo, um equilíbrio entre as duas perspectivas: a eclesiástica e a acadêmica. Atualmente, há muitos *pesquisadores/as pentecostais* que propõem uma crítica, a partir de dentro. Não são os outros que os/as definem, mas eles/as têm buscado analisar, com muita seriedade, o movimento a que pertencem. Nesse sentido, suas contribuições são de mediadores, num enriquecedor diálogo entre a Igreja, a fé pentecostal e o universo acadêmico.

Reforma e o pentecostalismo: aproximações e distanciamentos

Alguns pesquisadores atuais do pentecostalismo, como, por exemplo, Kenneth J. Archer, o qual escreveu acerca da hermenêutica pentecostal

(ARCHER, 2009), dissociou o pentecostalismo como uma linha sucessória vinculada à tradição protestante e reformada. Para ele, o pentecostalismo seria *outra* tradição cristã. Assim, ele classificaria o cristianismo como: católico romano, ortodoxo, protestante e pentecostal. Contudo, não são todos os estudiosos da história da Igreja que caminham nessa direção. Para outros, o pentecostalismo é uma vertente ou um ramo do protestantismo. Visto que ambas as possibilidades são possíveis e plausíveis, não é intuito deste artigo debater essa questão. Porém, vale ressaltar que o pentecostalismo, quer considerado como tradição cristã independente, quer vinculado ao protestantismo, apresenta alguns elementos da tradição reformada que serão apresentados, brevemente, nesta seção.

Um dos princípios da Reforma Protestante é a *Sola Scriptura*. A valorização e o livre acesso às Escrituras, na língua vernácula do povo, foi, indubitavelmente, um grande legado deixado pela Reforma. A partir desta nova hermenêutica, o texto bíblico começou a se popularizar.

Na tradição pentecostal também há uma valorização e apropriação do texto bíblico. Entretanto, os pentecostais tendem a ler ou ouvir o texto bíblico de forma narrativa. Uma teologia narrativa valoriza as histórias e as personagens bíblicas. Os leitores/as ou ouvintes identificam-se com as histórias e personagens, ressignificando-os de acordo com as suas próprias histórias. Trata-se de uma teologia fortemente vinculada à oralidade e ao cotidiano. Não é uma teologia sistematizada ou dogmática, mas uma teologia que tenta responder às mazelas e vicissitudes da vida. O texto bíblico é vivo porque as suas histórias são vividas pelos fiéis. Há muita simplicidade e beleza neste tipo de leitura e interpretação bíblica. Não se pode exigir dos pentecostais uma reflexão bíblica estritamente racional, expositiva ou histórica. Tanto a leitura da Bíblia como as pregações ou sermões são, geralmente, interpretados de maneira alegórica e simbólica. Nesse aspecto, os pentecostais distanciam-se de uma leitura fundamentalista, que tem um caráter racionalizante e monossêmico do texto. Porém, isso não significa que a leitura fundamentalista da Bíblia não tenha inserção e representação em grupos pentecostais. Por outro lado, as leituras acadêmicas com seus métodos exegéticos (histórico-crítico e leitura sociológica da Bíblia, por exemplo) não costumam agradar e não têm muita reverberação entre os pentecostais.

Outro ponto que merece destaque, comum entre a Reforma e o pentecostalismo, é o tema do *sacerdócio universal* (cf. 1Pe 2,5 e 1Pe 2,9). O conceito de livre acesso a Deus ganha força entre os pentecostais, principalmente, por conta da presença e valorização da terceira pessoa da Trindade. Há uma promessa de ser cheio do Espírito Santo, tal como descrito em Atos 2.4: "E todos foram cheios do Espírito Santo, e começaram a falar noutras línguas, conforme o Espírito Santo lhes concedia que falassem". Compreende-se o Espírito Santo como Deus. Portanto, ser afetado e tomado pelo Espírito é um sinal visível de que é possível entrar na presença de Deus, livremente, sem mediações. Trata-se de um relacionamento divino-humano. A vida do crente pentecostal é preenchida por esta divindade, por isso a associação do corpo como templo do Espírito. "Ou não sabeis que o vosso corpo é o templo do Espírito Santo, que habita em vós, proveniente de Deus, e que não sois de vós mesmos?" (1Cor 6,19). Nesse sentido, vive-se uma espiritualidade mística, focada nos dons espirituais e na experiência de fé.

O terceiro ponto a ser analisado diz respeito ao tema da *liberdade*. Ora, para o protestantismo nascente, a Reforma foi sinônimo da liberdade, de democracia, de modernidade e de progresso. Por isso, ela seria o inverso do catolicismo da época, visto como totalitário, supersticioso, inquisitorial, coercitivo e dominador. Os protestantes do século XVI queriam romper com as teologias e as estruturas eclesiásticas vigentes. A liberdade, portanto, foi muito utilizada nos discursos protestantes. A partir de releituras bíblicas, principalmente do *corpus* paulino, a ideia de que a pessoa cristã é livre passou a ser difundida com intensidade, como tema central da teologia reformada. Porém, para os católicos daquele período, a Reforma foi vista como um dos fenômenos mais monstruosos da modernidade. Se para os protestantes, a liberdade era uma virtude, para a Igreja de Roma era o mesmo que a desintegração da civilização, a revolta, o sectarismo, a secularização, o utilitarismo e a rebelião contra a ordem institucional. Para outros, o protestantismo não abriu caminhos para o mundo moderno, mas foi um reavivamento do espírito medieval, ou seja, uma simples modificação do catolicismo, sem maiores mudanças estruturais. Para Weber (2004), há uma relação existente entre o espírito protestante e a modernidade. As tendências à racionalização e à burocratização, concernentes à modernidade, seriam o oposto da democracia e da liberdade. Portanto, modernidade e liberdade seriam incompatíveis ou incongruentes: "ou modernidade ou liberdade". Diante da inevitável escolha, o protestantismo ajustou-se ao sistema (burocrático e "moderno"), negando, assim, suas origens e valores libertários.

A partir dos pontos de vista apresentados, foi possível perceber algumas variações e possibilidades de compreensão do tema da liberdade na Reforma. A liberdade também perpassa o livre acesso às Escrituras, possibilitando novas abordagens e hermenêuticas. Fica evidente que falar sobre liberdade não é secundário ou acessório, mas fundamental para a tradição reformada.

A proposta pentecostal é de uma fé livre. A fé segue os caminhos do Espírito, o qual é livre como o vento: "O vento assopra onde quer, e ouves a sua voz, mas não sabes de onde vem, nem para onde vai; assim é todo aquele que é nascido do Espírito" (João 3,8). Como foi dito na primeira seção deste artigo, trata-se de uma fé inclusiva: toda a carne; filhos e filhas; velhos; jovens; servos e servas. A Azusa Street é um exemplo de inclusão: negros descendentes dos escravos, mulheres, os sem fronteiras, crianças, pobres e marginalizados.

A liberdade, contudo, tem os seus riscos e fragilidades. A liberdade, herança da Reforma, é passível de críticas. Um dos legados deixados por Lutero foi a divisão ou o enfraquecimento da unidade eclesiástica. O rompimento com a Igreja romana foi irreversível. A partir de então, foi aberto um precedente para o surgimento de novas denominações. Há um excesso de aberturas de novas igrejas, intituladas evangélicas e pentecostais, nos dias atuais. Grandes denominações, como, por exemplo, a Igreja

Assembleia de Deus aqui no Brasil, também passaram por cismas internos. Parece não haver um zelo ou um sentido em manter a unidade cristã. É comum os líderes de igrejas pentecostais discordarem entre si e cada um deles abrir seu próprio ministério ou Igreja.

Os discursos que legitimam a formação destas novas igrejas parecem ter sempre o aval de Deus.."O outro" sempre está errado, quer por questões doutrinárias, por divergências e conflitos interpessoais, ou por disputas de poder. Assim, determinado/a irmão/ã agora tem a incumbência e a "missão" divina de começar um novo trabalho, "puro" e "correto". O romantismo e o ideal da "verdadeira" Igreja, tal como a Igreja primitiva de Atos 2, parece se repetir em cada novo culto de inauguração. Para alguns, este crescimento é visto como bênção do Senhor, como crescimento e expansão do Reino. Para outros, como movimentos sectários. Outros, ainda, enxergam o fenômeno como um meio termo: a liberdade cristã está, inclusive, em romper com as instituições que outrora participava. Logo, há certa dificuldade interna, entre os próprios pentecostais, de promover a unidade.

Considerações finais

Este texto não teve a pretensão de esgotar o tema da Reforma e do pentecostalismo, mas de aproximar, na medida do possível, alguns pontos convergentes. Há, sem qualquer dúvida, outros pontos a serem aproximados ou distanciados.

Diante da espiritualidade pentecostal apresentada na primeira seção, pode-se perceber que houve um grande distanciamento dos valores iniciais. O avivamento ocorrido em Azusa foi vanguardista em pelo menos dois aspectos: 1) Na questão de gênero: antes mesmo do voto feminino ser estabelecido, como direito civil no EUA, as mulheres de Azusa já lideravam e tinham direitos iguais na Missão. Elas receberam o Espírito Santo e impunham suas mãos em oração para que outros também o recebessem. Não havia diferença entre homem e mulher, pois, pelo Espírito, todos formavam uma unidade e podiam liderar. 2) Na questão racial: num período de forte segregação, o Espírito uniu irmãos/as negros/as, brancos/as e estrangeiros/as. A pressão social e a institucionalização do movimento promoveram o abafamento desses ventos que trouxeram mudanças. A ambiguidade entrou em cena.

O pentecostalismo não é a única tradição cristã verdadeira, como acreditam muitos de seus fiéis. Tampouco é apenas uma fé das massas, alienante, como propõem muitos sociólogos da religião. O pentecostalismo, como fenômeno religioso, é muito rico, é polissêmico, é narrativo e merece ser estudado como uma linguagem possível de expressão e manifestação religiosa.

A liberdade com que muitos pentecostais se apropriam dos textos bíblicos, reinterpretando-os de acordo com suas vivências e histórias, testemunhando e contando tais narrativas, evidenciam que o livre acesso às Escrituras foi bem-sucedido. Mesmo entre muitos iletrados ou analfabetos, a Bíblia se faz viva e presente.

O êxtase e a mística são correntes entre os pentecostais. Todos/as podem ser afetados pela Transcendência, pelo Espírito.

Ainda que a liberdade tenha seus riscos e efeitos, é por meio dela que se torna possível uma crítica à institucionalização, à hierarquização, ao engessamento e a sistematização da fé.

Referências

ALENCAR, Gedeon. *Assembleias de Deus*: origem, implantação e militância (1911-1946). São Paulo: Arte Editorial, 2010.

ARCHER, Kenneth. *A Pentecostal Hermeneutic*. Spirit, Scripture And Community. CPT Press, 2009.

BARTLEMAN, Frank. *A história do avivamento Azuza*. Texto disponível em PDF no seguinte link: <file:///D:/Luana/UNIFAI/Artigos/A_Historia_do_Avivamento_Azusa.pdf>. Acesso em: 30 nov. 2016.

CAMPOS, Leonildo Ferreira. "As origens norte-americanas do pentecostalismo brasileiro: observações sobre uma relação ainda pouco avaliada". *Revista USP*, n. 67, p. 100-115, set./nov. 2005.

GEORGE, Timothy. *Teologia dos reformadores*. São Paulo: Edições Vida Nova, 1994.

GINES DE SEPULVEDA, Juan et al. *Voces del pentecostalismo latinoamericano*: identidad, teología e historia. Concepcion: CETELA – Comunidad de Educación Teológica Ecuménica Latinoamericana y Caribeña, 2003. (Red Latinoamericana de Estudios Pentecostales, 8).

GONZÁLEZ, Justo L. *John Wesley em diálogo com a Reforma*. Tradução de José Carlos de Souza. São Bernardo do Campo: EDITEO, 2016.

HOLLENWEGER, Walter J. *El Pentecostalismo*: historia y doctrinas. Buenos Aires: La Aurora, 1976.

_____. *Pentecostalism: origins and developments worldwide*. Massachusetts: Hendrickson Publishers, 1997.

LUTERO, Martinho (1483-1546). *Da liberdade do cristão (1520)*: prefácios à Bíblia. Tradução Erlon José Paschoal. São Paulo: Fundação Editora da UNESP, 1998. Edição bilíngue português-alemão.

_____. "Tratado de Martinho Lutero sobre a Liberdade Cristã" (p. 435-460). Tradução de Ilson Kayser. In: *Obras selecionadas*. São Leopoldo: Sinodal; Porto Alegre: Concordia, 1989. v. 2.

MENDONÇA, Antônio Gouvêa. *O celeste porvir*: a inserção do protestantismo no Brasil. 3. ed. São Paulo: USP, 2008.

MENDONÇA, Antônio Gouvêa; CAMPOS, Leonildo Silveira (Org.). *Protestantes, pentecostais e ecumênicos*: o campo religioso e seus personagens. 2. ed. São Bernardo do Campo: UMESP, 2008.

MENZIES, William W; MENZIES, Robert P. *No poder do espírito: fundamentos da experiência pentecostal* – Um chamado ao diálogo. Tradução de Heber Carlos de Campos. São Paulo: Vida, 2002.

MIGUEZ BONINO, José. *Rostos do protestantismo latino-americano*. São Leopoldo: Sinodal, 2003.

ROBECK, Cecil M. Jr. *Calle Azusa*: 100 anos después. Texto disponível em PDF no seguinte link: <http://ag.org/enrichmentjournal_sp/200602/200602_026_Azusa.cfm>. Acesso em: 30 nov. 2016.

SYNAN, Vinson. *Los legados perdurables del Avivamiento de la Calle Azusa*. Texto disponível em PDF no seguinte link: <http://documents.tips/documents/avivamiento-de-la-calle-azusa-56789abcf2742.html. Acesso em: 30/11/2016>.

WEBER, Max. *A ética protestante e o "espírito" do capitalismo*. Edição de Antônio Flavio Pierucci. São Paulo: Cia das Letras, 2004.

UM JOVEM PENTECOSTAL NA PALESTINA: TESTEMUNHO DE ACOMPANHAMENTO ECUMÊNICO E DEFESA DOS DIREITOS HUMANOS NA TERRA SANTA

Wallace de Góis Silva*

Cresci numa comunidade evangélica pequena, de classe média baixa, filial de uma denominação pentecostal tradicional. Lá aprendi sobre o Evangelho de maneira simples e prática, e tive uma vivência de fé fervorosa e comprometida com as atividades da Igreja. Hoje sou um ministro ordenado nela e atuo entre as lideranças. Acabei descobrindo que isso se repetia na maioria das igrejas pentecostais: pouco se falava da reforma protestante. Na verdade, é um fato relevante, inclusive para pentecostais, mas não se sabia muito além da contestação ao catolicismo romano ou da exaltação ao acesso à Bíblia e sua importância como fonte única de autoridade para a fé. Os 500 anos da Reforma Protestante, obviamente, não passarão em branco, ao menos entre as maiores denominações. Mas recorrer aos reformadores é mais comum nas situações em que se quer fazer crítica interna ao movimento ou mesmo influenciá-lo a abraçar características específicas de um ramo da Reforma como o calvinismo. Isso se deve, em parte, às poucas ligações teológicas que o pentecostalismo tem com a tradição luterana ou reformada, à rejeição histórica mútua entre os grupos pentecostais e tradicionais históricos e a aspectos históricos e sociais, como será tratado brevemente neste capítulo. Apesar desse pano de fundo, estudei Teologia e Ciências da Religião numa instituição metodista, protestante, histórica.

---

* *Wallace de Góis Silva* é líder leigo pentecostal e mestre em Ciências da Religião pela Universidade Metodista de São Paulo.

Participo também de dois grupos ecumênicos com atuação e inserções diferentes. O primeiro deles, a Rede Ecumênica da Juventude (REJU.org.br), tem uma abordagem de diálogo inter-religioso e defesa do estado laico. Reúne jovens com ou sem ligação religiosa institucional, que lutam por causas comuns ligadas aos direitos humanos e às políticas públicas para a juventude. Experiências como estas, de diversas relações com a religião e suas implicações, têm enriquecido muito nossa trajetória.

O outro grupo é o Programa de Acompanhamento Ecumênico na Palestina e Israel (EAPPI.org), que envia voluntários para atuar por três meses sob os cuidados do Conselho Mundial de Igrejas e da UNICEF para experimentar a realidade do conflito na Terra Santa (mais especificamente na Cisjordânia e na Jerusalém Ocidental), registrar desrespeitos aos direitos humanos, prover presença protetiva aos que mais sofrem com o conflito, propor ações e diálogos pela paz justa e o fim da ocupação de Israel sobre a Palestina e mostrar solidariedade às comunidades cristãs locais que, cada vez mais, sofrem esvaziamento e hoje são apenas 2% do total da população da Terra Santa. Minha experiência foi de julho a outubro de 2015.

Israel, que é parte da chamada Terra Santa, está entre as grandes preocupações da teologia pentecostal, pois a escatologia dispensacionalista e milenarista que adota precisa literalmente de Jerusalém, que, vista como a mesma e eterna cidade da época da Bíblia, será palco da volta literal de Cristo. Ele, pisando sobre o Monte das Oliveiras, convencerá toda a humanidade (incluindo os judeus) de que ele é o Messias. Os avanços de Israel como Estado, nação e sociedade são vistos como provisão divina e cumprimento de profecias relacionadas ao povo (ainda considerado) eleito: os judeus. Ademais, a solidariedade e a admiração ao povo judeu, por vezes, ganham proporções importantes, tendo em vista, de igual modo, a tradição bíblica, e se traduzem em apoio irrestrito ao Estado de Israel. Como se poderia supor, por outro lado, o povo palestino (bem como árabe e muçulmano), quando não é acusado de terrorista, é classificado como "coitado", excluído dos planos de Deus ou mesmo como empecilho para os mesmos, uma vez que "atrapalham" a expansão territorial do Estado judeu. A relação histórica de pentecostais com os povos da Terra Santa, por sua vez, se constitui basicamente de filossemitismo e de islamofobia.

Paz na Terra Santa?
Perspectivas judaica, palestina e cristã

Seja qual for a abordagem que se faça da questão da Terra Santa, fato é que a relação de pertença e o direito da terra são questões fundamentais. Dizem que a disputa entre árabes e judeus é antiga: remonta aos patriarcas e filhos de Abraão: Isaque e Ismael. De fato, a história está repleta de conflitos entre os povos do chamado Oriente Médio, nos quais os semitas estão incluídos. A Bíblia judaico-cristã narra a perspectiva dos judeus, que registraram sua impressão sobre a relação que mantinham com o sagrado, com a(s) divindade(s) e a terra, claro. Disputa por territórios, sobreposição de narrativas, perspectivas políticas, códigos legais e imposição de novos padrões religiosos podem ser percebidos a partir de uma leitura atenta dos textos. A Bíblia judaica expressa uma teologia que se manifesta com a conquista de terras e o direito a permanência nelas como resultado da bênção e da justiça de Deus.

Judaísmo e a terra prometida

O movimento sionista ganhou força no século 19 (www.conib.org.br/glossario/Sionismo). Ele procura mobilizar politicamente os judeus do mundo em torno da causa da reconstrução de Israel como Estado judaico que acolha seu povo com segurança e paz, preferencialmente na então Palestina. No começo sua ênfase era mais política e ideológica, mas também foi tomando fortes características religiosas e incorporando uma narrativa cada vez mais atrelada a um sentimento nacionalista. O ápice dessa busca foi a fundação de Israel em 1948. Assim se concretizou a *Hatikvah* ou esperança, eternizada no hino de independência de Israel escolhido pelos sionistas para representar os ideais de uma nação soberana.

Nesse sentido, a tão sonhada paz, que tem traços interessantes de escatologia messiânica (escrituristicamente literal ou não), virá com ou marcará o fim da ameaça que os povos árabes e outras nações do mundo representam a Israel, o fim do antissemitismo e o (r)estabelecimento da glória arquetípica de Sião. Às vezes contempla uma expansão geográfica dos mapas de Israel que incluem as diversas versões de fronteiras delimitadas pelo Antigo Testamento (por exemplo, Gn 15,18-21), legitimando a posse dos atuais territórios (incluindo a Palestina), ou propõe uma área bem mais extensa chamada de Grande Israel, que chega a agregar a península do Sinai e parte de países vizinhos a oeste. Assim, a terra prometida se tornará real. Outros diriam que tal extensão de terra não seria necessária, uma vez que os judeus não são tão numerosos. Há, além disso, interpretações mais secularizadas sobre Sião e Israel, no entanto, o sonho da terra prometida permanece.

Jerusalém é a capital mundial do judaísmo, não apenas por ser a cidade que concentra a maior quantidade de judeus no mundo, mas também por ser o símbolo histórico de sua tradição. As ruínas conhecidas como Muro das Lamentações representam o lugar que seria o mais próximo da parte mais sagrada do templo de Jerusalém, destruído no ano 70 d.C., e é o lugar mais importante para a religião judaica e onde mais se pode acercar-se de Deus. Lá, as várias tradições judaicas de Israel e do mundo se encontram.

Seja como for, os palestinos (e os povos árabes) são para o atual Estado de Israel – e a maioria de seus políticos e cidadãos – um obstáculo para a paz. Com seu dito radicalismo religioso, atos chamados terroristas e sua visão de mundo considerada atrasada, são encarados tal qual uma constante ameaça à integridade dos que vivem do outro lado do muro. Em contrapartida, há diversos israelenses (cidadãos ou naturais de Israel) e judeus (praticantes ou não) que fazem críticas importantes ao *modus operandi* de Israel com relação a vários aspectos, incluindo a ocupação que mantém sobre os territórios palestinos e o suporte que dá aos judaísmos mais ortodoxos e radicais, que tendem a discursos intolerantes e exclusivistas.

Para evitar ações consideradas terroristas e promover a segurança, Israel construiu um muro alto ao longo dos arredores da Cisjordânia. Ele mede o dobro do que era o muro de Berlim. Contudo, há várias vozes israelenses contra a separação. Encontramos organizações como *Quebrando o Silêncio* que expunham os dilemas de ex-soldados israelenses, num país de cultura altamente militarizada, em que todos os jovens de 18 anos, de ambos os sexos, são obrigados a servir ao exército por no mínimo dois anos, e que acham a si mesmos empoderados ou fragilizados e com permissão ou mesmo ordens para cometer injustiças e crimes de guerra, além de outros impasses. Os *Rabinos por Direitos Humanos* leem a Torá na perspectiva humanitária e de coexistência. Durante as colheitas de azeitonas, prestam solidariedade aos palestinos que sempre correm risco de terem sua colheita saqueada pelos colonos e de sofrerem agressões. Na fronteira com a Faixa de Gaza, uma iniciativa chamada *A Outra Voz*, localizada num *kibutz* na cidade israelense de Sderot, que sofre com ataques esporádicos de mísseis (embora a maioria deles seja interceptada pelo sistema de segurança de Israel), propõe aproximações e solidariedade ao povo do outro lado, além de entender que, no momento, o Hamas, e principalmente o povo palestino, forçados pelas circunstâncias, estão abertos a negociar.

O lado palestino da história

Os palestinos também contam sua própria história de maneira muito ligada àquela terra. Jerusalém é a terceira cidade mais sagrada para o islamismo, pois abriga a mesquita Domo da Rocha (aquela de cúpula dourada), construída sobre as ruínas do que teria sido o templo de Salomão, em homenagem ao local onde se acredita que o profeta Mohammed pisou para ter visões do paraíso. De fato, isto demonstra o quanto o islamismo tem fortes conexões com a tradição judaica e cristã, a despeito das várias rupturas e reinterpretações. Os cristãos palestinos também se veem conectados à cidade, por se tratar do lugar onde Jesus Cristo foi crucificado. Até mesmo o nome Palestina tem origem na palavra *Filistina* ou terra dos filisteus, dada à região pelo império romano em referência a um dos povos que habitava a região antes dos hebreus chegarem.

Palestinos, em geral, são árabes por conta de sua origem étnica comum com os da península arábica e por falarem árabe. A maioria deles se declara muçulmana. Mas é importante lembrar que palestinos, especificamente, são naturais da Palestina (Gaza e Cisjordânia), e nem todos são praticantes do islamismo: existe uma minoria cristã e de outros grupos religiosos. Possuem, desse modo, muitas características em comum com os demais árabes; todavia, também muitas peculiaridades que os distinguem dos demais povos e os tornam, distintamente, palestinos. Também reconstituem sua pertença à terra pela história de várias e várias gerações.

Não obstante, se 1948 é a esperança do povo judeu, para o povo palestino esta data é *Nakba* ou tragédia. A guerra envolvida e a separação das terras pela partição obrigaram milhares e milhares de famílias de palestinos a deixarem suas terras e procurarem asilo nos países vizinhos, em Gaza e na Cisjordânia. Os campos de refugiados permanecem até hoje. Inicialmente era constituído de tendas mesmo, como um cenário de guerra nos faz supor. Os beduínos preservam seu jeito tradicional de viver, e sofreram com o mesmo fenômeno. Hoje, esses campos se parecem muito com as favelas do Brasil, tanto por causa de sua arquitetura quanto devido aos problemas sociais: desemprego, juventude ociosa e sem expectativas de continuidade na educação, alcoolismo. Pelas ruas e corredores, inúmeros cartazes, fotos, pinturas e grafites em homenagem aos jovens mártires de um passado recente, especialmente na Segunda Intifada ou levante palestino.

Hoje, lutam para terem seu país reconhecido e soberano, e seus direitos respeitados. O sentimento predominante, como em Israel, é o desejo de paz. Talvez as diferenças principais sejam sobre como fazer isso. Há grupos mais extremistas que partem para um enfrentamento violento, desejando o impossível: "que os judeus sejam todos lançados ao mar", ou que fomentam ideologias que apregoam o fim da existência de Israel como Estado. Muitos reconhecem o direito de ele existir, mas não como um "Estado judeu". Na prática, os territórios palestinos enfrentam uma progressiva redução de espaço, o aumento do controle militar israelense e a consequente limitação de direitos, desde os mais básicos. A maior tendência é a de admitir que Israel não vai abrir mão de seu projeto expansionista e que os palestinos perderão cada vez mais a posse de seu território, apesar da incessante resistência. Espera-se também que, ao final, o quadro seja melhor do que o presente e israelenses e palestinos sejam tratados como iguais. Este sonho, no entanto, parece quase impossível de se realizar. O sistema legal israelense prevê formas de tratamento bastante diferentes (mesmo a punição para crimes semelhantes) e a proibição de palestinos entrarem em Israel, até mesmo em áreas que no passado lhes pertenciam.

Não é uma queda de braço entre iguais. Talvez no campo das narrativas e da teologia, a paixão e a argumentação sejam de intensidades equivalentes. Mas as forças em campo não são equiparáveis, absolutamente. Israel é a maior potência bélica do Oriente Médio e a sexta do mundo, além de receber doações bilionárias dos Estados Unidos. Os palestinos nem sequer dispõem de um Estado plenamente reconhecido, muito menos de um exército. A polícia palestina é controlada pela de Israel e suas fronteiras em terra, ar e mar estão debaixo da jurisdição das forças armadas israelenses.

Pelos desabafos que ouvimos dos palestinos, além disso, há uma forte crise de representatividade dentro do pequeno espaço para a autonomia da Autoridade Nacional Palestina. Na Faixa de Gaza, o território com a maior proporção de densidade demográfica do mundo e que há anos sofre um cerco de Israel e do Egito, o grupo político do *Hamas* está no poder com uma perspectiva de enfrentamento deveras acentuada e de extremo conservadorismo religioso. Pobreza, corrupção, injustiça e intolerância figuram entre os males originados e retroalimentam os problemas internos e, principalmente, externos. As tentativas de atacar Israel com mísseis são incontáveis, tornando cada vez mais difícil o diálogo que já parecia não querer ser estabelecido. Na Cisjordânia, a presença e a expansão dos assentamentos de colonos judeus – todos ilegais perante as leis internacionais (e alguns até mesmo para Israel) –, ao lado da ostensiva presença militar israelense, do controle rígido do ir e vir, dos negócios, da política, da construção civil etc., tornam a situação cada vez mais insuportável e as propostas do partido do governo *Al-Fatah*, herdeiro político do importante líder Yasser Arafat, insuficientes, corruptas, entreguistas e lenientes.

Não raro ouvíamos que, se fosse para escolher o "menos pior", o Hamas seria preferido por enfrentar Israel como pode, contrastando com a omissão do *Fatah*.

Apesar disso, o povo palestino insiste em conservar a esperança. Entre as evasões para o exterior, sentimento de impotência ou inércia e protestos acalorados, há também bonitas iniciativas de educação pela paz, pelo princípio da não violência, incentivo à resistência por meio da arte, da música, do cinema, do teatro e dos esportes. Os campos de refugiados como os de Janin, Aida e Balata são palcos perfeitos desse tipo de ato.

Iniciativas cristãs pela paz justa

O Conselho Mundial de Igrejas busca atender a um pedido das comunidades cristãs na Palestina, de que o mundo volte o olhar para o que acontece na Terra Santa, especialmente no que toca ao povo cristão. Tanto quanto os muçulmanos e judeus, os cristãos sofrem com o conflito. Além disso, por serem minoria, estão sujeitos à intolerância e ao preconceito religioso. Vez por outra, igrejas cristãs antigas são atacadas por judeus extremistas em Israel e por muçulmanos intolerantes em Gaza. A reação do CMI foi a criação do Programa de Acompanhamento Ecumênico na Palestina e Israel, que opera desde 2002. A cada três meses um novo grupo se divide em vários times e atuam em pequenas vilas e em grandes cidades palestinas como Belém, Hebrom, Jericó, entre outras localidades, onde o conflito está mais acirrado. Entre as tarefas está, sob um olhar ecumênico, visitar as igrejas cristãs, reafirmando que elas não foram esquecidas. A maioria dos cristãos, 2% da população, é de tradição ortodoxa. Logo depois vêm os católicos romanos e então os anglicanos e luteranos. Pentecostais são uma minoria dentro da minoria cristã. Como era de esperar, e com certa frequência, o CMI sofre impedimento de entrada de seu pessoal na Terra Santa, inclusive, com acusações inverídicas de associação a grupos ou programas que Israel classifica como inimigos, mesmo sendo uma organização registrada e instalada legalmente em Jerusalém (conic.org.br/portal/

noticias/2098-israel-expulsa-a-vice-secretaria-geral-do-conselho-mundial-de-igrejas).

Na Cisjordânia, eu e mais quatro estrangeiros de países diferentes moramos por três meses numa vila palestina de muçulmanos chamada Yanoun, região de Nablus (antiga Samaria). Conta-se que as oliveiras daquela região são as melhores porque a Virgem Maria passou por lá quando grávida do menino Jesus, a caminho de Belém. O pequeno vilarejo, de apenas oitenta habitantes pobres e distantes da cidade, vive do cultivo de azeitonas, mel, amêndoas, ovos, temperos, pepinos e queijo das cabras e ovelhas que apascentam. A pequena escola da vila atende apenas crianças. Os adolescentes precisam se deslocar à cidade mais próxima. Quem termina a escola, trabalha com a família nos horários determinados e depois dorme, porque não podem ir para a universidade ou arrumar emprego fora de lá. O que fazemos lá? Mostramos presença protetiva, acompanhamos o dia a dia da comunidade, propomos atividades de entretenimento e jogos com as crianças, sempre visando à promoção dos direitos humanos, ainda que em coisas simples. A presença de internacionais inibe a ação ilegal dos colonos e dos militares. Presenciamos muitos episódios de violência, de conflito, de intolerância religiosa, manifestações de ódio étnico e muitas violações de direitos humanos. Desde casas palestinas e famílias incendiadas por terroristas judeus a execuções a tiros de palestinos "suspeitos" durante revistas nos pontos de verificações (*checkpoints*).

Os cristãos palestinos, tanto ecumênicos representados pela *Sabeel – Centro Ecumênico de Teologia da Libertação*, como evangelicais, que realizam o congresso anual *Cristo no checkpoint*, prezam por iniciativas que promovem a unidade, a libertação, a paz e o diálogo inter-religioso entre judeus, muçulmanos e outros grupos, justamente para garantir a sobrevivência e a missão cristã na Terra Santa. Procuram pensar teologicamente a partir da realidade que vivem e propor soluções baseadas na justiça e no princípio da não violência. Contudo, tomam parte em protestos e atos pacíficos de resistência, na conscientização dos palestinos e da comunidade internacional. Nos textos, os teólogos palestinos exaltam a esperança no Reino de Deus que supera a opressão dos reinos que desumanizam, a persistência numa postura de mansidão como condição para ter direito à terra, na insistência por manter a voz profética falando contra a injustiça, e a postura pacifista mas proativa de Jesus Cristo.

Reforma protestante e "pentecostalidade"

Dificilmente um pentecostal brasileiro participaria de um programa do CMI, ainda mais com a proposta do EAPPI. Porém, minha inspiração foi justamente a tradição de fé de onde venho. Essa inspiração perpassa pelo princípio protestante que protesta, que contesta a opressão, norteia a ação cristã numa direção profética; e pela "pentecostalidade" de que trata o teólogo pentecostal Bernardo Campos (2002), ou seja, uma característica que atinge a Igreja de forma manifesta ou latente ao longo da história, desde Pentecostes, mas que sempre contribui para a unidade e a ação responsável numa perspectiva de obediência ao Espírito Santo.

De fato, não podemos pensar os pentecostalismos sem falar de suas ligações e rupturas com a Reforma Protestante. A reforma luterana, que desencadeou uma vasta ramificação do movimento protestante que passaria pelo calvinismo, pela reforma radical, pela reforma inglesa e pelos avivamentos wesleyano e de santidade, chegaria ao pentecostalismo.

De acordo com o teólogo pentecostal latino-americano Bernardo Campos, a Reforma foi uma iniciativa que tencionou causar mudanças sociais e econômicas a partir da religião, que ocupava uma função muito importante na época. De igual modo, as reivindicações (não atendidas) dos pobres camponeses liderados por personalidades carismáticas como Tomás Müntzer tentaram algo semelhante. Apesar da Reforma oficial haver interrompido drasticamente o poder de Roma sobre a sociedade e a burguesia germânicas, aplicou um jugo tão pesado quanto ou mesmo pior sobre os camponeses que continuavam marginalizados, sujeitos às mais severas punições e condições precárias de trabalho. É nesse meio que ganha espaço a busca por um aprofundamento da conversão na esfera pessoal e interior (aparentemente pouco enfatizada por Lutero e Calvino); uma experiência de fé mais mística e austera e o (re)batismo como ordenança e resultado da convicção ao invés de sacramentos. Campos defende que os pentecostalismos têm mais aproximações com a reforma radical que com a reforma magisterial, não apenas por questões teológicas, mas pela realidade socioeconômica em que os pentecostais se encontravam no momento da chegada do avivamento à Rua Azusa. Razão pela qual o movimento obteve grande aceitação na América Latina, onde a desigualdade e a injustiça imperam.

Tais atitudes se devem a uma característica da Igreja de Cristo que perpassa os séculos desde sua fundação: a pentecostalidade (CAMPOS, 2002). Esta é a qualidade impressa pelo Espírito na Igreja e que lhe dá a capacidade de ser católica, isto é, universal e de ser preservada em unidade. A ação da Igreja e de cada cristão é decorrente desta influência do Espírito Santo, vista em todas as tradições, mesmo que às vezes mais submissa à instituição (latente), mas com potencial várias vezes manifesto de subvertê-la e de agir de maneira transformadora e efusiva. A pentecostalidade é algo que todas as igrejas têm em comum, e a percepção dessa qualidade e a iniciativa de fortalecê-la contribuem não para a realização de algo distante, mas sim para o reconhecimento do ecumenismo verdadeiro, que já existe.

Pentecostais e(m) Terra Santa

A perspectiva acima mencionada, porém, não é de todo percebida pela comunidade pentecostal. Na verdade, de acordo com a pesquisa de Eric Newberg (2012), que examinou nos periódicos pentecostais desde a época da Rua Azusa, o posicionamento predominante com relação à Israel, Jerusalém, aos árabes, palestinos, judeus e muçulmanos e a atuação dos missionários pentecostais entre eles destoam bastante. A conclusão é que o pentecostalismo, devido à herança que recebe do dispensacionalismo evangelical, desenvolveu sua própria versão do sionismo, onde, além de se crer no plano eterno de Deus para Israel e do povo judeu a partir de uma leitura bíblica literal, adiciona-se o potencial para atuar em favor do cumprimento da promessa por meio de suportes à imigração de judeus, plantando árvores no Líbano, visando ao cumprimento literal de profecias e fazendo campanhas de oração por Jerusalém.

Esse sionismo interferiu cabalmente nas missões pentecostais para a Palestina, que deram errado, se avaliadas sob os padrões das demais frentes ao redor do mundo. Em parte se deve à antipatia ao povo árabe e muçulmano, que, apesar de mais propenso a aceitar a pregação pentecostal, era deliberadamente evitado. Por outro lado, os judeus que já se mostravam satisfeitos por estarem em *Eretz Yisrael* davam pouco atenção aos pentecostais. Assim, aos poucos, a expectativa escatológica com respeito ao avivamento que viria como resultado da evangelização de Jerusalém e a restauração de Israel pareceram se frustrar um pouco.

Hoje, há pelo menos duas igrejas pentecostais de brasileiros em Israel: uma filial da Congregação Cristã no Brasil e outra da Igreja Universal do Reino de Deus. Há outros grupos também, mas talvez todos eles funcionam em caráter de semiclandestinidade, pois a pregação proselitista é proibida em Israel. Na Palestina, pentecostais são também muito raros. As características pentecostais mais marcantes permanecem, no entanto. Destacamos, porém, uma iniciativa muito interessante de pentecostais com relação à Terra Santa. O grupo *Pentecostais e Carismáticos por Paz e Justiça* (PCPJ.org) convidou pastores pentecostais norte-americanos para vivenciarem na Palestina a experiência de conhecerem igrejas e, pasmem, perceber que palestinos também podem ser cristãos e até humanos! Também presenciaram algumas das muitas demolições diárias de casas palestinas e a agressividade permanente do muro que divide a Terra Santa.

Daqui por diante

Este brevíssimo relato se encerra aqui, mas deixa como reflexão o potencial que há em iniciativas ecumênicas para contribuir com a humanização do mundo, a fim de que estas sejam levadas adiante. Gosto sempre de comparar minha experiência na Palestina a uma pequena candeia que trouxe de lá – cabe na palma da mão – e onde se coloca um pavio e se embebe de azeite. Apesar de aparentemente inócua, a chama provoca uma luz forte que ilumina uma casa toda – note-se que na época de Jesus as casas geralmente eram peças únicas. Sob a inspiração do Espírito (ou unção, como a que havia sobre os profetas), somos capazes de iluminar o mundo, nossa casa comum, com o testemunho do Evangelho da paz e da justiça. Luzes não foram feitas para ficar escondidas, mas para ser acesas e colocadas em lugares em que sua simples presença produza consolo, afeto, traga proteção e irradie esperança. Da mesma forma Jesus convidou seus discípulos e pediu que aguardassem a vinda de Pentecostes. Nessa ocasião, eles foram capacitados por Deus a superarem suas próprias limitações e a vivenciarem, em unidade, a *pentecostalidade* de uma fé que está sempre em reforma, sempre em renovação, sempre em superação de todas as estruturas de morte.

Que a esperança messiânica que abraça as três religiões monoteístas representadas pela Terra Santa seja motivadora para construir a paz entre os povos que ela representa! Que saibamos interpretar os tempos e as oportunidades proporcionadas pelo *Kairós*, pelo momento que Deus intervém e abre espaço para cooperarmos com ele. Há crianças em Gaza, adolescentes em Tel-Aviv, mulheres na Cisjordânia, idosos/as em Belém e homens em Jerusalém que desejam viver. 2017 é também o ano em que a ocupação da Palestina completará seu jubileu. Na Escritura, jubileu é ano de perdão, de libertação e de celebração da vida. Que este tempo, bastante oportuno, seja aproveitado! *Shalom, Saalam*, Paz!

Referências

ATEEK, Naim. *Justice, and only justice*. A Palestinian Liberation Theology. Maryknoll: Orbis Books, 1989.

CAMPOS, Bernardo. *Da reforma protestante à pentecostalidade da Igreja*. Tradução de Walter Altmann. São Leopoldo: Sinodal; Quito: CLAI, 2002.

EAPPI – Ecumenical Accompaniment Programme in Palestine and Israel. *Resources*. Disponível em: <http://eappi.org/en/resources>. Acesso em: 10 abr. 2016.

GERMAN, Michel. "Deus e Diabo na Terra Santa: pentecostalismo brasileiro em Israel." *WebMosaica – Revista do Instituto Cultural Judaico Marc Chagall*, v. 1, n. 1, p. 56-71, jan.-jun. 2009.

MASALHA, Nur; ISHERWOOD, Lisa. *Theologies of liberation in Palestine-Israel*. Indigenous, contextual and postcolonial perspectives. Eugene: Wipf and Stock Publishers, 2014.

NEWBERG, Eric Nelson. *The Pentecostal Mission in Palestine*. The legacy of Pentecostal Zionism, 2012. E-book.

PAZ NA TERRA [SANTA]. Disponível em: <http://paznaterrasanta.blogspot.com.br>.

IGREJAS, INCULTURAÇÃO E REFORMA PROTESTANTE NA AMÉRICA LATINA

Roberto Ervino Zwetsch*

Introdução

O tema que me foi proposto é crucial para se compreender a chegada, inserção e história do protestantismo na América Latina e no Caribe. José Míguez Bonino, teólogo e importante liderança da Igreja Metodista argentina, escreveu em seu livro *Rostos do protestantismo latino-americano* que, desde a segunda metade do século 19, convergiram na América Latina três processos concomitantes que questionam a história desse protestantismo diverso e, seguidamente, contraditório com suas origens, como pretendo argumentar adiante: são eles o projeto liberal, o predomínio da presença norte-americana e a entrada do protestantismo de missão. Acrescento que não se pode esquecer a chegada do *protestantismo de transplante* ou *étnico*, de origem europeia, e que chegou primeiro na América Latina, especialmente, no Cone Sul (Brasil, Argentina, Uruguai, Paraguai, Chile) e em menor monta também na Venezuela e países andinos (MÍGUEZ BONINO, 2003, p. 9).

A perspectiva de análise deste ensaio necessariamente será plural, considerando elementos históricos, sociológicos, culturais e teológicos. Além desse aspecto, também me parece importante afirmar a necessária visão crítica dos processos de inserção e diversificação da presença protestante, única abordagem que nos permitirá, de alguma forma, olhar para o futuro com esperança e confiabilidade.

---

* *Roberto Ervino Zwetsch* é pastor luterano e doutor em Teologia pela Escola Superior de Teologia (EST).

Neste breve texto, pretendo apresentar uma visão geral das igrejas que podemos chamar de "evangélicas" (termo que deverá ser discutido porque equívoco, muitas vezes, na atualidade), para num segundo momento abordar o debate entre Evangelho e culturas, a partir do qual vou discutir o desafio da *inculturação* e, por fim, os desafios que se colocam a essas igrejas enquanto herdeiras ou não do *princípio protestante*. Isso lhes permitiria uma inserção nova, desafiadora e *profética* na realidade sociopolítica, econômica, cultural e religiosa latino-americana e caribenha, neste início de século 21. É importante nos darmos conta de que estamos diante de retrocessos políticos crescentes como a quebra das normas democráticas, o desrespeito às Constituições, o desmantelamento de direitos sociais duramente conquistados, num quadro mundial de reafirmação do neoliberalismo e do predomínio do capitalismo financista predador, como jamais visto na história do Ocidente.

Breve caracterização das Igrejas protestantes na América Latina

Míguez Bonino apresentou em sua obra referida quatro rostos do protestantismo latino-americano. O primeiro é o rosto *liberal*, que, minoritário no contexto religioso dominado pelo catolicismo ibérico, se fez presente na América Latina e no Caribe no século 19 mediante a ação de missionários estrangeiros, particularmente vinculados a igrejas metodistas, presbiterianas e alguns batistas dos EUA, Inglaterra e outros países europeus. Outro grupo era formado por intelectuais nativos que se sentiram atraídos pela mensagem evangélica liberal, entre eles ex-sacerdotes católicos dissidentes (no Brasil, tornou-se famoso o caso do ex-padre José Manoel da Conceição, que aderiu ao credo da Reforma, mas jamais se submeteu à cultura dos missionários)[1] (ZWETSCH, 2015, p. 40-42). Esse protestantismo

---

[1] José Manoel da Conceição é um caso exemplar das defasagens culturais do processo de inserção do protestantismo conversionista que se implantou na América Latina e que ainda hoje se faz sentir em alguns ramos das igrejas evangélicas. Ele pregava e sofria com as misérias sociais e espirituais do seu povo.

teve uma participação modesta, mas importante, nas lutas pela liberdade religiosa, por reformas na educação e nas estruturas sociais, naquilo que alguns historiadores chamam de modernismo, como processo histórico de contestação ao conservadorismo imposto pelo catolicismo colonial, aliado às elites da sociedade agrária latino-americana.

O segundo rosto o autor chama de *evangélico*, que se caracteriza pelo protestantismo *crioulo* que sucedeu ao trabalho missionário anterior. Este tipo de igrejas evangélicas tem algumas marcas muito evidentes que se firmaram ao longo de sua história: foram fortemente influenciadas pelo segundo despertamento das igrejas norte-americanas da década de 1950; enraizaram-se junto a populações urbanas, com forte apelo ao livre-arbítrio, à tradição arminiana e a um crescimento das práticas de santidade. Outro desenvolvimento é o reforço ao individualismo subjetivista, certo apelo à reforma social da sociedade, embora marcado por forte traço moralista, e grande destaque para a leitura e estudo da Bíblia na sua luta "contra o erro" (ortodoxia). Mas um dos mais fortes legados deste tipo é seu *anticatolicismo*, que ainda hoje se faz presente em muitas igrejas. É neste tipo que vamos encontrar mais tarde a tendência ao fundamentalismo, que se evidencia como resposta ao secularismo da sociedade industrial moderna e à ciência. Estas características resultarão, particularmente entre os grupos mais conservadores, no rompimento com o movimento ecumênico, especialmente, com as igrejas vinculadas ao Conselho Mundial de Igrejas, fundado em 1948.

Como terceiro tipo, Míguez Bonino realça o rosto *pentecostal*, que ele considera como o movimento mais exitoso entre as massas populares no século 20. Este tipo de igrejas tem suas origens nas experiências do movimento de santidade nos EUA, particularmente o movimento da Rua Azuza, sob a liderança do pastor batista negro William Seymour, cuja comunidade se notabilizou pelas experiências com os dons do Espírito Santo, o dom de línguas e a experiência inédita de comunhão entre negros e brancos na mesma congregação. Mas não só. Juan Sepúlveda, a partir de estudos do pentecostalismo chileno, chama a atenção para o fato de que o pentecostalismo que se espalha por diversas partes do mundo não se origina apenas nos EUA, mas apresenta iniciativas descentralizadas, como na Índia, por exemplo, a partir da experiência de conversão de uma intelectual brahmane Pandita Ramabai. Ela, mesmo convertida à fé cristã, não deixou de manter-se crítica ao ensino e à espiritualidade dos missionários ocidentais, defendendo que o derramamento do Espírito seria uma oportunidade para que o cristianismo na Índia deitasse raízes na cultura e na espiritualidade indianas (SEPÚLVEDA, 2003, p. 23ss). O mesmo argumento Sepúlveda vai propor como explicação para o cisma metodista-pentecostal que ocorreu no Chile em 1910, dando origem à Igreja Metodista Pentecostal, e que não se prende apenas a motivos teológicos. O cisma lá ocorrido revela, nos embates entre lideranças e comunidades que passaram pelo avivamento, diferenças culturais, sociais, políticas e econômicas. No caso do pentecostalismo, atualmente temos que considerar sua caminhada centenária e que produziu muitas mudanças no movimento, plural desde as origens. Hoje existe uma gama de novas igrejas que chegaram a configurar o que autores/as chamam de *neopentecostalismo*, igrejas de forte cunho emocional, com estruturas verticais e personalistas, e que adotam a *teologia da prosperidade* como seu principal apelo de convencimento.[2] Bernardo Campos, teólogo pentecostal peruano, afirma a tese de que, diante desse movimento nos dias de hoje, o desafio é o resgate de sua *pentecostalidade*, fenômeno que não se limita a um ramo das igrejas cristãs, mas que é uma experiência universal no cristianismo. Ali onde atua o Espírito Santo, ressurge o espírito primeiro do movimento cristão, a comunhão, a oração, a partilha de bens, a transformação pessoal e social (CAMPOS, 2002). Sepúlveda prefere chamar esta dimensão da renovação cristã com o nome de *princípio pentecostal*, fazendo referência ao *princípio protestante* de Paul Tillich, para quem este princípio representa o protesto divino e

---

[2] Cf. estudo recente da metodologia e bases doutrinárias da Igreja Universal do Reino de Deus, in: CAMPOS, Leonildo S. *Teatro, templo e mercado*: organização e marketing de um empreendimento neopentecostal. 2. ed. Petrópolis; Vozes; São Paulo: Simpósio; São Bernardo do Campo: UMESP, 1999.

humano contra qualquer absolutização de realidades relativas, históricas, limitadas (TILLICH, 1992, p. 27-30 e 181ss). Para Sepúlveda, a experiência pentecostal se desenvolveu historicamente como protesto contra o racionalismo logocêntrico da fé cristã, de tal modo que o *princípio pentecostal* se torna uma crítica à absolutização das mediações culturais, o que vale também para o próprio pentecostalismo (SEPÚLVEDA, 2003, p. 14).[3]

O quarto tipo é o que Míguez Bonino chamou de rosto *étnico* e que corresponde ao protestantismo de imigração, fruto de políticas migratórias dos países da Europa que no início do século 19 expulsaram populações excedentes e sem trabalho, especialmente para as Américas do Norte e do Sul, principalmente do Cone sul. Esses imigrantes, a maioria gente pobre e sem grande formação intelectual, acabaram formando guetos culturais, devido à falta de apoio governamental, constituindo comunidades religiosas e de vida para fazer frente às necessidades de sobrevivência, sociais, culturais e econômicas. Traziam em sua bagagem poucos pertences, a Bíblia, o hinário e o Catecismo menor de M. Lutero. Como escreveu o historiador luterano Martin N. Dreher (2002, p. 124),[4] os governos do Cone Sul da América Latina procuraram valer-se desta mão de obra sobrante para implantar uma "política de branqueamento da raça" e de defesa de fronteiras, fazendo com que os imigrantes ocupassem o lugar da mão de obra escrava negra, que foi abandonada principalmente após a Lei da Abolição da escravidão de 13/05/1888. Este contingente de trabalhadores foi engrossar crescentemente as periferias das cidades, por lhes ter sido proibido o

---

[3] O autor exemplifica com um fato da própria trajetória de Seymour nos EUA. Contra a absolutização da experiência do dom de línguas como uma determinada mediação cultural da experiência da fé, Seymour protestou em nome da liberdade do Espírito, quer dizer, do *princípio pentecostal* (p. 16).

[4] Neste livro se encontram textos importantes sobre a relação entre igrejas protestantes e culturas na América Latina, por exemplo, com o mundo indígena, com os povos afro-brasileiros, mas também com os setores marginais, com o protagonismo das mulheres, com os movimentos populares, movimentos de jovens e, não por último, com as questões do ecumenismo.

acesso à terra (Lei de Terras de 1850), formando as conhecidas favelas ou *villas miseria*.

Rolf Schuenemann escreveu um livro que ajuda a compreender a tendência ao conservadorismo sempre latente nestas igrejas: *Do gueto à participação* (1992), estudando o caso da IECLB – Igreja Evangélica de Confissão Luterana no Brasil. Nele o autor demonstra como os evangélico-luteranos, que só se tornaram Igreja nacional a partir de 1968, assumem uma maior consciência sociopolítica apenas no final dos anos 1960, e mesmo assim ainda num contexto de fortes polarizações internas na Igreja. Essa Igreja demorou mais de um século para assumir o português como língua da vivência religiosa cotidiana, enquanto seu centro de formação teológica só foi fundado em março de 1946. A abertura para a realidade e a cultura brasileiras foi gradativa e se deve principalmente à juventude da Igreja, especialmente após a Segunda Guerra Mundial, período durante o qual houve forte perseguição aos pastores alemães que atuavam no Brasil.[5] Ajudou nesse processo a participação em organismos ecumênicos e as mudanças sociais e políticas que transformaram a realidade nacional a partir dos anos 1960, com o fenômeno da urbanização, da industrialização e, depois, o debate diante da Ditadura Civil-Militar (1964) que derrubou o regime democrático do pós-guerra. Foi em meio a tensões internas, teológicas e políticas que aos poucos um setor minoritário conseguiu desafiar a Igreja a uma participação mais efetiva na vida do país, questionando as desigualdades socioeconômicas, as gritantes injustiças que assolam o país, além da abertura à diversidade cultural brasileira.

Em artigo recente, procurei traçar um quadro atualizado do protestantismo brasileiro, demonstrando a complexidade dessa tarefa. Vali-me de uma classificação feita por Adilson Schulz, que apresenta dois tipos

---

[5] Cf. estudo monográfico de DONNER, Sandra Cristina. Jovens luteranos e a revolução brasileira: as discussões sobre consciência social na congregação dos estudantes de Porto Alegre e na Associação Cristã de Acadêmicos durante a década de 1960. In: DREHER, Martin N. (Org.). *500 anos de Brasil e Igreja na América Meridional*. Porto Alegre: EST Edições/Cehila, 2002, p. 629-634.

de protestantismo: 1) protestantismo clássico, que inclui: protestantismo evangelical, sacramental; 2) neoprotestantismo, que inclui: pentecostalismo clássico, neopentecostalismo e outros tipos, entre os quais sobressai uma gama enorme de pequenas *igrejas independentes ou livres* (ZWETSCH, 2014). Afirmo ali que o termo *evangélico* se tornou lugar-comum na sociedade brasileira atual, mas, ao mesmo tempo, equívoco, pois identifica uma parte do assim chamado protestantismo, especialmente, a tendência mais conservadora que se tornou conhecida através da *bancada evangélica* no Congresso Nacional, da qual seu membro mais proeminente durante o processo para o *impeachment* da Presidente Dilma Rousseff, o deputado Eduardo Cunha, foi preso por acusação de corrupção. Quer dizer, a confusão que se estabeleceu na realidade do fenômeno religioso não terá solução fácil. Haverá que descobrir-se caminhos que permitam discernir os espíritos para ver de que forma o nome *evangélico* ou *protestante* ainda servirá para definir uma postura de fé que transpareça algo daquele *princípio protestante* ou *pentecostal* que subverta a ordem vigente toda vez que ela se apresente como absoluta e sem alternativas históricas. Em certo sentido, o atual momento de crise histórica, institucional e teológica coloca, entre outros, dois desafios incontornáveis para as igrejas protestantes ou evangélicas: a) a disputa pelo *conceito de missão* como compaixão e caminho de cruz, de aliança com os mais empobrecidos, os que "nada são" (1Cor 1,18); b) a disputa pela *eclesiologia*, quer dizer, o que se entende por Igreja: Igreja-instituição, poderosa, influente? Povo de Deus? Comunidade crente? Igreja sinal do reinado de Deus? Igreja peregrina? Igreja pé no chão? Igreja que acompanha seu povo e sofre com ele, luta com ele, se solidariza e se liberta em conjunto com os mais vulneráveis? Onde sopra hoje o Espírito de Cristo?[6]

---

[6] Como escreveu o teólogo metodista J. RIEGER, em *Lembrar-se dos pobres: o desafio da teologia no século XXI* (2009), há que se lembrar permanentemente dos pobres, onde Cristo se nos apresenta escondido e clamando por justiça. Rieger trabalha como professor de teologia e com movimentos de trabalhadores no Texas, EUA.

Evangelho e culturas na realidade latino-americana e caribenha: o desafio da inculturação

O Evangelho de Cristo e a fé cristã nasceram num contexto cultural específico e se expressaram em termos culturalmente enraizados. Não por acaso, um dos primeiros grandes desafios para a expansão da fé cristã foi sua inserção no mundo grego, como nos debates que se deram entre a comunidade de Jerusalém e as novas comunidades da Ásia menor, que foram surgindo da ação missionária do apóstolo Paulo, sua equipe e outros cristãos que espalharam a fé por todo o império romano. Essa *inculturação* teve consequências que até hoje ainda despertam questionamentos e certas aporias. E, no entanto, foi essa passagem que permitiu à fé em Cristo difundir-se e se tornar uma mensagem *universal*.

Apresentei no verbete "Inculturação" do *Dicionário Brasileiro de Teologia* (BORTOLLETO FILHO; SOUZA; KILPP, 2008, p. 524-527) as ideias centrais do livro *Cristo e cultura* (1951), do teólogo norte-americano H. Richard Niebuhr, que destaca o cerne do tema da inculturação. Ele apresenta cinco modelos teóricos da relação entre Cristo e cultura: a) Cristo contra a cultura; b) Cristo na cultura; c) Cristo acima da cultura; d) Cristo e a cultura em paradoxo; e) Cristo como transformador da cultura. Como se trata de uma questão duradoura e sem solução definitiva, ele afirma que o desafio teológico e hermenêutico é o seguinte: "O Cristianismo, quer definido como Igreja, credo, ética ou forma de pensamento, se locomove entre os polos de Cristo e cultura. A relação destas duas autoridades constitui o seu problema" (ZWETSCH, 2008, p. 525).

Sobre a história cultural do cristianismo, há que recordar que, desde os pais da Igreja e depois a grande elaboração da teologia medieval, construiu-se um edifício conceitual e ideológico que se tornou padrão para a história posterior, impondo-se ao cristianismo mundial. Só no final do século 19 e início do século 20, com as lutas de libertação nacional dos países pobres do hemisfério sul, houve um questionamento radical à versão "monocultural" do cristianismo. No movimento ecumênico surgiram novas tentativas de conceitualizar esta realidade em transformação, como indigenização ou endoculturação da fé cristã, como no documento do CMI de 1982: *Missão e evangelização*: uma afirmação ecumênica. Na América Latina e no Caribe, somente no final dos anos 1970, começa-se a utilizar o conceito de *inculturação*, que aparece em documentos dos padres jesuítas em 1974, mas crescentemente se tornou chave para a formulação de um novo conceito de missão, especialmente no contato com povos indígenas e autóctones. O conceito ajudou a questionar a herança colonial da fé cristã, bem como a assumir uma posição crítica diante do neocolonialismo, responsável por novas formas de destruição de povos e culturas, e do meio ambiente na América Latina. A reflexão contemporânea sobre a inculturação procura levar adiante essa tomada de consciência, superando a visão economicista que vigora na realidade latino-americana, o que ajudou a ampliar o horizonte de compreensão das culturas e sua contribuição para outro mundo possível (SUESS, 1995, p. 184ss). Hoje, na América Latina e no Caribe, libertação não pode ficar restrita a mudanças socioeconômicas e políticas, mas exige que se incorporem as transformações culturais, ambientais e ecológicas.

Inculturação é um complemento ao conceito de encarnação, que remete de maneira inconfundível à presença de Jesus, Filho de Deus, no meio da humanidade (João 1). Há uma analogia entre ambos os conceitos, de tal forma que o meio e modo como se vive e se anuncia a fé em Cristo já constituem mensagem. Pode-se afirmar, assim, que inculturação é uma pedagogia libertadora, um método de aproximação cultural à realidade humana que aponta para além de si mesmo, para a presença do reinado de Deus neste mundo, sem se confundir com ele. Por isso, tenho destacado a afirmação de Paulo Suess de que a inculturação consiste num "aproximar-se do outro, sem perder a identidade (alteridade) [pois o outro ...] é sempre um convite de aproximação, não de identificação" (ZWETSCH, 2008, p. 526.). Trata-se de um aprendizado no caminho da solidariedade, da busca por libertação, que supõe avanços e retrocessos, ganhos e perdas, uma troca constante através do diálogo respeitoso, simétrico quando possível, crítico e autocrítico. Por aí se vê que não é processo fácil nem simples, mas, ao mesmo tempo, apresenta-se desafiador e apaixonante. José Comblin anos atrás questionou o fato de que a proposta da evangelização *inculturada* parecia haver se tornado unanimidade. Por isso defendeu que ela somente se torna promissora se assume o pensamento crítico como ponto de partida. É bom sempre lembrar que, quando o cristianismo assumiu a forma cultural do Ocidente, no século 4, ele se tornou uma força conservadora na sociedade, aliado do poder imperial, perdendo gradativamente sua força profética. Comblin reconhece a necessidade de a fé cristã encarnar-se nas diferentes culturas, assumindo diferentes roupagens, mas não se pode cair na armadilha de tornar-se caudatária das culturas hegemônicas que discriminam e domesticam os propósitos libertadores do Evangelho, sinal de contradição e de transformação, como indica o evangelho de Lucas ao narrar sobre o nascimento de Jesus e o início do seu ministério em Nazaré (2,34; 4,16ss), ou ao registrar no *cântico de Maria* (1,46ss) a inversão dos papéis na sociedade baseada na injustiça estrutural. Diante da cultura de massas que domina a sociedade atual, só aparentemente democrática, a alternativa para as maiorias marginalizadas e destituídas dos direitos mais elementares da vida humana seria o desenvolvimento de sua própria cultura, na verdade, uma *contracultura* libertária, que expresse seu modo de vida, suas aspirações, seus sonhos de um futuro mais justo e fraterno. Este tipo de alternativa, talvez, já se possa perceber a partir da proposta dos povos indígenas de uma sociedade do *bem-viver*, baseada na reciprocidade e na cooperação entre pessoas, grupos e associações, contra a sociedade do espetáculo e da competição sem fim. Ou nos projetos sociais e ambientais em periferias de grandes cidades da América Latina, quando comunidades autogestionárias já não mais esperam por ações governamentais, mas se auto-organizam, buscando soluções que – no futuro – poderão tornar-se embriões de políticas públicas transformadoras e duráveis.

Retomar o *princípio protestante*: para onde vamos como povos e igrejas no século 21?

Num artigo do início dos anos de 1990, o historiador Jean-Pierre Bastian (1994, p. 115-135) oferece uma chave de leitura para se entender o protestantismo latino-americano, que ele compreende como uma proposta religiosa heterodoxa, complexa e múltipla. De fato, no século 19 o protestantismo, ainda que minoritário, foi um reforço na luta por reformas liberais, como, por exemplo, na defesa da liberdade de culto e na separação entre Igreja e Estado, ou na formação de associações de cooperação independentes, como foram as associações mutualistas, a maçonaria e mesmo os círculos espíritas.

Esse protestantismo reformista e, em alguns casos, radical sofreu uma mudança considerável a partir da metade do século 20, a partir de sua expansão nas camadas empobrecidas e nas classes médias. Para Bastian, os novos protestantes "dissidentes" provêm, em sua grande maioria, "de uma cultura religiosa popular católica e xamânica e não oferecem contramodelo ao corporativismo; ao contrário, o fortalecimento explica seu êxito e sua propagação em forma geométrica" (BASTIAN, 1994, p. 120). Discordamos do autor, quando argumenta que esse protestantismo endógeno que se formou na América Latina foi produto de uma "aculturação" às culturas populares influenciadas pelo catolicismo popular tradicional e autoritário. Aculturação é um conceito superado, pois não leva em conta o protagonismo das classes populares ao participarem dos fenômenos religiosos. Por exemplo, quando vários povos indígenas na região andina assumem a mensagem protestante e a utilizam como reforço de sua luta étnica por reconhecimento num contexto de relações desiguais e opressoras. Para fazer frente à situação histórica em que se encontrava, o povo Achuar na Amazônia equatoriana se aliou aos missionários protestantes, sem perder suas características étnicas (LAPORTA, 1994, p. 31ss). Ao invés de aculturação, temos antes processos de reinterpretação e apropriação cultural, num ambiente dinâmico e de transformações histórico-culturais que implicam sempre ganhos e perdas, processos de inculturação no contexto de relações interculturais desiguais e bastante complexas.

Ainda assim, o argumento de J-P. Bastian merece atenção ao colocar em debate a "domesticação" dos protestantismos latino-americanos e caribenhos, principalmente quando assumem em sua visão de mundo e prática eclesial os componentes autoritários, verticais e patriarcais da cultura latino-americana. Se, em algum momento da história protestante, o conformismo passivo de alguns grupos foi uma estratégia de sobrevivência e até de resistência ao poder estabelecido, acabou por se tornar um elemento-chave "da dinâmica corporativista dos protestantismos contemporâneos" (BASTIAN, 1994, p. 127). Na avaliação aqui proposta esse conformismo se manifesta não mais como "fuga da realidade" ou negação da participação social, como em certa medida aconteceu no passado, mas como uma forma de endosso da sociedade dominante excludente e meritória que se propaga como ideal de vida e de projeto de país. Há algo de paradoxal nesses protestantismos contemporâneos, pois, ao mesmo tempo que se definem como herdeiros da Reforma Protestante, que proclamou a liberdade cristã e o amor como forma de viver publicamente a fé que salva pela graça exclusiva de Deus, se afastam – por sua prática – cada vez mais daquilo que define o "ser protestante", a dinâmica crítica a todo tipo de patrimonialismo, caciquismo ou sociedade baseada em privilégios de classe e de grupo. A conclusão a que chega Bastian é preocupante: "os protestantismos latino-americanos não são mais portadores de uma cultura religiosa e política democrática, pelo contrário, assimilaram a cultura religiosa e política autoritária e seu desenvolvimento na lógica da negociação corporativista" (BASTIAN, 1994, p. 128.). Ou seja, tornou-se "protestantismo domesticado". O que surpreende ao pesquisador é que esta afirmação já tem mais de vinte anos e parece confirmar-se ao se observar as tendências majoritárias dos protestantismos que se apresentam publicamente como "evangélicos" e com amplo sucesso em diferentes camadas da sociedade, não mais apenas entre os setores populares.

Mas nem tudo se resume a estas tendências conservadoras. Como contraponto, seria importante considerar, no campo do igualmente plural pentecostalismo contemporâneo, grupos e congregações que vêm buscando uma nova inserção na sociedade, defendendo posturas críticas, seja no campo eclesial, seja na sociedade civil, diferenciando-se das correntes hegemônicas do pentecostalismo. David Mesquiati assume, por exemplo, em sua análise o desafio da reinterpretação do profetismo bíblico como um desafio para o profetismo pentecostal em termos de luta por transformação social nos dias de hoje.[7] O autor conclui seu artigo de forma desafiadora, como a retomar o *princípio protestante* num momento em que no mundo evangélico parece imperar uma prática contrária:

> O profetismo bíblico está comprometido com a transformação social, com a instauração da justiça e da paz. O profeta pentecostal precisa ultrapassar os templos e chegar a praças, vilas e aldeias. Sentir o peso da carga dos menos favorecidos e interceder *por* eles e *com* eles. Ouvir as minorias e dar voz aos marginalizados. Identificar os explorados e os exploradores, e corajosamente denunciá-los (MESQUIATI, 2013, p. 61).

Conclusão

Este ensaio evidentemente se apresenta incompleto, mas procurou apontar sugestões para uma reavaliação dos protestantismos latino-americanos, considerando sua história na América Latina e no Caribe, sua contribuição à construção de nossas sociedades plurais como as que vivenciamos hoje e a pertinência de sua mensagem enquanto expressão do Evangelho libertador de Jesus Cristo. De uma tradição minoritária, inconformista e tendente a apoiar a luta por liberdades democráticas e por reformas sociais,

---

[7] Sobre as Assembleias de Deus e sua importância para a busca de novos caminhos para essa denominação, vejam o texto de Gedeon Freire de Alencar: "Pentecostalismo clássico. Congregação Cristã no Brasil e Assembleias de Deus: construção e identidade", publicado na obra *Protestantes, evangélicos e (neo)pentecostais*: história, teologias, igrejas e perspectivas (2013, p. 167-187).

os protestantismos contemporâneos vivem um momento profundamente ambíguo. Por um lado, sua participação nos movimentos religiosos contemporâneos vem crescendo há várias décadas. Em alguns países como na América Central e no Brasil, várias denominações pentecostais e neopentecostais se apresentam como instituições massivas e disputando espaço na cena política. No estado do Rio de Janeiro, nas últimas eleições para prefeito, venceu um pastor e bispo vinculado à Igreja Universal do Reino de Deus. Qual o significado dessa vitória política? A que projeto de sociedade responde essa articulação que levou este senhor ao mais alto cargo municipal numa das cidades mais secularizadas do país? O Rio de Janeiro é berço do samba, da cultura popular celebrada no Carnaval, mas nela o narcotráfico se articula com força tão expressiva que as forças policiais instituídas não conseguem desbaratá-lo, por mais repressão que se planeje aplicar. Como se portará a administração municipal diante da falência dos serviços públicos no Estado do Rio de Janeiro? Será um grande teste para este tipo de liderança oriunda do meio *evangélico* neopentecostal.

Quanto aos protestantismos vinculados ao movimento ecumênico, percebe-se a gradativa perda de influência e base social, ainda que seja justamente destes setores que procedam algumas das instituições de serviço que mais se apresentam como atentas e preocupadas com a deterioração da sociedade civil, a perda contínua de direitos sociais e a falência dos serviços sociais mais necessários às populações empobrecidas e vulneráveis, como saúde e educação pública gratuita (por exemplo, organizações como Diaconia/Recife, CESE/Salvador, FLD/Porto Alegre).

No horizonte se apresentam muitas incertezas. Uma sociedade civil fortalecida e em meio à qual prevaleçam os valores da solidariedade e da cooperação, atitudes contra-hegemônicas num momento em que a ideologia dominante privilegia as metas de sucesso individual e meritório, continua a ser uma esperança utópica. Valerá a pena apostar nesse tipo de sociedade? Que contribuição poderá dar um protestantismo renovado pelo *princípio protestante* ou *pentecostal* aberto à dinâmica solidária da ação do Espírito de Cristo, que sopra onde e quando quer?

Como escreveu Daniel Chiquete (2008, p. 170), teólogo pentecostal mexicano:

> A missão cristã tem sentido e validade porque a "história de Jesus" continua a ser um chamamento radical ao amor sem fronteiras, um chamamento à participação no projeto do reinado de Deus, onde as principais leis são o amor ao próximo e a celebração da vida, onde se concretiza uma revolução de valores na qual os excluídos são colocados no centro, os últimos são os primeiros, a grandeza se mede pela capacidade de serviço.[8]

Como ressonância desse posicionamento pentecostal alternativo, um Manifesto emitido pela Pastoral Popular Luterana e pela Fundação Luterana de Diaconia reflete sobre os impasses vividos no Brasil diante da crise política de governo que jogou o país num imponderável jurídico e social. O documento é resultado de um debate realizado no dia 28/11/2016 e registra uma busca por compreensão da realidade e por caminhos práticos que semeiem esperança no meio do povo de Deus:

> Evidenciou-se, mais uma vez, que política é luta pela vida, pela liberdade da *pólis*. Entendemos que a participação política é diaconia transformadora, é uma ação e um serviço cristão para a transformação da sociedade. Política não pode ser reduzida à política partidária. O amplo diálogo democrático é o único que garante o exercício da cidadania, como prevê a Constituição Cidadã de 1988. Como pessoas crentes, de confissão luterana, concordamos que não cabe a uma Igreja ou às pessoas que professam a fé cristã propor soluções para os graves problemas políticos do país. O que lhes cabe, sim, a partir do Evangelho, é apoiar, fomentar e insistir nas lutas das pessoas e de todos os movimentos sociais que buscam a justiça, a vida digna e o bem do povo. Como escreveu a Presidenta do Conselho da Igreja, Dra. Ema Marta Dunck Cintra, em seu relatório ao XXX Concílio da Igreja realizado em

---

[8] CHIQUETE, Daniel. *Escritos a tempo y fuera de tiempo*. Sobre espiritualidad, biblia y cultura en vísperas del primer centenario del pentecostalismo. Concepción: CEEP, Centro Cristiano Casa de Vida, RELEP, 2008, p. 170s.

Brusque/SC, em outubro passado: "Precisamos, mais do que nunca, por meio do Evangelho, humanizar homens e mulheres coisificados e somente valorizados naquilo que se refere ao lucro econômico que podem trazer à sociedade. Precisa-se reafirmar [...] a confiabilidade na palavra da nossa IECLB, afirmada no Evangelho de Jesus Cristo, que pregou a paz, o amor, a solidariedade e a dignidade de todas as pessoas e para todas as pessoas. Esta deve ser a nossa luta: promover a justiça social e a dignidade para todos os filhos e as filhas de Deus".[9]

Referências

ALENCAR, Gedeon Freire de. "Pentecostalismo clássico. Congregação Cristã no Brasil e Assembleias de Deus: construção e identidade". In: DIAS, Zwinglio Mota; RODRIGUES, Elisa; PORTELLA, Rodrigo (Org.). *Protestantes, evangélicos e (neo)pentecostais*: história, teologias, igrejas e perspectivas. São Paulo: Fonte Editorial, 2013.

BASTIAN, Jean-Pierre. La mutación del protestantismo latino-americano. In: GUTIÉRREZ, Tomás (Comp.) *Protestantismo y cultura en América Latina*. Aportes e proyecciones. Quito: CLAI/Cehila, 1994.

BORTOLLETO FILHO; Fernando, SOUZA, José Carlos; KILPP, Nelson (Ed.). *Dicionário Brasileiro de Teologia*. São Paulo: ASTE, 2008.

CAMPOS, Bernardo. *Da reforma protestante à pentecostalidade da Igreja*. São Leopoldo: Sinodal; Quito: CLAI, 2002.

CAMPOS, Leonildo S. *Teatro, templo e mercado*: organização e *marketing* de um empreendimento neopentecostal. 2. ed. Petrópolis: Vozes; São Paulo: Simpósio; São Bernardo do Campo: UMESP, 1999.

CHIQUETE, Daniel. *Escritos a tempo y fuera de tiempo*. Sobre espiritualidad, biblia y cultura en vísperas del primer centenario del pentecostalismo. Concepción: CEEP, Centro Cristiano Casa de Vida, RELEP, 2008.

---

[9] Disponível em: <http://www.pastoral.org.br>. Acesso em: 09 dez. 2016.

DREHER, Martin N. (Org.). *500 anos de Brasil e Igreja na América Meridional.* Porto Alegre: EST Edições/Cehila, 2002.

LAPORTA, Héctor. Protestantismo y cultura. In: GUTIÉRREZ, Tomás (Comp.). *Protestantismo y cultura en América Latina.* Aportes e proyecciones. Quito: CLAI/Cehila, 1994, p. 31ss.

MESQUIATI, David (Org.). *Pentecostalismos e transformação social.* São Paulo: Fonte Editorial, 2013.

MÍGUEZ BONINO, José. *Rostos do protestantismo latino-americano* (1995). Trad. Luís M. Sander. São Leopoldo: Sinodal, EST, 2003.

RIEGER, Jörg. *Lembrar-se dos pobres*: o desafio da teologia no século XXI. Trad. Thiago Gambi. São Paulo: Loyola, 2009.

SCHULZ, Adilson. *Deus está presente – o diabo está no meio*: o protestantismo e as estruturas teológicas do imaginário religioso brasileiro. Tese de doutorado. São Leopoldo: IEPG/EST, 2005.

SCHÜNEMANN, Rolf. *Do gueto à participação*: o surgimento da consciência sócio-política na IECLB entre 1960 e 1975. São Leopoldo: Sinodal, IEPG/EST, 1992.

SEPÚLVEDA, Juan. "El 'principio pentecostal'. Reflexiones a partir de los orígenes del pentecostalismo en Chile". In: CHIQUETE, Daniel; ORELLANA, Luis. *Voces del pentecostalismo latinoamericano.* Identidad, teología e historia. Concepción: RELEP, CETELA, ASETT, 2003.

SUESS, Paulo. *Evangelizar a partir dos projetos históricos dos outros*: ensaios de missiologia. São Paulo: Paulus, 1995.

TILLICH, Paul. *A era protestante.* Trad. Jaci Maraschin. São Paulo: IEPGCR, 1992.

ZWETSCH, Roberto E. A relação entre diálogo e missão na perspectiva das igrejas evangélicas. *Caminhos de diálogo*, 2(3), p. 63-78, ago.-dez. 2014.

ZWETSCH, Roberto E. *Missão como com-paixão*: por uma teologia da missão em perspectiva latino-americana. 2. ed. revisada. São Leopoldo: Sinodal; Quito: CLAI, 2015.

_____. "Inculturação". In: BORTOLLETO FILHO, Fernando; SOUZA, José Carlos; KILPP, Nelson (Ed.). *Dicionário Brasileiro de Teologia*. São Paulo: ASTE, 2008.

ESPIRITUALIDADES PLURAIS DA REFORMA

Claudio de Oliveira Ribeiro*

Entre Lutero, Calvino e Thomas Müntzer

No meu tempo de estudante de teologia, ainda bem jovem, com menos de vinte anos de idade, vivenciando a efervescência eclesial e política dos anos de 1980, passei por uma mudança bastante brusca em minha compreensão a respeito de Martinho Lutero (1483-1546) e da Reforma Protestante do século 16. De forma um tanto quanto rápida, passei da visão tradicional que enxergava Lutero como um "herói da Reforma", como o homem da liberdade e de compromisso com mudanças, para uma crítica às contradições dele, aos seus vínculos com as novas formas de dominação social que emergiam na nova estrutura econômica que a sociedade europeia passava a possuir e às alianças com os que chamávamos de "os príncipes", que se destacavam no novo cenário político. Nesta nova compreensão, passei a admirar o perfil do também reformador Thomas Müntzer (1490-1925) e as experiências de enfrentamento social dos grupos anabatistas, com a sua chamada Reforma Radical.

Nesse contexto de ressignificação da Reforma, dois textos na época foram significativos para mim, para melhor compreensão desse processo. O primeiro deles é de Ernest Bloch (1973), *Thomas Müntez: teólogo da revolução*. Bloch analisa, em chave messiânica e utópica, o movimento anabatista e o legado de Müntzer. Sujeita a várias críticas devido ao seu caráter

---

* *Claudio de Oliveira Ribeiro* é pastor metodista e doutor em Teologia pela Pontifícia Universidade Católica do Rio de Janeiro.

Espiritualidades plurais da Reforma

propositivo e politicamente definido, a obra articula a interpretação em torno de Thomas Müntzer com as possibilidades socialistas, especialmente as da metade do século 20, vivenciadas pelo autor. Para ele:

> A história subterrânea da revolução aguarda sua obra, já iniciada no curso correto; mas os irmãos do vale, os cátaros, os *vaudois*, os *albigeois*, o abade Joachim de Calabrese, os irmãos da boa vontade, da vida comunitária, do total discernimento, do livre espírito, Eckhart, os hussitas, Müntzer e os batistas, Sebastian Franck (...) todos eles se unem e o consciente dessa fantástica tradição troveja de novo contra o medo, o estado, a descrença e contra altos poderes desumanos (BLOCH, 1973, p. 206-207).

Outro texto de destaque relacionado a essa nova visão da Reforma, que "devoramos" na época com certo ardor juvenil, foi *La Guerra campesina en Alemania*, de Friedrich Engels (1981). Ao analisar os diferentes contextos do século 16, o autor afirma que

> (...) sob a influência direta de Müntzer e, em alguns lugares, sob a influência de seus discípulos, a parte plebeia da população urbana foi levada de tal forma pela tempestade revolucionária geral que o elemento proletário embrionário obteve breve domínio sobre todos os demais elementos envolvidos no movimento. Este episódio, destaque da guerra camponesa, foi relacionado com *Thomas Müntzer*, a figura mais destacada, e que foi, ao mesmo tempo, a mais breve. Daí se entende que parte dos cidadãos comuns, os plebeus, teve de ser derrotada, mais cedo do que ninguém, uma vez que, em seu próprio tempo, seu movimento devia levar a marca eminentemente fantástica e que o caminho para expressar suas demandas devia ser muito indeterminado, precisamente porque pisava no terreno menos firme nas condições daqueles tempos (ENGELS, 1981, p. 30, tradução nossa).

É importante frisar que há um forte caráter polissêmico nesse movimento. As próprias expressões a ele referidas como "entusiastas", "radicais", "anabatistas", "pacifistas" e "espiritualistas" revelam o pluralismo dos grupos e suas diferentes ênfases. A perspectiva crítica deles se dirigia tanto à Igreja Romana quanto aos movimentos e lideranças emergentes da Reforma como Lutero, Zwínglio e Calvino. Tratava-se de um tipo de alternativa a esses dois polos. Não é fácil caracterizar o movimento devido à sua diversidade interna, mas é possível elencar em linhas gerais alguns elementos básicos, como a crítica ao que identificavam com imoralidade e com abusos praticados pela Igreja romana, a discordância do batismo infantil e a defesa do batismo de adultos por imersão, um clamor por um retorno a uma pureza religiosa neotestamentária, o questionamento aos grupos protestantes emergentes por não aprofundarem suficientemente a Reforma, a defesa pela separação entre Igreja e Estado e uma liderança leiga expressiva.

Müntzer advogava uma religiosidade carismática, com forte expressão pneumatológica, maior até mesmo que a ênfase na Palavra dada por Lutero. A visão teológica anabatista possuía visão igualitária, centrada na adesão livre e radical da fé, acima de origens étnicas e geográficas. Tal perspectiva acentuava uma escatologia intra-histórica com a visão que a nova realidade social emergente marcaria a instituição do Reino de Deus na terra. Nesse sentido, a ruptura com Lutero era inevitável, uma vez que tal visão tornou-se incompatível com a teologia luterana dos "Dois Reinos". Os conflitos se tornaram agudos e Müntzer foi morto pelos seus opositores com 35 anos de idade.

Se as visões teológicas de Thomas Müntzer, especialmente a recorrente invocação das Escrituras para defender uma "guerra santa" para exterminar os ímpios, inclusive governantes e magistrados que não correspondessem a esse chamado divino, são pouco conhecidas e reconhecidas na história do cristianismo, o mesmo acontece com os anabatistas pacifistas. Estes, como base especialmente em Zurique, não proclamavam a "guerra santa", mas rejeitavam os novos governantes e lideranças religiosas, bem como o conjunto da sociedade que consideravam estar corrompida pelo pecado. Dessa forma, cultivavam certo absenteísmo social, com pouca ou nenhuma participação em assuntos cívicos ou políticos, recusavam a pagar tributos de guerra e fazer juramentos. Entre os vários grupos que estiveram nessa raiz doutrinária, encontraremos mais tarde os menonitas, a partir da liderança de Menno Simons (ROSA, 2016).

Os elementos utópicos presentes nas duas análises nos revelaram outra faceta da Reforma, agora não mais monolítica e vista em chave apologética em torno da figura épica de Lutero. Tratava-se de uma chave política, que nos levava à crítica social e ao engajamento contestatório do *status quo*. À figura de Thomas Müntzer associávamos, não necessariamente de maneira adequada, formas políticas e de espiritualidade que se desenvolveram nos séculos seguintes ao dele. E aí listávamos desde os socialismos utópicos de Saint-Simon, Charles Fourier e Robert Owen, na passagem para o século 18, até os movimentos de socialismo cristão do século 20, como os que desafiaram teólogos europeus, entre eles Paul Tillich, Karl Barth, Dietrich Bonhoeffer e outros, e como os movimentos eclesiais latino-americanos que se articularam com a revolução sandinista na Nicarágua no final dos anos de 1970, por exemplo. Todos eles representavam direta ou indiretamente, mas com certa e peculiar intensidade para nós, espiritualidades herdeiras da Reforma.

A rejeição ao legado de Lutero foi para mim e para círculos significativos de minha geração uma demarcação de espaço teológico. Se Lutero era questionado pela falta de radicalidade na proposição e na continuidade da Reforma e por supostos compromissos escusos que ele manteve, o pensamento de João Calvino (1509-1564) e as formas calvinistas de organização eclesial – com os seus correlatos políticos – eram igualmente refutados. Não era para nós algo que teologicamente devesse ser valorizado. Entendíamos que Calvino havia criado um sistema religioso cuja ética secularizava a sociedade, fazendo-a perder a sua profundidade espiritual, e reforçava a racionalização da economia pelas formas ascéticas e pela renúncia puritana às formas de consumo. Espiritualidades ascéticas e puritanas eram as que considerávamos mais entediantes, sem conexão ou relevância para os processos culturais de nossa terra e nada falavam para os desafios da inculturação do Evangelho.

E, nesse bloco, colocávamos juntas as tradições luterana e calvinista. Compreendíamos a partir da obra *A ética protestante e o espírito do capitalismo*, de Max Weber (1983), que o espírito – poderíamos dizer "religioso" – da sociedade capitalista, em seu intento de acumulação de riquezas, é constituído, de um lado, pela ética econômica e pela vocação para o trabalho forjadas por Lutero, e, de outro, o ascetismo puritano de Calvino, mais tarde aprofundado pelas espiritualidades do puritanismo inglês. E também que ele, o capitalismo moderno, não se coaduna com a liberdade, e, sim, está sujeito às exigências funcionais do sistema de produção. Para Weber:

> Esse ascetismo secular do protestantismo opunha-se, assim, poderosamente, ao espontâneo usufruir das riquezas, e restringia o consumo, especialmente o consumo do luxo. Em compensação, libertava psicologicamente a aquisição de bens das inibições da ética tradicional, rompendo os grilhões da ânsia de lucro, com o que não apenas a legalizou, como também a considerou (no sentido aqui exposto) como diretamente desejada por Deus (WEBER, 1983, p. 122).

Tais compreensões religiosas atravessaram os séculos e marcaram formas variadas de espiritualidade. Em geral, produziram visões identitárias rígidas, cujas compreensões giravam em torno da ideia da Reforma como um retorno a um passado idealizado que, por sua vez, se apresentava como algo igualmente idealizado para ser reproduzido. As variações existiram, é óbvio. Os valdenses, precursores da Reforma, retroalimentaram o que eles mesmos haviam apontado no século 12: formas iconoclastas e apego à leitura bíblica. Os batistas, menonitas e quakers, no decorrer dos séculos 16 e 17, reforçaram certo caráter de exclusivismo religioso, mas o fizeram dentro do quadro da herança ascética. Os grupos reformados da Suíça, sob a égide de Ulrich Zwinglio (1484-1931), conferiram certo caráter humanista às suas formas de espiritualidade, em conexão com alguns aspectos do pensamento de Erasmo de Roterdã, mas desembocaram no ascetismo calvinista. Os metodistas, na Inglaterra do século 18, e grupos pietistas, sobretudo alemães, em diferentes épocas, combinaram um tipo emocional de experiência religiosa ao ascetismo moral e racional. Em linhas gerais, podemos dizer que tais espiritualidades, incluindo os grupos luteranos e calvinistas, com todas as suas variações, reforçaram as estruturas culturais e econômicas que formaram o Ocidente moderno.

Stuart Hall, figura de destaque dos estudos culturais, em seu livro *Formations of Modernity* (1992), articula a construção do "Ocidente", usando a criativa expressão "O Ocidente e o Resto" (*West and Rest*"). Tal concepção é formada por um padrão de pensamento e de linguagem que, desde a sua gênese, é marcado por relações econômicas de dominação. As análises sobre a Reforma não podem prescindir desta perspectiva. Mesmo porque ninguém entende mais do "resto" do que os grupos que cultivam formas de ascetismo excludente.

Nesse contexto ocorre um duplo processo. O Ocidente é ao mesmo tempo um produto dos meios históricos de domínio, bem como uma ferramenta/paradigma para exercer esse mesmo domínio. Nas palavras do autor: "A ideia de 'o Ocidente' tornou-se tanto o fator de organização em um sistema de relações globais de poder quanto o conceito de organização de uma forma total de se pensar e de se falar" (HALL, 1992, p 187). Estamos diante, portanto, de um sistema de representação e de um conceito cujo núcleo central está muito perto de uma ideologia. Essa construção se deu ao longo do processo de constituição e de desenvolvimento do sistema econômico capitalista. A crescente coesão interna que resultou de conflitos com outros povos e de contraste com o mundo externo contribuiu para se forjar um novo senso de identidade. A concepção religiosa europeia protestante é um dos elementos cruciais dessa coesão.

A confluência destas interpretações, mesmo com os distanciamentos comuns entre as visões marxistas e weberianas, somada às urgências pastorais e políticas próprias dos anos de 1970 e 80, marcava, como já referida, uma polarização acentuada entre Lutero e Calvino, de um lado, e Thomas Müntzer, de outro. E nós não tínhamos dúvidas de que lado estar...

Tensões e complexidades

Não se levou muito tempo para que desconfiássemos desse dualismo na compreensão da Reforma, representado no embate das figuras de Lutero e de Thomas Müntzer. É fato que consideramos que as críticas ao caráter apologético que em geral eram – e ainda hoje são – feitas da atuação e do pensamento de Lutero, foram e são importantes para descortinar os aspectos ideológicos da trajetória protestante até os dias de hoje. No entanto, novos horizontes precisavam ser descobertos para um aprofundamento das reflexões sobre a Reforma que levem em conta a variedade dos grupos e das formas de espiritualidade que a ela estão ligados, e a complexidade dessa gama diversa de experiências religiosas. O aspecto dicotômico, ainda que houvesse introduzido uma nova compreensão e, por que não dizer, uma legitimação de movimentos como o dos anabatistas com a sua Reforma Radical, mantém-se redutor. Isto porque as realidades, tanto a do século 16 quanto a dos dias de hoje, são complexas e exigem abordagens mais amplas e plurais.

Para esse esforço nos foi muito útil duas noções. A primeira, oriunda do pensamento tillichiano, mas também partilhada por vários outros pensadores, é a concepção de que a história é sempre *interpretação*. Aqui não se trata de dar margem a julgamentos arbitrários, sem base nos acontecimentos ou com distorções imaginárias, mas de realçar uma compreensão interessada, que busca um alvo, um querigma. Tillich se recusava a exercer a tarefa de mero coletor e divulgador de fatos e dados, mas procurava "tornar vivo" o que já passou. Buscava olhar o passado para compreender a situação presente; aliar aos fatos uma interpretação. Tal discernimento requer um envolvimento pessoal daquele que está diante dos fatos. Tillich, por exemplo, se envolveu em diferentes questões e movimentos políticos de sua época, em especial o "socialismo religioso" já referido. Entendia que a atividade histórica é a chave da compreensão da história e, assim, um problema que se tornou central em sua teologia e filosofia foi o processo histórico, tanto em termos de uma participação ativa como de sua compreensão crítica. O autor por diversas vezes realçou os seus questionamentos tanto ao marxismo-leninismo quanto ao reformismo próprio da Social Democracia, na busca de uma terceira via democrática e socialista. Tais teorizações políticas possuíam conexões intensas com as formas de espiritualidade e com o pensamento teológico da Reforma. Tillich, com essa perspectiva não dogmática, procurava no passado os significados das questões que o afligiam no presente que, por sua vez, existiam em função da responsabilidade com o futuro.

De posse dessa perspectiva revisionista e plural, Tillich, no campo eclesiológico, indicou, dentro da tradição da Reforma, algumas tensões necessárias para a vida das igrejas. Tais tensões, se não equacionadas de forma criativa e propositiva, podem incorrer em uma série de riscos, sempre com possibilidades de reforçar práticas idolátricas. Entre esses perigos estão: absolutizar condicionamentos históricos em nome de uma correta interpretação dos elementos fundantes (tradição sem reforma); efetuar uma crítica vazia pelo uso indevido, arbitrário e excessivo da liberdade (reforma sem tradição); relativizar de modo esvaziador o cerne da mensagem fundante (adaptação sem veracidade); não considerar a realidade cultural dos destinatários da mensagem (veracidade sem adaptação) (TILLICH, 1963).

Em plano similar, encontramos as ideias do filósofo italiano Giorgio Agambem. Em sua primeira obra, publicada em 1970, *O homem sem conteúdo*, o autor já indicava que:

> Contraditoriamente ao que pode parecer à primeira vista, a ruptura da tradição não significa de fato e de modo algum a perda ou a desvalorização do passado: é antes, bem provável que apenas então *o passado se revele enquanto tal como um peso* e uma influência antes desconhecida. Perda da tradição significa, no entanto, que o passado perdeu a sua transmissibilidade e, até que não se tenha encontrado um novo modo de entrar em relação com ele, o passado pode, doravante, ser apenas objeto de acumulação. Nessa situação, o homem conserva integralmente a própria herança cultural, e o valor desta, aliás, se multiplica vertiginosamente: ele perde, porém, a possibilidade de extrair

dela o critério de sua ação e da sua salvação e, com isso, o único lugar concreto em que, se interrogando sobre as suas próprias origens e sobre o próprio destino, lhe é dado fundar o presente como relação entre passado e futuro. É, de fato, a sua transmissibilidade que, atribuindo à cultura um sentido e um valor imediatamente perceptíveis, permite ao homem se mover livremente para o futuro, sem ser tolhido pelo peso do próprio passado (AGAMBEN, 2013, pp. 175-175, grifo nosso).

Nossa proposição é que, não obstante o apreço pelo rigor das análises históricas e científicas, somente faz sentido tratar teologicamente das espiritualidades da Reforma se tivermos pontos no horizonte que nos revelem como elas deveriam ser. Não se trata de desprezar o que elas foram ou são, mas, sim, de ressaltar em que elas nos mobilizam.

Exemplos de formas religiosas do passado e do presente no contexto das tensões referidas são abundantes e dificultam as sínteses. Vejamos os casos de grupos protestantes que advogam o resgate de suas identidades (identidade protestante, identidade metodista, identidade calvinista, identidade arminiana, identidade batista, identidade pentecostal etc.). Em geral, são esforços de uma volta ilusória ao passado, na grande maioria das vezes idealizado, o que revela certa absolutização de condicionamentos históricos em nome de uma correta interpretação dos elementos fundantes. Aliás, uma simples observação aos conteúdos dos acalorados debates que se avolumam hoje em eventos e na internet sobre calvinistas *versus* arminianos, salvo melhor juízo, são travados sem qualquer referência às questões relativas à realidade de vida das pessoas no mundo de hoje. São abordagens estéreis e sem relevância histórica. É o que foi denominado "tradição sem reforma". O passado passa a se constituir como um "peso", especialmente porque, como diz a canção popular: "Nada do que foi será de novo do jeito que já foi um dia". O "verdadeiro Wesley", o "verdadeiro Lutero", o "verdadeiro Calvino"... Eles mesmos se revirariam em seus túmulos com tamanha sandice! É o olhar apurado para as questões que emergem das realidades sociais que nos circundam e das atuais engrenagens humanas e culturais, e a sensibilidade para discerni-las e enfrentá-las, mesmo com diferentes métodos e atitudes, que nos poderá dizer algo, ainda que relativo, sobre tais tradições.

Outro exemplo: os grupos evangélicos que difundem a espiritualidade por intermédio das mídias e da produção cultural fonográfica e dos chamados "shows gospel". São todos herdeiros da Reforma. Da parte deles, são bastante comuns fortes críticas aos aspectos da tradição feitas a partir de um uso da liberdade que, para alguns, é indevido, arbitrário e excessivo. Nessa direção, seria o que foi chamado de "reforma sem tradição". Mas a Reforma do século 16 e dos que se seguiram não se pautou pela liberdade? Ela não se estruturou com processos de inculturação como cultos no vernáculo, tradução e uso popular da Bíblia, recurso às canções populares? A adequação dos atuais grupos religiosos midiáticos às lógicas culturais e de comunicação do mundo urbano não seria uma proposta aceitável de Reforma?

Ligado a essa temática, há um debate mais controverso em torno das teologias e práticas religiosas e espiritualidades de prosperidade. Ele é desenvolvido com mais eficácia pelos grupos evangélicos no Brasil e no mundo. Portanto, a linha histórica com a Reforma não pode ser negada. Os seus defensores advogam que tais práticas estimulam a autoestima das pessoas e o empoderamento delas ante a situação social e econômica. Outros questionam a lógica de "retribuição" a ela inerente, o que contrariaria a noção de graça, base do espírito teológico da Reforma. Estamos diante de um dilema. Não creio que as respostas rápidas e unívocas sejam adequadas.

Podemos também comparar formas de espiritualidade que se configuram, de um lado, nas práticas da Igreja Universal do Reino de Deus e grupos similares, em geral mais livres e inovadoras, e de outro o que Rubem Alves, em sua obra *Protestantismo e repressão* (1979), chamou de Protestantismo da Reta Doutrina, cujas regras de conduta tendem a ser sectárias, anticulturais e de um pietismo de corte moralista e exclusivista. Aqui, a meu ver, reside um profícuo debate sobre o que significa "relativizar de modo esvaziador o cerne da mensagem fundante", ou seja, criar formas de adaptação sem possuir, ao menos supostamente, a "veracidade" do pensamento da Reforma. Por outro lado, o que adianta tanto zelo pela doutrina se não se considera a realidade cultural dos destinatários da mensagem? Ou seja, uma veracidade sem adaptação, como é bastante comum no contexto tradicional das igrejas. O mesmo Rubem Alves, em *Dogmatismo e tolerância*, nos dissera, se referindo a esse tipo de protestantismo ainda em voga entre nós, embora não saibamos com que força e intensidade, que

> o critério para a participação na comunidade não é místico, mas antes intelectual: a confissão da reta doutrina tal como está definida nas confissões de fé e nos catecismos. Estes documentos *funcionam* praticamente como os centros de infalibilidade. Mas, como tais documentos cobrem todo o campo da doutrina, não sobra nenhuma área aberta à discordância. Assim, o livre exame protestante não significa que o crente possa interpretar o texto livremente, pois a leitura correta já está definida pela confissão (ALVES, 1982, p. 55).

E mais do que isso! O mesmo contexto de violência no qual a sociedade moderna foi forjada marca também o protestantismo. O autor nos chama a atenção para a histórica ocorrência das práticas inquisitoriais, no sentido de procedimentos institucionais que visam identificar e eliminar o pensamento divergente, tanto na gênese do protestantismo quanto nos dias de hoje. Afirma o autor:

> Quanto a Lutero, é sabida a sua atitude para com os movimentos anabatistas, e o seu conselho que deveriam ser mortos com o mesmo espírito com que se mata um cão raivoso. E quanto a Calvino, as fogueiras continuaram a ser acesas em Genebra, não apenas para a queima de Miguel Serveto, como também para a queima de dezenas de bruxas. Podemos nos desfazer desta evidência histórica perturbadora, explicando o comportamento dos reformadores como decorrência da atmosfera católico-medieval que ainda respiravam. Assim fazendo, conseguimos salvar a ideologia protestante da liberdade e do livre exame, atribuindo as origens da inquisição protestante a um

Espiritualidades plurais da Reforma

> resíduo de espírito católico. Mas neste caso seria necessário demonstrar que o espírito e as práticas inquisitoriais desapareceram gradualmente do Protestantismo. E parece que isto não é possível. O que se observa é o seu reaparecimento no seio do Protestantismo sempre que o pensamento divergente ameaça a sua unidade política e teológica. Na verdade, seria possível interpretar a tendência protestante para as divisões denominacionais e sectárias como uma expressão de práticas inquisitoriais. É evidente que fogueiras não podem mais ser acesas. Entretanto, o fato de os grupos com pensamento divergente serem forçados a deixar uma certa igreja é uma evidência da presença de mecanismos de controle de pensamento extremamente eficazes na igreja de que foram forçados a sair (ALVES, 1982, p. 107).

As tensões descritas até agora podem ser elementos de melhor compreensão das espiritualidades da Reforma, tanto as do passado quanto as do presente. Também poderiam oferecer certa base para interpretações teológicas de questões que emergem das experiências pessoais e sociais hoje.

Reforma e espiritualidade como projeções do devir

Há uma segunda noção que consideramos importante para melhor compreensão das espiritualidades da Reforma. Trata-se da referência utópica e da dimensão da imaginação, que são forjadas nas fronteiras culturais. Homi Bhabha, um dos expoentes dos estudos culturais pós-coloniais, propõe, em *O local da cultura* (2001), um alargamento de horizontes e de caminhos de reflexão sobre a realidade, onde seja possível uma nova descrição da contemporaneidade humana, que supere o que em geral é visto como normalidade no presente. É o que o autor sugere como *posicionar-se num além*. Trata-se de uma atitude de revisão que permita retornar ao presente, reinterpretando-o, e redescrevendo a contemporaneidade com novas significações e possibilidades interventivas. O futuro é, nesse aspecto, assumido desde os entrelugares culturais, com todas as instabilidades e indefinições que lhe são características.

De forma similar, Boaventura de Souza Santos, em sua obra *A gramática do tempo* (2010a), propõe uma *dilatação do presente* por intermédio de uma *sociologia das ausências*, mas ao mesmo tempo considera ser fundamental uma "contração do futuro" a partir do que ele chamou de *sociologia das emergências*. Esta é a investigação das alternativas sociais compatíveis com o horizonte das possibilidades concretas e que "consiste em substituir o vazio do futuro segundo o tempo linear (um vazio que tanto é tudo como é nada) por um futuro de possibilidades plurais e concretas, simultaneamente utópicas e realistas, que se vão construindo no presente através de atividades de cuidado" (SANTOS, 2010a, p. 116).

Pressupomos que as identidades se constroem não mais nas singularidades – como as de classe, gênero etc. –, mas nas fronteiras das diferentes realidades. Trata-se dos *entrelugares*. Eles são compreendidos como um pensamento liminar, construído nas fronteiras, nas bordas das culturas. Pela natureza deles, não é simples caracterizar tal espaço cultural, mas eles podem se encontrar, por exemplo, na experiência da comunicação eletrônica entre jovens das camadas sociais pobres, que reúne duas dimensões de tempo distintas na vivência humana: o pós e o pré-moderno. Ou na construção da cidadania a partir de expressões artísticas como o Funk, o Hip-Hop, as danças de rua, a capoeira e formas de teatro popular, onde nem sempre o elemento racional de conscientização política está explícito. Crescem os grupos evangélicos, especialmente entre a juventude, com diferentes tons nas visões teológicas, que se organizam e atuam nestas formas. Ou ainda podemos ver espaços fronteiriços nas experiências religiosas que agregam diferentes tradições, como aquelas que reúnem em uma só vivência o urbano, o afro e elementos tradicionais cristãos. Aqui, não somente a Igreja Universal do Reino de Deus, mas diferentes grupos pentecostais são exemplos de estarem nessas zonas fronteiriças. Em relação aos exemplos citados, mas também a outros possíveis, podemos dizer que as experiências religiosas que são direta ou indiretamente, assumidamente ou não, herdeiras da Reforma vivenciam tais fronteiras. Isto coloca em xeque as compreensões fixistas de identidades rígidas.

Mais uma vez, recorremos a Boaventura de Souza Santos:

> Sabemos hoje que as identidades culturais não são rígidas nem, muito menos, imutáveis. São resultados sempre transitórios e fugazes de processos de identificação. Mesmo as identidades mais sólidas, como a de mulher, homem, país africano, país latino-americano ou país europeu, escondem negociações de sentido, jogos de polissemia, choques de temporalidades em constante processo de transformação, responsáveis em última instância pela sucessão de configurações hermenêuticas que de época para época dão corpo e vida a tais identidades. Identidade são, pois, identificações em curso (SANTOS, 2010b, p. 135).

Com essa perspectiva em mente, perguntaríamos, por exemplo, se os estudos sobre os pentecostalismos estão atentos para a simultaneidade dos processos de massificação, de um lado, o que contrariaria os princípios da Reforma, e, de outro, as formas entrecruzadas em seus espaços religiosos de empoderamento de mulheres e de pessoas pobres. Ou ainda: há sinais de avivamento teológico dentro das linhas da Reforma nas variadas formas de espiritualidades pentecostais? Richard Shaull, renomado teólogo protestante e precursor da Teologia da Libertação, ainda nos anos de 1990, com a obra *Pentecostalismo e futuro das igrejas cristãs* (1999), escrita em conjunta com o sociólogo Waldo Cesar, reforçou essa perspectiva realçando o caráter positivo das experiências pentecostais, não obstante serem fronteiriças as limitações institucionais de grande calibre. Nas palavras do autor:

> ... um maior contato com movimentos pentecostais em outros países da América Latina e dos Estados Unidos tem confirmado o que eu havia captado e concluído como resultado de minha imersão no mundo pentecostal no Brasil. Enquanto muita coisa me parece perturbadora em um ou outro desses movimentos, continuo fascinado pelo testemunho de um sempre crescente círculo de mulheres e homens que falam com paixão de sua nova vida, da esperança e poder que encontraram na medida em que responde à mensagem do Evangelho.

> (...) E na medida em que isto acontece encontram poder em si mesmos
> – e vocação – para testemunhar a outros sua nova vida e esperan-
> ça; e responder dinamicamente às necessidades de outros, envolven-
> do-se frequentemente nas lutas pela transformação de seu mundo
> (SHAULL, 1999, p. 294-295).

Não tenho clareza da efetividade de todos os aspectos contidos na avaliação de Shaull, tanto no momento em que tais análises foram feitas, há vinte anos, quanto nos dias de hoje. No entanto, não podemos negar que, nos entrelugares das vivências humanas expressas nas experiências religiosas pentecostais no Brasil, há elementos bastante próximos daquilo que consideramos o querigma central do pensamento teológico da Reforma: empoderamento da fé e das ações das pessoas leigas que compõem os diferentes movimentos, a inclinação para as possibilidades de atualização permanente da experiência religiosa e o sentimento de pertença motivado pela adesão religiosa livre e pela vivência comunitária.

Outro exemplo nós poderíamos extrair das espiritualidades que se forjam nos espaços relacionados direta ou indiretamente às práticas dos movimentos de Missão Integral e similares. Nas fronteiras de práticas assistenciais e vivências religiosas intimistas e pietistas brotam consciência social, crítica às realidades de dominação e novas perspectivas utópicas que, não obstante as contradições institucionais e engrenagens históricas da maioria das denominações evangélicas brasileiras, estão em sintonia com os principais aspectos teológicos da Reforma.

Outro significado teológico de grande importância no contexto de espiritualidades da Reforma é a perspectiva e a vivência ecumênicas. A presença em conjunto de pessoas e de grupos com diferentes experiências religiosas e/ou culturais aponta para o futuro e, necessariamente, precisa estar deslocada do real. Ou seja, trata-se de uma *ruptura* ou *descontinuidade* criativa. Tal presença não precisa corresponder exatamente à realidade na sua totalidade. Quando grupos e comunidades religiosas, ainda que de forma incipiente, começam a se unir em torno de uma proposta

Espiritualidades plurais da Reforma

socialmente responsável e comum, isso se torna uma ação política e profética. Daí o vínculo com os pressupostos teológicos da Reforma. As espiritualidades ecumênicas, tanto do passado quanto do presente, com maior ou menor grau de institucionalização, por serem vividas em entrelugares culturais e fronteiras religiosas e sociais, guardam elementos utópicos consideráveis, se levarmos em conta a herança teológica da Reforma.

Para onde sopram os ventos da Reforma?

Há outro aspecto em relação ao contexto brasileiro em particular e latino-americano em geral que em décadas atrás mobilizou fortemente o debate sobre a Reforma. Trata-se das novas formas eclesiais que emergiram no contexto católico romano a partir dos anos de 1960, em especial as experiências das Comunidades Eclesiais de Base e a de grupos similares. Em termos mais amplos, podemos nos referir aos processos de renovação teológica e prática que se deram no contexto reformador do Concílio Vaticano II. Em linhas gerais, a busca de vivências religiosas mais espontâneas, a compreensão da Igreja como Povo de Deus, o uso recorrente da expressão "reforma" e similares nos documentos que marcaram o Concílio, os processos de inculturação da vivência religiosa, sobretudo no âmbito litúrgico, antes e depois do Concílio, as experiências dos grupos e movimentos bíblicos, também antes e depois do Concílio, e a noção de Cristo como *Lumen Gentium* são visões que possuem forte conexão com os postulados da Reforma Protestante. Em certo sentido, elas retomam as conhecidas cinco *solas* que sintetizam o sentido da Reforma Protestante: *Sola Gratia* (Somente a Graça), *Solus Christus* (Somente Cristo), *Sola Scriptura* (Somente a Escritura), *Sola Fide* (Somente a Fé) e *Soli Deo Gloria* (Glória somente a Deus).

Tais perspectivas, de algum modo, estavam presentes no século 16, nos processos que são chamados Reforma Católica. Naquela época, sobretudo pelos influxos dos movimentos reformadores e a contundência deles, houve certo controle institucional das práticas religiosas e das formas de espiritualidade pelo clero, com a realização mais regular de sínodos diocesanos e provinciais, visitas pastorais regulares por parte de bispos e maior atenção à formação do clero. O Concílio Vaticano II, quatro séculos depois, retomou tais esforços.

As experiências das Comunidades Eclesiais de Base, vividas de forma concomitante com a de movimentos ecumênicos evangélicos, foram identificadas por diferentes setores como sendo uma expressão contemporânea da Reforma. Rubem Alves, por exemplo, afirmara que "é consolador (e irritante) reconhecer que foi a Igreja Católica que se apropriou dos melhores frutos do pensamento protestante. E isto nos sugere uma estranha possibilidade: talvez um estudo das ideias protestantes tenha de deixar as instituições protestantes para entrar no seio do Catolicismo" (ALVES, 1982, p. 172). Nesta mesma direção, Richard Shaull dissera, no livro *A Reforma Protestante e a Teologia da Libertação*, que "temos o testemunho das comunidades eclesiais de base sobre o trabalho do Espírito Santo, trazendo à existência 'uma igrejinha dentro da igreja' não somente entre os pobres, mas também entre aqueles que permanecem solidários com eles em sua luta pela justiça" (SHAULL, 1993, p. 52). Destaca-se nessa visão o papel contestador de grupos religiosos cristãos como as já referidas Comunidades Eclesiais de Base e grupos ecumênicos com ênfases pastorais próximas. Não obstante as contradições e limitações destes movimentos eclesiais, nós poderíamos identificar alguns aspectos que reforçam os princípios teológicos da Reforma. Entre eles estão: a ênfase teológica no Reino (= vontade) de Deus, com certa relativização das visões mais institucionalizadas e doutrinais, a preferência a ser dada aos pobres nos processos sociais e eclesiais, a realidade como ponto de partida do método teológico e não conceitos abstratos, a centralidade da Bíblia na vivência eclesial e na reflexão teológico-pastoral, a compreensão da missão como serviço, e não como mera adesão proselitista, a visão da igreja como comunidade, relativizando os aspectos burocráticos e institucionais, a necessidade de processos de inculturação da fé, a vocação ecumênica como norteadora da fé e da reflexão teológica, e o incentivo a uma espiritualidade libertadora,

Espiritualidades plurais da Reforma

que redimensiona utopicamente a vida, interage com ela criticamente e a sustenta em seus dissabores e lutas.

Aqui emergem diferentes movimentos de renovação e de reforma, especialmente os grupos bíblicos, como o Centro de Estudos Bíblicos, CEBI, que deram um novo colorido ao princípio de *sola scriptura*, espaços de formação ecumênica que, direta ou indiretamente, realçavam o "sacerdócio universal de todos os crentes" e um tipo de espiritualidade ativa que em certa medida reafirma a noção de "Igreja reformada sempre se reformando".

Para darmos um exemplo de como tais visões foram recebidas de forma tensa no contexto católico, basta lembrarmos que boa parte das avaliações sobre o processo disciplinar do teólogo católico Leonardo Boff desenvolvido na década de 1980 pelas estruturas institucionais romanas, especialmente pelos conteúdos de seu livro *Igreja, carisma e poder* (1981), foi pela natureza "protestante" das ideias dele. Quanto à herança marxista da Teologia da Libertação, por exemplo, a qual o referido teólogo está inserido, podemos dizer que ela foi mais facilmente aceita ou pelo menos não foi objeto formal de análise disciplinar.

O espírito protestante, além de soprar onde quer, pode também desestabilizar processos, normas e condutas enferrujadas...

Mas nem tudo é "cor-de-rosa"...

Se, por um lado, tais perspectivas de renovação pastoral sempre causaram entusiasmo e admiração por parte de vários grupos, por outro, não faltaram críticas aos seus limites. Além de aspectos metodológicos que causaram certos reducionismos nas práticas pastorais e no cultivo de espiritualidades mais espontâneas e inclusivas, especialmente provocados pelo excesso de racionalidade, muitas vezes instrumental, e pela simplificação do método ver-julgar-agir, os aspectos relacionados às espiritualidades inter-religiosas e à sexualidade formam lacunas consideráveis. Quanto ao posicionamento teológico diante do pluralismo religioso e as espiritualidades daí decorrentes, temos feito algumas análises em outras oportunidades e estamos agora, pelos limites deste trabalho, somente indicando a questão, sem analisá-la. No tocante à sexualidade, há visões que tecem fortíssimas críticas à Teologia da Libertação. É o caso da teóloga protestante Marcella Althaus-Reid. Com o propósito de descobrir nos relatos populares e nas espiritualidades divergentes os sinais de rebeldia contra a opressão política, sexual e cristã, a autora desenvolveu uma teologia narrativa de estórias sexuais marginais a partir do papel desempenhado por essas narrações nas comunidades pobres. Em suas palavras:

> Utilizo a metáfora da sexualidade porque acho que é uma metáfora que nos mostra a concretude da vida. Quando convido as mulheres a fazerem uma teologia sem calcinhas [*teologia sin ropa interior*], pretendo chamá-las a fazer uma teologia metafórica, provocativa, subversiva. E, mais que tudo, acho importante a perspectiva ética na elaboração teológica. É indispensável fazer uma teologia a partir de seu contexto, uma coisa que os teólogos da libertação se esqueceram de fazer. Por isso, quando proponho às mulheres fazerem uma teologia sem calcinhas, é uma forma de lembrá-las quem são, o que sofrem, a violência que passam. É uma forma de fazer teologia contextual, uma teologia a partir de sua experiência de mulheres. Entendo o tema da subversão como um tema ético (ALTHAUS-REID, 2004, p. 90).

Marcella Althaus-Reid, em seus escritos, sempre destacou que suas reflexões se davam dentro do quadro referencial da Teologia da Libertação. A perspectiva crítica que a autora estabeleceu em suas análises produziu, portanto, uma crítica *ad intra*, que, dada a contundência de sua argumentação, pode até mesmo dar a impressão de que ela fala de fora dessa corrente teológica. No entanto, a autora se coloca dentro dessa perspectiva, buscando as suas raízes, sobretudo metodológicas, de se pensar a teologia como "ato segundo", tendo como referência básica a realidade tal como ela é, e não sob idealizações. Em "Demitologizando a teologia da libertação: reflexões sobre poder, pobreza e sexualidade", publicada na obra *Teologia para outro mundo possível* (2006), que reúne as contribuições ao Fórum Mundial Teologia e Libertação, ocorrido no contexto do Fórum Social

Mundial de 2005, Marcella utilizou a imagem das cadeiras à mesa eucarística para fazer menção à inclusividade que é peculiar à teologia latino-americana. Não se trata apenas de uma metáfora que remonta a uma imagem fraternal, mas que aponta para a criação de um modelo economicamente alternativo de uma sociedade culturalmente participativa. Para a autora:

> A teologia da libertação não disponibilizou cadeiras para as mulheres pobres ou para *gays* pobres – ou, pelo menos, não o fez espontaneamente. O projeto inclusivo afirmou-se mediante políticas de exclusão que determinaram a identidade dos pobres. Os pobres que eram incluídos eram concebidos como masculinos, geralmente camponeses, vagamente indígenas, cristãos e heterossexuais (ALTHAUS-REID, 2006, p. 458).

Ainda no tocante à questão metodológica, o questionamento da autora se dá na forma de compreensão da realidade e na inexistência de crítica à epistemologia que sustenta as estruturas de poder hegemônico na sociedade. No que diz respeito ao primeiro aspecto, compreender a "vida como ela é" – para usar uma conhecida expressão do literato Nelson Rodrigues –, Marcella afirmara que, "embora os liberacionistas tentassem fazer teologia como ato segundo, ou seja, não começando com dogmas, mas parafraseando Marx, com os autores reais da história teológica, as questões de gênero e sexualidade foram sempre tratadas no nível dogmático (ideológico)" (ALTHAUS-REID, 2006, p. 469). E diz mais: "Qualquer pessoa que tenha trabalhado seriamente com os pobres na América Latina encontrou a presença de Deus dentro da diversidade de nossas comunidades, que é racial, cultural, mas também sexual" (ALTHAUS-REID, 2006, p. 464). Em relação ao segundo aspecto, a autora apontou a construção da identidade cultural/ideológica da heterossexualidade como elemento-chave de sustentação das estruturas de poder dominante na sociedade.

Nesse ponto, para ela crucial, a teologia latino-americana da libertação necessitaria romper com a compressão da ideologia sexual da heterossexualidade como dogma e refletir sobre as vidas das pessoas e a manifestação de Deus nas comunidades, tendo em conta a dimensão da sexualidade que estrutura a vida das pessoas e as formas não convencionais de vivência sexual. É como se a heterossexualidade se tornasse um ídolo, sacralizada como a única epistemologia sexual de valor. A autora considera que é preciso redescobrir a face de Deus nos que são dissidentes sexuais e que vivem dentro de formas diferenciadas de relacionamentos amorosos e de identidades sexuais. Para ela,

> não causa surpresa que a teologia da libertação tenha estagnado: todas as suas discussões sobre Deus estão baseadas em estereótipos sexuais e ideológicos, dos quais os pobres, como conceito, se tornam uma categoria geral que apaga as diferenças sexuais entre eles. Isso se aplica ao princípio da teologia como ato segundo, quando a realidade latino-americana é ignorada (ALTHAUS-REID, 2006, p. 466).

A Teologia da Libertação, segundo a autora, não percebeu que a subversão dos códigos sexuais e de gênero experimentada por mulheres que vivem em contextos de pobreza urbana era o resultado de sua luta por vida e dignidade e levava à produção de metáforas de Deus baseadas na relação entre sexualidade e pobreza. Seria outra forma de fazer e expressar a política. Uma forma fronteiriça e metafórica. A Teologia da Libertação, talvez por ter nascido em um *éthos* de autoritarismo social, político e eclesiástico, não aprofundou suficientemente uma hermenêutica da suspeita para descortinar as lógicas coloniais que ideologizam a sexualidade. Assim, ela "perdeu as possibilidades de *poiesis* teológica, que provém não de discursos sobre os pobres idealizados, mas da realidade dos pobres como pessoas de diferentes identidades de sexo e de gênero" (ALTHAUS-REID, 2006, p. 459).

Diante da contundência de tais críticas, perguntaríamos se Marcella Althaus-Reid e as formas teológicas e de espiritualidade afins a este pensamento seriam o elemento mais radical da Reforma hoje. Perguntaríamos também como tais formas de espiritualidade se fronteirizam com as demais descritas em nossa reflexão?

Espiritualidades plurais da Reforma

"E agora nos restam..."

Estamos conscientes de que várias expressões de espiritualidades da Reforma, tanto do passado quanto, especialmente, do presente, não foram consideradas nestas reflexões, ou não foram adequadamente vistas. No entanto, mais do que uma coleção de dados e fatos, desejamos, como já referido, vislumbrar de forma plural e inclusiva, a partir do reconhecimento do valor das análises históricas e científicas, as espiritualidades da Reforma. Para isso, reafirmamos que não se trata de desprezar o que elas foram ou são, mas, sim, de ressaltar em que elas nos mobilizam e como elas habitam de forma criativa e propositiva os entrelugares da cultura.

Seguimos, outra vez, os passos de Rubem Alves, que afirmara que:

> O protestantismo tem temas esquecidos, peças empoeiradas, que ninguém mais sabe usar, mas que poderiam ser tiradas das sombras:
> A *liberdade* (foi com este tema que a Reforma se iniciou)...
> A *graça* – que significa, basicamente, que o problema da salvação não é um problema com o qual os homens devam se ocupar, pois que depende exclusivamente de Deus. Livres de preocupações como a temperatura do inferno e o mobiliário dos céus, os homens poderiam dedicar-se a cuidar da terra, boa dádiva de Deus...
> A *fé*, confiança – ninguém é salvo pela ortodoxia, mas pela simples confiança em Deus, de modo que os protestantes deveriam se sentir livres para as mais loucas aventuras do pensamento – o nosso jogo de contas de vidro –, sabendo que heresia e ortodoxia são palavras do vocabulário dos fortes, mas não do vocabulário de Deus...
> E a *teimosia profética*, que denuncia todas as formas de opressão e absolutismo... (ALVES, 1982, p. 37).

Referências

AGAMBEN, Giorgio. *O homem sem conteúdo*. Belo Horizonte: Autêntica Editora, 2013.

ALTHAUS-REID, Marcella. "Demitologizando a teologia da libertação: reflexões sobre poder, pobreza e sexualidade". In: SUSIN, Luiz Carlos (Org.). *Teologia para outro mundo possível*. São Paulo: Paulinas, 2006.

ALTHAUS-REID, Marcella. "Entrevista" [por Sandra Duarte de Souza & Luiza Tomita]. *Mandrágora*, IX (10), p. 90-92, 2004.

ALVES, Rubem. *Dogmatismo e tolerância*. São Paulo, Paulinas, 1982.

_____. *Protestantismo e repressão*. São Paulo: Ática, 1979.

BHABHA, Homi Bhabha. *O local da cultura*. Belo Horizonte: Editora UFMH, 2001.

BLOCH, Ernest. *Thomas Müntez: teólogo da revolução*. Rio de Janeiro: Tempo Brasileiro, 1973.

BOFF, Leonardo. *Igreja, carisma e poder*. Petrópolis: Vozes, 1981.

ENGELS, Friedrich. *La guerra campesina en Alemania*. Moscou: Editorial Progreso, 1981.

HALL, Stuart. *Formations of Modernity*. Oxford, UK, Blackwell Publishers Ltd., 1992.

ROSA, Wanderlei Pereira da. "Teologia social e política dos anabatistas". *Estudos de Religião*, v. 30, n. 2, p. 127-142, maio/ago. 2016.

SANTOS, Boaventura de Souza. *A gramática do tempo*: para uma nova cultura política. São Paulo: Cortez, 2010a.

_____. *Pela mão de Alice*: o social e o político na pós-modernidade. São Paulo: Cortez, 2010b.

SHAULL, Richard. *A Reforma Protestante e a Teologia da Libertação*. São Paulo: Pendão Real, 1993.

_____; CESAR, Waldo. *Pentecostalismo e futuro das igrejas cristãs*. Petrópolis: Vozes/Sinodal, 1999.

TILLICH, Paul. *Systematic Theology*. Volume three. Chicago-EUA, The University of Chicago Press, 1963.

WEBER, Max. *A ética protestante e o espírito do capitalismo*. São Paulo; Pioneira Editora, 1983.

Impresso na gráfica da
Pia Sociedade Filhas de São Paulo
Via Raposo Tavares, km 19,145
05577-300 - São Paulo, SP - Brasil - 2017